ARBEITEN AUS DEM
INSTITUT FÜR AFRIKA-KUNDE

——————— 62 ———————

Hubert Laux

Die Brennholz- und Holzkohleversorgung
in Mogadishu (Somalia)

D1732405

INSTITUT FÜR AFRIKA-KUNDE

im Verbund der Stiftung Deutsches Übersee-Institut

Laux, Hubert:
Die Brennholz- und Holzkohleversorgung
in Mogadishu (Somalia) / Hubert Laux. -
Hamburg : Institut für Afrika-Kunde, 1989.
  (Arbeiten aus dem Institut für Afrika-Kunde ; 62)
  ISBN 3-923519-87-7

VERBUND STIFTUNG DEUTSCHES ÜBERSEE-INSTITUT

Das Institut für Afrika-Kunde bildet mit anderen, überwiegend
regional ausgerichteten Forschungsinstituten den Verbund der
Stiftung Deutsches Übersee-Institut.
Dem Institut für Afrika-Kunde ist die Aufgabe gestellt, die gegen-
wartsbezogene Afrikaforschung zu fördern. Es ist dabei bemüht, in
seinen Publikationen verschiedene Meinungen zu Wort kommen zu
lassen, die jedoch grundsätzlich die Auffassung des jeweiligen
Autors und nicht des Instituts für Afrika-Kunde darstellen.

Hamburg 1989
ISBN 3-923519-87-7

INHALTSVERZEICHNIS

I

II

III

TABELLENVERZEICHNIS

V

ABBILDUNGSVERZEICHNIS

VI

1. EINLEITUNG

1.1 Einführung in die Problemstellung

Brennholz und Holzkohle sind auch heute noch die wichtigsten Energieträger in großen Teilen der Dritten Welt. Für Afrika wird ihr Anteil am gesamten Energieverbrauch auf 60% geschätzt (FRÜHWALD u.a., 1982, S.2), und in den 70er Jahren wurden beispielsweise in den Sahel-Ländern Niger, Tschad, Mali und Burkina Faso oder in den ostafrikanischen Staaten Somalia, Äthiopien und Tansania 85% und mehr ihres Energieverbrauchs durch Holz gedeckt (UN/ECA, 1981, S.2). Hauptverbraucher sind in all diesen Ländern die privaten Haushalte, die den größten Teil der Energie für die Zubereitung der täglichen Nahrung benötigen. Hierfür sind Brennholz und Holzkohle gerade bei ärmeren Familien nicht selten die einzigen verfügbaren Energieträger.

Zur Deckung dieses Bedarfs, der durch Bevölkerungswachstum oder zunehmende Bevölkerungskonzentration noch weiter ansteigt, stehen oft nur sehr begrenzte Holzressourcen zur Verfügung, die durch Übernutzung oder Ausweitung der landwirtschaftlichen Anbauflächen häufig weiter zurückgehen. So kann es vor allem auf lokaler oder regionaler Ebene zu dramatischen Versorgungsproblemen kommen, deren Auswirkungen nicht nur in ökologischer, sondern auch in wirtschaftlicher und sozialer Hinsicht für die betroffene Bevölkerung sehr einschneidend sind.

Im ländlichen Raum müssen Frauen oder Kinder, die ursprünglich in der näheren Umgebung ihrer Wohnsiedlung Holz sammeln konnten, zu diesem Zweck immer größere Entfernungen zurücklegen und hierfür einen zunehmenden Teil ihrer Arbeitszeit verwenden. Ist das Sammelholz in fußläufiger Distanz um eine Siedlung aufgebraucht, muß Holz geschlagen und teilweise mit Eselskarren oder anderen Transportmitteln über größere Distanzen herantransportiert werden - Aufgaben, die dann zumeist von Männern übernommen werden. Schreitet die Holzverknappung weiter voran, so weichen die betroffenen Familien möglichst auf andere Energieträger wie Viehdung oder Agrarrückstände aus. Damit stehen diese nicht mehr als Düngemittel zur Verfügung, wodurch sich die Bodenfruchtbarkeit drastisch vermindern kann.

Bieten sich keine Alternativen zu Brennholz als Energieträger, so sind die betroffenen Haushalte gezwungen, das ursprünglich frei verfügbare Holz auf einem lokalen Markt oder von mobilen Händlern zu kaufen. Insbesondere Bauern oder Viehzüchter, die in Subsistenzproduktion leben, können dadurch einer nicht mehr tragbaren finanziellen Belastung ausgesetzt sein. Ein Teil dieser Bevölkerung ist bereits heute von akutem Energiemangel betroffen: Die Ernährungsgewohnheiten müssen umgestellt, die Zahl der warmen Mahlzeiten pro Tag reduziert und die Kochzeit bei den verbleibenden Mahlzeiten verringert werden, was zumeist nicht ohne Auswirkungen auf den Ernährungszustand und die Gesundheit der Betroffenen bleibt.

1

In städtischen Siedlungen, in denen die Bevölkerung überwiegend oder sogar ausschließlich auf den Kauf von Brennholz oder Holzkohle angewiesen ist, muß das kostbare Brennmaterial über ständig zunehmende Distanzen transportiert werden. Dadurch steigen die Transportkosten und in der Folge auch die Preise für die Verbraucher; die Kosten zur Beschaffung des Brennmaterials verschlingen einen höheren Anteil der Haushaltseinkünfte und können so zur weiteren Verarmung eines Teils der städtischen Bevölkerung beitragen. Beispielsweise stiegen die Holzpreise in Kathmandu innerhalb von zwei Jahren auf das Dreifache und in westafrikanischen Städten wie Niamey oder Ouagadougou mußten bereits Mitte der 70er Jahre zwischen 20% und 30% eines durchschnittlichen Arbeitslohns für den Holz- und Holzkohleverbrauch einer Familie ausgegeben werden (ECKHOLM, 1978, S.102). Hat in der Umgebung größerer Städte die Übernutzung der vorhandenen Holzressourcen erst einmal eingesetzt, so werden im Regelfall immer neue, weiter von der Stadt entfernte Flächen für die Befriedigung des städtischen Bedarfs herangezogen. Die Entwaldung breitet sich aus und kann nur noch durch gezielte Aufforstungsmaßnahmen oder den Übergang auf andere Energieträger gestoppt werden.

Damit sind die möglichen Auswirkungen der Brennholzkrise grob skizziert. Die tatsächlichen Folgen können von Land zu Land sowie regional und lokal sehr unterschiedlich sein.

Das gleiche gilt auch für die Ursachen der Brennholzverknappung. Nicht selten wird dabei das Bevölkerungswachstum an erster Stelle genannt. Andere Gründe, z.B. die zunehmende Besiedlungsdichte einzelner Landesteile oder die Ausweitung der landwirtschaftlichen Nutzfläche, werden häufig nur als Folgen des Bevölkerungswachstums gesehen und gelten eher als Ursachen zweiter Ordnung. Diese Sichtweise trägt entscheidend zum mangelnden Verständnis der Brennholzkrise und ihrer Hintergründe bei. Zwar bleibt unbestritten, daß dem Bevölkerungswachstum in den meisten Fällen eine zusätzliche, die entstehenden Probleme verstärkende Wirkung zukommt; es kann jedoch nur als ein Faktor innerhalb eines ganzen Bündels sich verändernder Rahmenbedingungen gesehen werden. Gerade der Rückgang vorhandener Waldreserven ist nicht nur auf den steigenden Bedarf an Brennholz zurückzuführen, sondern wird auch durch eine Intensivierung der Landnutzung hervorgerufen, wie sie z.B. im Rahmen von Nomadenansiedlungen in ackerbaulichen Grenzgebieten oder von Bewässerungsprojekten mit großflächigem, mechanisiertem Anbau für die städtische Bevölkerung oder für den Export erfolgt. Abgesehen von umfangreichen Abholzungen werden bei solchen Erschließungsmaßnahmen zumeist auch die ansässigen Kleinbauern auf marginale, weniger ertragreiche Böden verdrängt, die dadurch nicht nur einer intensiveren landwirtschaftlichen Nutzung unterworfen werden, sondern auch einen lokal gestiegenen Holzbedarf befriedigen müssen.

Um den gesteigerten Nutzungsanforderungen gerecht zu werden, wären in solchen Fällen neue Systeme der Agroforstwirtschaft notwendig, die sich nur im Rahmen einer angepaßten ländlichen Entwicklung realisieren ließen. Aber die Entwicklungsvorhaben konzentrieren sich zumeist auf den städtischen Sektor und dessen Versorgung ("urban bias") sowie auf den "modernen", exportorientierten Sektor in der Landwirtschaft. Die ländliche Entwicklung wird dagegen noch immer stark vernachlässigt, und es ist daher kaum verwunderlich, daß im ländlichen Bereich auf sich verändernde Lebensbedingungen nicht angemessen reagiert wird, vor allem dann, wenn es sich - wie bei der Breitstellung von Holz und Holzkohle für den städtischen Markt - um Veränderungen handelt, die von außen induziert wurden und der traditionellen Lebensweise fremd sind.

Wesentliche Faktoren für die zunehmende Holzverknappung sind auch in den Reaktionen auf die Brennholzkrise sowie in den vorgeschlagenen Maßnahmen zu ihrer Behebung zu sehen. Nach der heute noch am weitesten verbreiteten Strategie sollte man die Substitution von Holzenergie durch andere Energieträger so rasch und gründlich wie möglich vorantreiben.

In der Substitution von Holz und Holzkohle durch Ölprodukte oder Elektrizität lagen lange Zeit die Hoffnungen zahlreicher Entwicklungsexperten und politischer Entscheidungsträger in der Dritten Welt (LAVERDIERE, 1982, S.46). Genährt wurden diese Hoffnungen nicht nur durch die niedrigen Rohölpreise und die Tatsache, daß bis zum Beginn der 70er Jahre auch in zahlreichen afrikanischen Städten unter den wohlhabenden Familien ein allmählicher Wechsel von Holz oder Holzkohle hin zu Kerosin stattgefunden hatte, sondern auch durch eine weitgehend unreflektierte, von eurozentrischen Denkmustern geprägte Herangehensweise an Energieprobleme in der Dritten Welt und speziell in Afrika. Ungeachtet ihrer unverminderten Bedeutung für die Mehrheit der afrikanischen Bevölkerung, galten Brennholz und Holzkohle als traditionelle Brennstoffe, denen - zumeist unausgesprochen - der Ruf von Rückständigkeit anhaftete und häufig noch heute anhaftet.[1] Dies spiegelt sich auch in der noch immer gängigen Unterscheidung zwischen "kommerziellen" Energiearten (z.B. fossile Brennstoffe oder Elektrizität) und "traditioneller" oder "nichtkommerzieller" Energie (z.B. Brennholz, Holzkohle, Viehdung) wider.

Gerade bei internationalen Organisationen wie der Weltbank, aber auch bei den meisten nationalen Entscheidungsträgern in der Dritten Welt war eine Entwicklung nach westlichem Vorbild mit hochmoderner Technologie und "modernen" Energiearten wie Erdöl, Kohle, Gas, Elektrizität oder gar Atomkraft gefragt.[2] Mitunter hat es dabei den Anschein, als würde die fortschreitende Entwaldung nicht nur hingenommen, sondern sogar als willkommener Anlaß für die Propagierung "moderner" Energieträger angesehen. An dieser Haltung änderten auch die gestiegenen Rohölpreise Mitte der 70er Jahre nur wenig. Zwar fanden im Rahmen neuerer Energiekonzepte regenerierbare Energiequellen zunehmende Beachtung; bezeichnenderweise wird jedoch auch bei diesen nicht selten zwischen "traditionellen" Brennstoffen aus Holz und modernen, zukunftsweisenden Energiearten unterschieden.[3] Holz als Energieträger wird auch bei neueren Energieversorgungskonzepten fast nur in Form von

---

1) Beispiele für eine "verdeckte" Abqualifizierung von Holzenergie findet man u.a. in: WELTBANK, 1978, S.12, oder SMITH, 1984, S.50.
2) Nach FRENCH (1978, S.10) wurden zwischen 1970 und 1977 mehr als 96% der Energiehilfe für Afrika zur großmaßstäblichen Elektrifizierung ausgegeben.
    Von den zahlreichen Studien, die sich mit Energieproblemen in Ländern der Dritten Welt beschäftigen, ohne Brennholz und Holzkohle auch nur zu erwähnen, seien hier als Beispiele ESKILSSON (1977) und ADELMAN (1976) angeführt.
3) Beipsielhaft seien auch hier WELTBANK (1978, S.41) und SMITH (1984, S.50) genannt.

Brennholzplantagen berücksichtigt, während Aufforstungsmaßnahmen und die Entwicklung eines angepaßten Forstmanagements zwar als notwendige Maßnahmen genannt, jedoch in der konkreten Planung und in der praktischen Politk noch immer vernachlässigt werden. Gerade in der Geringschätzung und systematischen Vernachlässigung einer effizienteren und schonungsvolleren Nutzung der natürlichen Holzressourcen ist aber einer der Hauptgründe für die zunehmende Holzverknappung mit all ihren wirtschaftlichen, sozialen und ökologischen Folgen zu sehen. Diese Geringschätzung legt es politischen Entscheidungsträgern in Ländern der Dritten Welt ja nahe, unter Berufung auf die Ratschläge internationaler Experten zu fragen, warum sie sich überhaupt mit den Problemen einer langfristig effizienten Nutzung ihrer Holzressourcen beschäftigen sollen, wenn es sich ohnehin um eine Energieart von vorgestern handelt und die Zukunft ihrer Energieversorgung in anderen Energieträgern liegt. Daher wird oft gar nicht erst geprüft, ob eine Energiepolitik, die heute die Zerstörung der natürlichen Holzressourcen in Kauf nimmt, auch auf lange Sicht wirtschaftlich und politisch sinnvoll ist, oder ob sie sich nicht als verhängnisvoller Fehlschluß erweisen könnte.

Selbst bei großen energiepolitischen Anstrengungen ist vor allem in zahlreichen afrikanischen Staaten eine schnelle Abkehr von Holz und Holzkohle nicht realisierbar (FRENCH, 1978, S.11). Nicht umsonst sprechen ECKHOLM u.a. (1984) von der Brennholzkrise als "the Energy Crisis that won't go away." Das braucht man jedoch selbst in semiariden Savannengebieten, die von schwerwiegenden Holzdefiziten betroffen sind, nicht ohne weiteres hinzunehmen. Vielmehr könnte die Vegetation dieser Gebiete bei geeignetem Forstmanagement durchaus eine nachhaltig nutzbare Energiequelle bilden (HALL/MOSS, 1983, S.12).

Auf die Vorteile, die eine stärkere Berücksichtigung von Holz in den Energieprogrammen von Ländern der Dritten Welt haben kann, weist EARL bereits 1975 hin. Er stellt die Rolle der Holzenergie im Entwicklungsprozeß für die meisten dieser Länder sogar als unverzichtbar heraus:

"If an active rural sector is recognized as an essential ingredient of the development process, the part that the forest fuel resource can play becomes of prime importance. Fuel must be provided for the basic needs of the local population and for many reasons, both social and economic, forest fuel is to be preferred to imported substitutes. If forest land is managed well, surplus fuel could be made available to cities and towns, locally based industries, and possibly for export." (EARL, 1975, S.11)

Gegenüber importierten Energieträgern sind Holz und Holzkohle vor allem kostengünstiger. Sie sind gerade an die Bedürfnisse der ländlichen Bevölkerung gut angepaßt, erfordern in der Regel sehr geringe Investitionskosten und sind relativ problemlos und lange lagerbar. Ihre Bereitstellung verbraucht keine zusätzlichen Devisen - im Gegenteil, durch Substitution importierter Brennstoffe können sie zu einer Entlastung der Außenhandelsbilanz und zu einer größeren nationalen oder regionalen Unabhängigkeit im Energiebereich beitragen.

Besonders Holzkohle verdient als Energieträger zunehmende Beachtung. Sie ist in ihrem Energiewert mit hochwertiger Kohle vergleichbar und auch industriell vielseitig

4

einsetzbar, so daß ihr bei ausreichender Verfügbarkeit an Arbeitskräften und Holz eine entscheidende Rolle im Entwicklungsprozeß zukommen kann (EAPI, 1975, S.26).

Im Rahmen einer Politik, die auf die Stärkung der Selbstversorgung und den Abbau vorhandener Abhängigkeiten von importierten Brennstoffen abzielt, kann Holz und Holzkohle neben anderen erneuerbaren Energiearten somit eine Schlüsselstellung in der Energieplanung zukommen. Wird dagegen die Inwertsetzung der vorhandenen natürlichen Holzreserven durch ein gezieltes Forstmanagement vernachlässigt, so kann dies nicht nur zu ökologischen Schäden führen und mit zu einer zunehmenden Verarmung eines Großteils der Bevölkerung beitragen, sondern auch die einseitige Abhängigkeit des betreffenden Landes von importierten Energieträgern und teurer Technologie verstärken.

1.2 Fragestellung und Aufbau der Arbeit

Wie steht es nun um die Energieversorgung und speziell um die derzeitige und künftige Versorgung mit Brennholz und Holzkohle in Somalia? Die vorliegende Arbeit will am Beispiel Mogadishus zunächst einen Beitrag zum Verständnis der gegenwärtigen Versorgungslage für Brennholz und Holzkohle leisten. Die Schwerpunkte liegen dabei auf einer fundierten Schätzung des Brennholz- und Holzkohleverbrauchs privater Haushalte als wichtigste Endverbraucher in Mogadishu sowie auf einer detaillierten Erfassung aller wichtigen Komponenten des gegenwärtigen Versorgungssystems. Produktion, Vermarktung und Verbrauch werden nicht nur in ihren Einzelkomponenten dargestellt, sondern vor allem in ihrem wechselseitigen Zusammenhang betrachtet. Basierend auf dieser Grundlage wird dann zum einen der Versuch unternommen, die künftig zu erwartende Versorgungslage der Stadt einzuschätzen, und zum anderen wird daraus abgeleitet, wie eine langfristig gesicherte Brennholz- und Holzkohleversorgung gewährleistet werden könnte.

Bevor aus dieser Fragestellung die konkreten Ziele der Arbeit entwickelt werden (Kap. 3), wird der bisherige Forschungsstand (Kap. 2) als Bezugsrahmen für die eigene Arbeit dargestellt. Dieses Kapitel gliedert sich in drei Teile.

1. Zunächst werden bisherige Angaben zur Höhe des Brennholz- und Holzkohleverbrauchs in Afrika zusammengestellt und hinsichtlich ihrer Aussagekraft und Vergleichbarkeit diskutiert. Unterschiedliche Abgrenzungen des Brennholz- und Holzkohleverbrauchs spielen in diesem Zusammenhang ebenso eine Rolle wie die detaillierte Auseinandersetzung mit methodischen Probleme bei der Ermittlung der Verbrauchswerte.

2. Im Anschluß daran werden die Verbrauchs- und Versorgungsmuster sowie die Versorgungsprobleme für Brennholz und Holzkohle am Beispiel Ostafrikas herausgearbeitet. Dabei wird auch deutlich, wie stark sich bisherige Untersuchungen zu Versorgung und Verbrauch von Holz als Energieträger auf den ländlichen Raum und kleinere städtische Zentren konzentrierten. Das gilt in gleicher Weise auch für andere Großregionen. Ein fundiertes theoretisches Konzept zur Energieversorgung von Großstädten in der Dritten Welt - unter besonderer Berücksichti-

gung der Brennholz- und Holzkohleversorgung - gibt es bisher nicht. Insofern können die dargestellten Befunde auch nicht als umfassende theoretische Grundlage für die eigene Arbeit dienen. Sie werden vielmehr als Anregungen für die Konkretisierung und Operationalisierung der eigenen Fragestellung verstanden.

3. Der letzte Teil des Kapitels wird mit einer kritischen Darstellung bisheriger Schätzungen des Brennholz- und Holzkohleverbrauchs sowie des in Somalia verfügbaren Holzpotentials eingeleitet. Dabei zeigt sich vor allem, daß eine empirisch abgesicherte Einschätzung der derzeitigen und künftigen Versorgungslage Somalias bisher fehlt. Und auch für Mogadishu läßt sich aus offiziell verfügbaren Informationen zur Preisentwicklung und zu den angebotenen Holzkohlemengen keine eindeutige Beurteilung der tatsächlichen Versorgungslage ableiten. Diese Abschnitte zeigen auch, daß angesichts des generellen Informationsstandes in Somalia jede Arbeit zu dieser Thematik gleichzeitig ein Stück Grundlagenforschung in benachbarten Themenbereichen leisten muß. Als solche Grundlagenforschung ist auch der Exkurs zur "Stadtentwicklung und wirtschaftsräumlichen Differenzierung Mogadishus" zu verstehen. Dabei handelt es sich zwar um ein Ergebnis der eigenen empirischen Arbeit; sie hat aber für die vorliegende Studie nur instrumentellen Charakter und wird daher bereits an dieser Stelle dargestellt.

Im Anschluß an die Konkretisierung der Fragestellung (Kap. 3) wird das Forschungsdesign für die einzelnen empirischen Untersuchungen dargelegt. Insbesondere im Rahmen der Verbrauchsbestimmung waren umfangreiche empirische Erhebungen notwendig, die von ihrer Struktur her sehr komplex waren und für den methodisch interessierten Leser im Zusammenhang dargestellt werden sollen. Um diese Ausführungen im Text dennoch nicht zu lang werden zu lassen, wird bei detaillierteren Darlegungen auf den Anhang verwiesen.

Die Ergebnisse zur Einschätzung der derzeitigen Versorgungslage in Mogadishu gliedern sich in die drei Sektoren Verbrauch (Kap. 5), Produktion (Kap. 6) und Vermarktung (Kap. 7). Alle drei Sektoren sind eng miteinander verzahnt. Um dennoch ständige Vorgriffe auf später folgende Informationen zu vermeiden, wurden die Hauptverbraucher von Brennholz und Holzkohle in Mogadishu sowie die wichtigsten Komponenten des Versorgungssystems bereits vorab im Überblick dargestellt (Kap. 2.3.3).

Die Ermittlung des Brennholz- und Holzkohleverbrauchs privater Haushalte geschieht auf drei Aggregationsebenen. Nach einer detaillierten Strukturbescheibung für die untersuchten Haushalte und einer genauen Betrachtung des individuellen Verbrauchs (1) sowie der Bestimmung des Verbrauchs für Teilräume unterschiedlicher wirtschaftlicher Verhältnisse der Wohnbevölkerung (2), wird der Verbrauch unter Zugrundelegung der wirtschaftsräumlichen Differenzierung Mogadishus (s. Exkurs) und mit Hilfe einer Häuserzählung anhand von Luftbildern auf die gesamte Stadt hochgerechnet (3).

Im Rahmen der Produktion von Holz und Holzkohle steht die Holzkohleproduktions-Kooperative Cadceed aufgrund ihrer überragenden Bedeutung für die Versorgung Mogadishus mit Holzenergie im Mittelpunkt der Betrachtungen. Neben einem Überblick über die produzierten Mengen werden vor allem Organisationsstruktur und

6

Produktionsablauf der genossenschaftlichen Holzkohleherstellung, die eingesetzten Produktionstechniken und ihre Effizienz sowie die Aufteilung der Produktions- und Transportkosten und ihre Veränderung im Zeitablauf angesprochen.

Nach einem knappen Überblick über andere Teilsektoren der Holz- und Holzkohleproduktion wird - ebenfalls am Beispiel der Kooperative Cadceed - der Frage nach einer möglichen Übernutzung und ökologischen Schädigung der Produktionsgebiete und nach den Hintergünden für diese Entwicklung nachgegangen. Dabei werden auch die allgemeinen staatlichen Rahmenbedingungen, unter denen die Brennholz- und Holzkohleproduktion stattfindet, sowie der Stellenwert behandelt, der einer Berücksichtigung ökologischer Belange bei der Produktion beigemessen wird.

Bei der Vermarktung werden zunächst die wichtigsten Vermarktungseinrichtungen unter besonderer Berücksichtigung ihrer Versorgungsleistungen für private Haushalte beschrieben, bevor die Schätzungen zum Holzkohleverbrauch dem erfaßbaren Angebot gegenübergestellt werden. Auf dem Hintergrund dieser Ergebnisse, die nicht nur die Bedeutung der verschiedenen Vermarktungseinrichtungen aufzeigen, sondern auch Rückschlüsse auf den Umfang des Schwarzmarktes zulassen, wird dann die Preisentwicklung zwischen 1983 und 1985 diskutiert. Von besonderem Interesse ist dabei die Frage, ob sich anhand der Preisentwicklung bereits Anzeichen einer möglichen Brennholz- oder Holzkohleverknappung in der näheren Zukunft andeuten.

Im Anschluß daran wird versucht, die zukünftige Versorungssituation einzuschätzen (Kap. 8), was jedoch beim vorliegenden Informationsstand nur in Teilbereichen - und auch dort nur mit Einschränkungen - möglich ist. Abschließend werden die Maßnahmen angesprochen, die zur langfristigen Sicherung der Brennholz- und Holzkohleversorgung Mogadishus notwendig erscheinen, und die Bedingungen genannt, unter denen sich diese Maßnahmen auch realisieren lassen.

2. FORSCHUNGSSTAND

2.1 Der Brennholz- und Holzkohleverbrauch in Afrika und methodische Probleme bei seiner Bestimmung

Betrachtet man bisherige Angaben zum Brennholz- und Holzkohleverbrauch in Afrika, so stößt man nicht nur auf beträchtliche Unterschiede in der Höhe des Verbrauchs, sondern auch auf eine Vielzahl verschiedener Bezugsgrößen und Maßeinheiten (Tab. 1). So schwankt beispielsweise der gesamte Jahres-Verbrauch pro Kopf an Brennholz und Holzkohle auf nationaler Ebene für verschiedene Staaten Westafrikas zwischen 270 kg in Mauretanien und fast 580 kg im Tschad.

Innerhalb der Großräume des Sudans streut der Brennholzverbrauch - für sich genommen - pro Kopf und Jahr von 338 kg für den nördlichen und östlichen Teil über 389 kg für den Zentralsudan und 456 kg für den westlichen Teil bis 493 kg im Süden.

Tab. 1: Ausgewählte Angaben zum Brennholz- und Holzkohleverbrauch in Afrika

Land / Region / Ort	Brennholz pro Kopf [m³]	Brennholz pro Haushalt [kg]	Holzkohle pro Kopf [kg]	Holzkohle pro Haushalt [kg]	Holzeinheiten, pro Kopf [m³]	Brennholz und Holzkohle pro Kopf [m³]	Brennholz und Holzkohle pro Kopf [kg]
1. landesweit							
Niger (1)							398
Tschad (1)							577
Gambia (1)							321
Mauretanien (1)							270
Mali (1)							347
Senegal (1)							391
Burkina Faso (1)							569
Äthiopien (2)		470	50				520
Sudan (3)	1,24				0,59		
2. regional							
Sudan (4) Norden, Osten		338	79,1				417
Zentralregion		389	77,4				466
Westen		456	2,8				459
Süden		493	1,8				495
Sudan, Kordofan-Darfur (5)	1,36						
Kenya, ländlich, (6)							
Zonen mit ... hohem		4100		130			
Wachstums- mittlerem		4190		60			
potential geringem		8210		40			
3. lokal							
Sudan, ländlich A	1,01				0,004		
Nuba Berge, ländlich B	1,11				0,060		
drei ländlich C	0,90				0,095		
Standorte (7) städtisch A	0,83				0,45		
städtisch B	0,81				0,71		
städtisch C	0,70				0,80		
Sudan, Nord Kordofan							
Bara Stadt (8)	1,32						
Tana River District, (9)							
Galole Orma nomadic	0,46						
Wayo Boro	0,74						
Sedentary Chaffa	0,56						

(1) CECELSKI 1983, S.16
(2) O'KEEFE u.a. 1984b, S.210
(3) MUKHTAR 1978, aus BABIKER 1983, S.113
(4) BIERMANN 1983, S.143
(5) FAO/ECA, 1976, aus BABIKER 1983, S.115
(6) HOSIER 1985, S.60f
(7) BABIKER 1983, S.115
(8) DIGERNES 1977, aus BABIKER 1983, S.115
(9) ENSMINGER 1984, S.131

Berücksichtigt man jedoch auch den Holzkohleverbrauch, so ergibt sich ein völlig anderes Bild: Der Gesamtverbrauch, gemessen in kg, ist für alle Teilräume schon ähnlicher. Beachtet man zusätzlich den unterschiedlichen Energiegehalt von Holz und

8

Holzkohle, so unterscheiden sich die verschiedenen Regionen kaum noch in ihrem Verbrauch. Zieht man allerdings darüber hinaus auch den Holzverbrauch für die Herstellung von Holzkohle heran, so kehren sich die ursprünglich genannten Zahlen um: Der gesamte Pro-Kopf-Verbrauch an Holz als Brennmaterial wäre dann im Nord-, Ost- und Zentralsudan am höchsten.

Auch auf der lokalen Ebene sind die Schwankungen im Holz- und Holzkohleverbrauch ähnlich hoch, z.T. sogar noch höher als zwischen Staaten oder Regionen. So wurde beispielsweise für den Sudan der Brennholzverbrauch in der Stadt Bara im Distrikt Nord Kordofan mit 1,32 m³ pro Kopf und Jahr angegeben, während die Werte für verschiedene Teilräume der Nuba Mountains zwischen 0,7 und 1,11 m³ nur für Brennholz bzw. zwischen 1,0 und 1,52 m³ für Brennholz und Holzkohle schwanken.

Erheblich geringere Verbrauchswerte wurden in Kenya für verschiedene Untersuchungsgebiete im Tana-River-Distrikt ermittelt. Dort lag der Brennholzverbrauch pro Kopf und Jahr zwischen 0,46 und 0,74 m³. Holzkohle wurde hier nicht benutzt.

Im Gegensatz zu diesen Zahlen, die sich alle auf den Verbrauch pro Kopf beziehen, ermittelte HOSIER den Brennholz- und Holzkohleverbrauch der seßhaften ländlichen Bevölkerung Kenyas auf der Basis von Haushalten als Bezugsgröße. Dabei erhielt er für Zonen unterschiedlichen Wachstumspotentials der Biomasse allein für den Brennholzverbrauch Werte zwischen 4,1 bzw. 4,2 t pro Jahr und Haushalt für die Zonen hohen bzw. mittleren Potentials und 8,2 t für die Zone geringen Wachstumspotentials.

Diese wenigen Beispiele mögen genügen, um die Problematik eines Vergleichs unterschiedlicher Verbrauchswerte zu demonstrieren. Ein direkter Vergleich ist natürlich schon deshalb nicht möglich, weil sich diese Angaben auf völlig unterschiedliche Aggregationsebenen beziehen, nämlich vom nationalen Durchschnitt bis hinunter zu Dorfstudien. Darüber hinaus sind aber auch aufgrund inhaltlicher und methodischer Aspekte erhebliche Zweifel angebracht, inwiefern eine Vergleichbarkeit solcher Werte überhaupt gegeben ist. Während im nächsten Kapitel an konkreten Beispielen aus Ostafrika verschiedene Einflußfaktoren, die sich von Fall zu Fall unterschiedlich zusammensetzen können, in ihrer möglichen Wirkung auf den Verbrauch diskutiert werden, soll der Blick an dieser Stelle auf die methodischen Probleme bei der Verbrauchsbestimmung gerichtet werden. Dabei wird vor allem zu zeigen sein, daß sich die vorliegenden Verbrauchswerte in Bezug auf

- die Abgrenzung des Verbrauchs,
- die gewählten Bezugs- und Maßeinheiten sowie
- die Methode der Verbrauchsbestimmung

erheblich unterscheiden können. Außerdem wird deutlich, daß die Verläßlichkeit vieler ohnehin nur geschätzter Verbrauchswerte schon deshalb nicht beurteilt werden kann, weil die methodische Vorgehensweise zu ihrer Ermittlung nicht in der erforderlichen Gründlichkeit dargelegt wurde.

1. Abgrenzung des Verbrauchs

Je nach Zielsetzung der Arbeit und den vorhandenen empirischen Möglichkeiten, den Verbrauch zu bestimmen, kann die Eingrenzung des Holz- und Holzkohleverbrauchs sehr unterschiedlich erfolgen. Während als Grundlage für forstwirtschaftliche Planungen in jedem Fall der gesamte Verbrauch des Rohstoffs Holz von Interesse und die Verwendungsmuster nur insofern eine Rolle spielen, als sie zur genauen Bestimmung der Nachfragestruktur benötigt werden, ist die klare Unterscheidung zwischen Brennholz und Nutzholz im Rahmen von Energiestudien in jedem Fall notwendig. Ja, es mag im Einzelfall sogar sinnvoll sein, sich auf die Verwendung von Holz und Holzkohle als Energieträger zu beschränken. Das gilt beispielsweise bei der Bestimmung des aktuellen Verbrauchs an Brennholz und Holzkohle als Grundlage für künftige Energieplanungen oder bei der Einschätzung möglicher Einsparungen, die durch die Substitution von Holz durch andere Energieträger oder durch die Einführung effizienterer Öfen zu erwarten sind.

Allerdings ist eine strikte Trennung zwischen Brennholz (bzw. Holzkohle) und sonstigem Nutzholz auch hier in manchen Fällen unzureichend. Das trifft vor allem auf nomadische Bevölkerungsgruppen zu, bei denen der Holzbedarf zur Konstruktion der Behausungen den Brennholzbedarf mitunter beträchtlich übersteigen kann(s. Kap. 2.2.2).

Weniger schwerwiegend ist dieses Problem bei der Bestimmung des Holzbedarfs für die seßhafte ländliche Bevölkerung. Zwar fällt auch hier ein gewisser Bedarf an Bauholz an; dieser ist jedoch im Vergleich zu Brennholz zumeist vernachlässigbar. Das gilt in noch stärkerem Maß für städtische Zentren und für solche Großstädte wie Mogadishu, in denen Holz und Holzkohle die wichtigsten Energiequellen darstellen, während für den Hausbau in hohem Maß auf andere Baumaterialien (Stein, Wellblech etc.) zurückgegriffen wird. Außerdem ist gerade bei Großstädten mit einer deutlichen Trennung der Bauholz- und Brennholzversorgung zu rechnen, die eine Beschränkung auf Brennholz durchaus angebracht erscheinen läßt.

2. Bezugsgrößen und Maßeinheiten

Der Verbrauch selbst kann in sehr unterschiedlichen Einheiten gemessen werden. Zumeist wird er in m^3 oder Gewichtseinheiten (kg oder t) angegeben. Zur Erstellung von Energiebilanzen werden die verbrauchten Mengen häufig in vergleichbare Einheiten wie Joule, Steinkohleeinheiten oder Öläquivalente umgerechnet. Mögen solche Umrechnungen bei genaueren Zusatzinformationen noch einigermaßen zuverlässig sein, so sind sie in der Praxis häufig mit beträchtlichen Fehlern behaftet. Dies gilt vor allem beim Umrechnen von Holz. So können beispielsweise Holzmengen mit gleichem Volumen je nach Holzart und Feuchtigkeitsgehalt ein sehr unterschiedliches Gewicht und stark voneinander abweichende Brennwerte aufweisen. Will man den Verbrauch verschiedener Energiearten miteinander vergleichen, so läßt sich eine solche Umrechnung jedoch nicht umgehen. Da sich eigene Bestimmungen des Energiewerts häufig schon aus technischen Gründen nicht realisieren lassen, muß zwangsläufig fast immer auf die gängigen Durchschnittswerte zurückgegriffen werden.

Bei der vorliegenden Arbeit ist lediglich die Umrechnung von Brennholz und Holzkohle in Joule als vergleichbare Einheit notwendig. SMIL/KNOWLAND (1980, S.369) geben als Energiewert pro kg Holz zwischen 14,4 und 16,6 Megajoule an. Das deckt sich mit dem bei HOSIER (1985, S.151) genannten Durchschnittswert von 15,5 Megajoule pro kg. Mangels genauerer Informationen wird dieser Wert auch vom Verfasser zur Umrechnung von Brennholz herangezogen. Für Holzkohle kann dagegen auf die von ROBINSON/SMITH (1984, S.51) angeführten Meßergebnisse zurückgegriffen werden, wonach die in Südsomalia produzierte Holzkohle einen durchschnittlichen Energiegehalt von 30,1 Megajoule pro kg hat. Dieser Wert liegt - für die in Somalia bevorzugte schwere Holzkohle nicht unerwartet - etwas unter dem bei HOSIER (1985, S.152) angegebenen Energiewert von 32,4 Megajoule pro kg Holzkohle.

Ist schon die Schätzung des Energiegehalts häufig mit großen Unsicherheiten behaftet, so wirft die Frage der Energieausnutzung in Abhängigkeit von den benutzten Öfen noch weitaus größere Probleme auf. Eigene Messungen zur Effizienz der gängigen Öfen waren nicht möglich, so daß dieses Problem im Rahmen der vorliegenden Arbeit nicht zufriedenstellend gelöst werden konnte. Auf eine Berechnung der Nutzenergie bei den verbrauchten Mengen an Brennholz und Holzkohle wird daher im Rahmen dieser Arbeit verzichtet.

Unabhängig von der Maßeinheit wird der Verbrauch zumeist pro Kopf angegeben. Nach FORSTER/ZÖHRER (1982, S.57ff) ist dies jedoch nicht sinnvoll, da der Bedarf grundsätzlich pro Kochstelle - das ist in der Regel der Einzelhaushalt -[4] anfällt und der durchschnittliche Pro-Kopf-Verbrauch mit zunehmender Personenzahl, für die gekocht wird, deutlich absinkt. Eigene Berechnungen anhand des verfügbaren Datenmaterials[5] deuten außerdem darauf hin, daß die pro Kopf errechneten Verbrauchswerte in Abhängigkeit von der Haushaltsgröße stärker variieren als pro Haushalt errechnete Werte.

Viele der vorliegenden Pro-Kopf-Werte sind für Vergleichszwecke schon dadurch nur bedingt brauchbar, daß die durchschnittlichen Haushaltsgrößen, auf die sich diese Werte beziehen, nicht angegeben werden. Aus den genannten Gründen sollte der Verbrauch grundsätzlich pro Haushalt bzw. Kochstelle errechnet und als zusätzlicher Bezugswert die durchschnittliche Haushaltsgröße angegeben werden. Außerdem sollte zu Vergleichszwecken möglichst auch die Variation des Verbrauchs in Abhängigkeit von der Haushaltsgröße bestimmt werden.

3. Methoden der Verbrauchsbestimmung

In den meisten Fällen wird der Verbrauch mittels Befragungen erfaßt. In ländlichen Regionen wird dabei zumeist nach der Anzahl der Holzbündel gefragt, die in einer bestimmten Periode benötigt werden, während in Städten nach den Ausgaben für

---

4) Im folgenden wird der Begriff "Haushalt" im Sinne von "Kochstelle" verwendet.
5) Beispielsberechnungen hierzu wurden durchgeführt mit den Daten von ROITTO (1970, S.5), auf der
    Basis der einfachen Regressionsgleichung bei HOSIER (1985, S.77) sowie mit den Daten der eigenen Untersuchungen.

Holz bzw. Holzkohle und ihrer Nutzungsdauer gefragt wird. Ergänzend dazu werden die durchschnittlichen Preise pro Mengeneinheit bzw. das durchschnittliche Gewicht pro Bündel durch Messungen ermittelt, z.T. auch einfach geschätzt.

Weniger verbreitet ist es, den tatsächlichen Verbrauch durch Wiegen zu bestimmen, da diese Methode relativ zeitaufwendig ist: Um sicher zu sein, daß auch tatsächlich der übliche Verbrauch gemessen wird, und um verläßliche, von zufälligen täglichen Schwankungen bereinigte Werte für Einzelhaushalte zu bekommen, müßte die Messung zumindest über mehrere Tage hinweg erfolgen.

Die Verbrauchsbestimmung anhand von Befragungen wird von FORSTER/ ZÖHRER (1982) scharf kritisiert, weil sie ihrer Meinung nach in der Praxis zumeist dazu geführt hat, daß der Verbrauch deutlich überschätzt wurde. Den Hintergrund für solche Fehlschätzungen sehen sie darin, daß man den Brennholzbedarf auf keinen Fall zu gering einschätzen will und daher lieber eine Überschätzung in Kauf nimmt, ohne sich allerdings der Konsequenzen bewußt zu sein. Das kann sogar dazu führen, daß der Verbrauch mehrmals einseitig überschätzt wird (FORSTER/ZÖHRER, 1982, S.60ff), und zwar

- bei der Befragung, wo anstatt des erwarteten Durchschnittswerts mitunter ein besonders hoher Wert angegeben wird, der dem Interviewten nachhaltig im Gedächtnis geblieben ist,
- durch den Interviewer, der beispielsweise anstatt "fast ein Bündel Holz pro Tag" nur "ein Bündel Holz pro Tag" notiert,
- bei der Bestimmung der Personenzahl, weil häufig nur die Personen angegeben werden, für die tatsächlich gekocht wird, während der gesamte Haushalt u.U. erheblich größer ist,
- bei der Schätzung der Bezugsgrößen, z.B. der Gewichtsbestimmung für ein Bündel Holz, weil für die weiteren Berechnungen häufig aus Sicherheitsgründen (um eine Unterschätzung zu vermeiden) ein etwas höherer Durchschnittswert zugrunde gelegt wird,
- bei der Einbeziehung möglicher Fehlerquellen, die - in der Überzeugung, eine Unterschätzung sei schlimmer als eine Überschätzung - häufig einseitig zum Mittelwert addiert werden.

Da diese einseitigen Fehler bei der Berechnung der Verbrauchswerte multiplikativ miteinander verknüpft werden, können durch die Häufung von Fehlern, die - jeder für sich betrachtet - unbedeutend erscheinen mögen, völlig unsinnige Ergebnisse entstehen,[6] die dennoch häufig als Grundlage zur Schätzung des zukünftigen Brennholzbedarfs herangezogen werden. Dabei kann der ohnehin zu hohe Bedarf noch weiter überschätzt werden, indem z.B. für das erwartete Bevölkerungswachstum oder für die künftige Veränderung des individuellen Verbrauchs auf keinen Fall zu geringe Werte eingesetzt werden. Welche Auswirkungen es haben kann, wenn solche Ergebnisse als Planungsgrundlagen herangezogen werden, beschreiben FORSTER/ZÖHRER (1982, S.56):

"Die negativen Folgen des meist zu hoch eingeschätzten zukünftigen Brennholzverbrauchs sind in einigen Ländern fast panikartige Aufforstungstätigkeiten mit

---

6) Ein Beispiel dafür, wie durch eine Vielzahl kleiner einseitiger Abweichungen ein völlig gegesätzliches Ergebnis entstehen kann, liefern FORSTER/ZÖHRER (1982, S.72) selbst.

schnellwachsenden, aber risikoreichen, exotischen Baumarten. Nicht selten werden für die Realisierung großflächiger Aufforstungen gesunde, stabile und produktive Naturwälder gerodet. Oftmals wird Naturwald zerstört, wo es nicht notwendig wäre, oder wo der Naturwald die Anforderungen der lokalen Bevölkerung sogar besser erfüllen könnte als schnellwachsende Monokulturen."[7]

Anhand der dargelegten Problematik zeigt sich, welche Bedeutung schon allein einer methodisch einwandfreien Bestimmung des Brennholz- und Holzkohleverbrauchs zukommt. Darüber hinaus wird auch die Notwendigkeit deutlich, die angewandten Methoden möglichst genau darzustellen - was in der gängigen Literatur bisher viel zu selten geschah. Da sich keine Verbrauchsbestimmung durchführen läßt, ohne daß zumindest im Detail Probleme und Ungenauigkeiten auftreten, ist es dringend erforderlich, auch solche kleinen Ungenauigkeiten und die gewählten Möglichkeiten zu ihrer "Bereinigung" anzusprechen. Mit der Darstellung des Forschungsdesigns in Kap. 4 und einer ausführlichen Dokumentation methodischer Detailprobleme im Anhang soll daher auch ein Anstoß zu einer konkreteren Methodendiskussion bei der Bestimmung des Holz- und Holzkohleverbrauchs gegeben werden.

2.2 Holzverbrauch und Versorgungsprobleme in Ostafrika

2.2.1 Benutzte Brennmaterialien

Holz ist auch in Ostafrika das wichtigste, in zahlreichen ländlichen Gebieten sogar das einzige Brennmaterial. Allerdings ersetzen Kerosin oder Paraffin für Beleuchtungszwecke in zunehmendem Maße Holz als traditionellen Lichtspender (BARNES, 1984, S.71). Andere Energiearten, z.B. Agrarabfälle oder Holzkohle, spielen im ländlichen Bereich zumeist eine untergeordnete Rolle. Ausnahmen können zum einen solche Gebiete darstellen, in denen die Verknappung von Holz bereits so weit fortgeschritten ist, daß ein zunehmender Teil des Energiebedarfs durch Agrarabfälle gedeckt werden muß. Zum anderen kann die Nutzung von Holzkohle auch im ländlichen Raum zunehmen, wenn ein Teil der Bevölkerung als Arbeiter mit vergleichsweise hohen Einkünften beschäftigt ist, wie z.B. in einigen Gebieten Kenyas mit einem hohen landwirtschaftlichen Nutzungspotential (HOSIER, 1985, S.59f).

Die benutzten Energieträger variieren nicht nur zwischen verschiedenen Regionen, sondern können auch innerhalb einer Region sehr unterschiedlich sein, wie sich am Beispiel der Nuba Mountains im Sudan zeigt (BABIKER, 1983, S.113). So ist im östlichen Teil der Nuba Mountains die Nutzung von Holz aufgrund der geringen monetären Einkünfte, eines weniger ausgebauten Vermarktungssystems sowie höherer Preise für andere Energieträger auch in den städtischen Zentren noch sehr hoch. Holz wird hier von etwa 80% der Haushalte auch zur Beleuchtung eingesetzt. Im nördlichen und westlichen Teil ist Holz zwar ebenfalls der wichtigste Energieträger;

---

7) In diesem Zusammenhang stellt sich fast zwangsläufig die Frage, ob solche Fehlentwicklungen wirklich nur auf Unwissenheit zurückzuführen sind, oder ob hier nicht auch ein Eigeninteresse von seiten westlicher Entwicklungsorganisationen besteht, den betreffenden Ländern diese Art von Forstprojekten zu verkaufen.

vor allem in den städtischen Siedlungen sind jedoch auch Holzkohle, Kerosin und Gas stärker verbreitet. Dennoch stellt Brennholz auch hier für zwei Drittel bis drei Viertel der städtischen Bevölkerung das wichtigste Brennmaterial dar.

Stärker verbreitet ist die Nutzung von Holzkohle dagegen in zahlreichen kenyanischen Kleinstädten. Hier findet häufig nicht nur ein Wechsel von Holz zu Holzkohle, sondern auch zu anderen Energieträgern statt. So werden beispielsweise in den meisten Kleinstädten und Marktorten des Embu Distrikts Holzkohle, Paraffin und Gas in unterschiedlichen Kombinationen zum Kochen und zur Beleuchtung benutzt (HAUGERUD, 1984, S.84). Durchaus typisch, vor allem bei berufstätigen Frauen, ist der Gebrauch von Paraffin für Mahlzeiten, die sehr schnell gekocht werden müssen, z.b. der Tee am Morgen, und von Holzkohle bei Mahlzeiten, für die mehr Zeit zum Kochen zur Verfügung steht, z.b. das Abendessen (HAUGERUD, 1984, S.85).

Relativ wenige Informationen liegen zur Bedeutung des Holz- und Holzkohleverbrauchs größerer Städte vor. Für den gesamten städtischen Bereich Kenyas schätzen O'KEEFE u.a. (1984a, S.20) den Holzkohleverbrauch auf knapp 60% und den Holzverbrauch auf etwa 14% des gesamten Energieverbrauchs privater Haushalte. Somit entfallen auch hier fast drei Viertel des Energieverbrauchs auf Holz als primäre Energiequelle, während Ölprodukte ca. 17% und Elektrizität knapp 10% des Gesamtverbrauchs ausmachen. Berücksichtigt man nur den Verbrauch zum Kochen und Heizen, so entfallen sogar ca. 84% auf Holz und Holzkohle. Erwartungsgemäß hängen sowohl die Höhe des gesamten Energieverbrauchs als auch die Art der benutzten Energie eng mit dem Haushaltseinkommen zusammen. Während die ärmere Hälfte der Haushalte ihren Energiebedarf zu knapp 85% aus Holz und Holzkohle decken, entfallen hierauf bei der reicheren Hälfte aller Haushalte weniger als 40%. Noch deutlicher ist diese Differenzierung allein für Brennholz. Die ärmsten 5% aller Haushalte decken ihren Energieverbrauch zu fast zwei Dritteln durch Holz, das bei den reichsten 12% der Haushalte mit weniger als 2% vernachlässigbar ist.

Diese Zahlen geben zwar keine direkte Auskunft darüber, wie sich der Holz- und Holzkohleverbauch in Kenya für Städte unterschiedlicher Größenklasse verändert. Man kann jedoch davon ausgehen, daß mit zunehmender Größe einer Stadt in der Regel auch das Versorgungssystem für Kerosin oder LP Gas weiter ausgebaut ist und diese Energieträger zu geringeren Preisen erhältlich sind, daß die Elektrifizierung weiter fortgeschritten ist und die monetären Haushaltseinkommen im Durchschnitt etwas höher liegen dürften. Daher wird vor allem der Anteil von Holz am gesamten Energieverbrauch deutlich zurückgehen.

Angaben über den Energieverbrauch in Nairobi liefert eine Studie des Central Bureau of Statistics in Kenya (1980), die für das Jahr 1978 den Holzverbrauch auf etwa 0,1 t pro Haushalt und den Holzkohleverbrauch auf ca. 0,4 t pro Haushalt beziffert. Demnach entfielen über 70% des gesamten privaten Energieverbrauchs in Nairobi auf Holzkohle und fast 80% auf Holz und Holzkohle. HOSIER (1985, S.38f) bezweifelt jedoch die Verläßlichkeit eines Teils dieser Ergebnisse. Auch im Vergleich mit den o.g. Verbrauchsanteilen von Holz und Holzkohle für den gesamten städtischen Bereich scheinen die Werte für Nairobi zu hoch gegriffen. Tatsächlich dürfte der Anteil des gesamten Energieverbrauchs, der auf Holz und Holzkohle entfällt, für

Nairobi wohl in einer Größenordnung von 40% bis 60% liegen. Angaben über vergleichbare Städte, z.B. Addis Abeba oder Khartoum, liegen nicht vor. Berücksichtigt man jedoch die weitaus größere Bedeutung von Holz als Energieträger in Äthiopien und im Sudan, so kann man erwarten, daß auch in den Hauptstädten dieser Länder der weit überwiegende Teil des Energieverbrauchs privater Haushalte durch Holz und Holzkohle gedeckt wird.

2.2.2 Einflußfaktoren auf den privaten Verbrauch

Auf den privaten Verbrauch von Holz und Holzkohle wirkt ein ganzes Bündel von Einflußfaktoren ein. Als wichtigste werden in der Literatur genannt:

- die durchschnittliche Personenzahl, für die gekocht wird,
- das Haushaltseinkommen,
- Verfügbarkeit und Beschaffungsaufwand bzw. Preis der benutzten Brennmaterialien,
- Verfügbarkeit und Beschaffungsaufwand bzw. Preis alternativer Brennmaterialien,
- Lebensweise und Ernährungsgewohnheiten,
- Art der Kochstelle bzw. des Ofens,
- Nutzung von Holz/Holzkohle für andere als Kochzwecke.

Auf den gesamten Verbrauch des Rohmaterials Holz können auch das Ausmaß der Holzkohlenutzung oder die Effizienz der Holzkohleproduktion einen mitunter beträchtlichen Einfluß nehmen (O'KEEFE u.a., 1984b, S.210). All diese Faktoren wirken von Fall zu Fall unterschiedlich zusammen und führen mitunter zu erheblichen regionalen, z.T. sogar lokalen Unterschieden im Brennholz- und Holzkohleverbrauch privater Haushalte. Wie sich diese Faktoren auf den Verbrauch auswirken können, sei nun anhand von Beispielen aus Ostafrika gezeigt.

Den Einfluß verschiedener Faktoren auf den Holzverbrauch im ländlichen Kenya ermittelte HOSIER (1985, S.75ff) mittels multipler Regression. Als mögliche Einflußgrößen wurden dabei berücksichtigt: Größe des Haushalts in Personen, Geldeinkommen, Größe des Landbesitzes, Ernährung, Zeitaufwand zum Sammeln von Holz (gemessen in Minuten pro kg) und Nutzung von Holz zur Raumheizung. Von diesen Größen haben die Ernährung, die Haushaltsgröße und der Zeitaufwand zum Holzsammeln einen signifikanten Einfluß auf den Verbrauch, während die übrigen Faktoren zumindest bei landesweiter Betrachtung unbedeutend sind. Der Grundverbrauch an Brennholz pro Haushalt liegt nach diesen Berechnungen bei ca. 4,1 t pro Jahr. Er erhöht sich im Durchschnitt mit jeder zusätzlichen Person, für die gekocht werden muß, um knapp 230 kg. Für jede Minute zusätzlichen Zeitaufwands, um 1 kg Holz zu sammeln, vermindert sich der Jahresverbrauch um ca. 170 kg. Darüber hinaus liegt der Verbrauch bei Haushalten, deren Ernährungsbasis vor allem Gerichte aus ungemahlenem Getreide und Bohnen bilden, im Durchschnitt um knapp 800 kg pro Jahr höher als für Haushalte, die in erster Linie auf gemahlenes Getreide und andere Nahrungsmittel mit kürzeren Garzeiten zurückgreifen. Im folgenden sei der Einfluß einzelner Faktoren auf den Verbrauch genauer dargestellt.

15

1. Verfügbarkeit

In der Regel ist der Verbrauch an Holz und Holzkohle in hohem Maß von deren Verfügbarkeit bzw. vom Beschaffungsaufwand abhängig. Dabei kann man als Maß für die Verfügbarkeit nicht einfach auf das Zuwachspotential der Vegetation zurückgreifen. Im Gegenteil, an zahlreichen Beispielen aus Kenya läßt sich zeigen, daß Gebiete mit einem höheren Zuwachspotential der Vegetation zumeist auch eine höhere Siedlungsdichte und eine intensivere landwirtschaftliche Nutzung aufweisen, so daß es hier dennoch eher zu Brennholzverknappungen kommt als in Gebieten mit einem geringeren Zuwachspotential und einer niedrigeren Bevölkerungsdichte.

HOSIER (1985, S.60ff) unterscheidet in seiner Untersuchung über den Brennholzverbrauch des ländlichen Kenyas drei ökologische Zonen, eine Zone hohen Potentials, eine mittleren Potentials und eine semiaride Zone. Der Zeitaufwand, um 1 kg Holz zu sammeln, das Maß für die Verfügbarkeit von Brennholz, ist in der semiariden Zone mit durchschnittlich 3,6 Minuten am geringsten. In der Zone hohen Potentials liegt er mit 3,9 Minuten nur wenig höher, während in der Zone mittleren Potentials (7,8 Minuten) etwa doppelt so viel Zeit benötigt wird. Entsprechend ist auch der Holzverbrauch in der Zone mittleren Potentials am geringsten, während er in der semiariden Zone deutlich am höchsten ist. Die Anlage dieser Untersuchung[8] läßt auch Aussagen über einen möglichen Wandel im Holzverbrauch zwischen 1979 und 1981 zu. Vor allem in der Zone hohen Potentials, in geringerem Ausmaß auch in der Zone mittleren Potentials, ist ein Rückgang des Holzverbrauchs erkennbar, den HOSIER u.a. als Reaktion auf die zunehmende Holzverknappung in diesen beiden Zonen interpretiert. Im Gegensatz dazu gibt es in der semiariden Zone trotz des geringsten Zuwachspotentials der Vegetation weder eine merkliche Verknappung von Holz noch Einschränkungen im Verbrauch.

Gerade in intensiv landwirtschaftlich genutzten Gebieten Kenyas befinden sich auch Wald- und Buschland nicht selten in Privatbesitz. Die dort vorhandenen Holzvorräte, die ehemals zum Brennholzsammeln für alle zugänglich waren, sind nicht mehr frei verfügbar. Dies trifft vor allem die ärmeren, landlosen Familien, denen eine regelmäßige, ausreichende Beschaffung von Brennholz häufig nicht mehr möglich ist, wie z.B. in Teilen des Kiringaga Distrikts in Zentral-Kenya (CASTRO, 1983, S.12ff).

Ein anderes Beispiel, wie unterschiedliche Zugangsmöglichkeiten oder zunehmende Verknappung von Holz vor allem die ärmeren Familien treffen können, gibt HAUGERUD (1984, S.79ff) für den Embu Distrikt in Kenia. Ihr Untersuchungsgebiet teilt sich im wesentlichen in zwei Zonen auf. Eine liegt höher und ist bereits über Jahrhunderte landwirtschaftlich sehr intensiv genutzt. Die andere, tiefer gelegene Zone ist vergleichsweise dünn besiedelt, weist geringere landwirtschaftliche Potentiale und eine durchschnittlich ärmere Bevölkerung auf. HAUGERUD nennt drei Trends, die auf zunehmende Ungleichgewichte hinsichtlich des Zugangs und der Verteilung von Holz hinführen (HAUGERUD, 1984, S.79):

---

8)   Bei der Auswahl der zu interviewenden Haushalte zog er ein Sample aus einer zwei Jahre zuvor durchgeführten Untersuchung, so daß er auch Verbrauchsunterschiede innerhalb dieser zwei Jahre bestimmen konnte.

1. Eine gesteigerte Holzentnahme aus der ärmeren, tiefer gelegenen Zone zur Versorgung der landwirtschaftlich und einkommensmäßig begünstigten Hochlandzone.

2. Zunehmende Versorgung städtischer Zentren und kleiner Marktorte durch die Holzvorräte der Tieflandzone.

3. Eine zunehmende Abhängigkeit ärmerer Familien ohne Land und Holzvorräte von den Ländereien reicherer Familien. Gerade die ärmsten Familien haben die schlechtesten Zugangsmöglichkeiten zu Brennholz und müssen mit den Nachfragern aus der Hochlandzone und aus städtischen Zentren konkurrieren.

Auf der anderen Seite können durch die externe Nachfrage nach Holz und Holzkohle auch zusätzliche Verdienstmöglichkeiten entstehen. So bessert z.b. ein Großteil der Familien in der Tieflandzone ihre Geldeinkünfte durch Holzkohleproduktion auf. Allerdings erhalten die Produzenten selbst nur einen unverhältnismäßig geringen Teil des Erlöses, der in den Absatzgebieten erzielt werden kann. Da sie selbst nicht über geeignete Transportmittel verfügen, sind sie gezwungen, die Holzkohle zu den im Produktionsgebiet üblichen Preisen an Händler aus der reicheren Hochlandzone zu verkaufen. Diese erzielen in der Hochlandzone etwa den doppelten Preis und schöpfen somit die Hälfte des gesamten Endverbrauchspreises ab (HAUGERUD, 1984, S.82f).

2. Lebensweise und Ernährungsgewohnheiten

Durch verschiedenartige Ernährungsgewohnheiten kann es zu beträchtlichen Unterschieden im Holzkohleverbrauch kommen. Ein Beispiel für dadurch bedingte kleinräumige Unterschiede stellt PERLOV (1984) vor. Ihr Untersuchungsgebiet, die Ilkiloriti group ranch im Samburu Distrikt, Rift Valley, weist eine Gesamtfläche von etwa 50 km^2 auf und untergliedert sich in drei Teilräume:

1. Ilkiloriti, ein Gebiet, in dem die Viehzucht dominiert. Ackerbauliche Aktivitäten werden hier nur in sehr geringem Umfang ausgeübt.

2. Baawa, ein Areal, in dem sich Viehzucht und Ackerbau in etwa die Waage halten.

3. Lorian, wo die ansässige Bevölkerung nur über kleine Viehherden verfügt; ihre Hauptaktivität liegt im Ackerbau.

Alle drei Gruppen unterscheiden sich deutlich in ihren Ernährungsgewohnheiten. In Ilkiloriti besteht die Nahrung zu einem erheblich größeren Teil aus Milch als in den beiden anderen Siedlungen. Dadurch ist auch der Bedarf an Brennmaterial erheblich geringer als in Baawa oder Lorian. In allen drei Siedlungen wird zusätzlich zu Milch vor allem "ugali", ein Gericht aus Maismehl, gekocht. Darüber hinaus werden in Lorian auch Gerichte aus ungemahlenen Maiskörnern zubereitet, die eine längere Garzeit benötigen. Die ernährungsbedingten Differenzen im Verbrauch werden noch dadurch verstärkt, daß die Holzvorräte in unterschiedlichen Entfernungen zum jeweiligen Siedlungsraum liegen. Die Distanzen, die zum Holzsammeln zurückgelegt werden müssen, betragen ca. 5 km für Ilkiloriti, 3-4 km für Baawa und 1 km für Lorian. Daher ist es nicht verwunderlich, daß der Verbrauch (pro Tag und Haushalt) in Ilkiloriti mit etwa 12 kg am geringsten, in Baawa (ca. 15 kg) deutlich höher und in Lorian mit fast 20 kg am höchsten ist.

Besonders ausgeprägt sind die ernährungsbedingten Verbrauchsunterschiede zwischen nomadischer und ackerbautreibender Bevölkerung. Nach Untersuchungen in verschiedenen Teilen Kenyas schwankt der Brennholzverbrauch bei traditioneller nomadischer Lebensweise zwischen etwa 0,8 t pro Jahr und Haushalt bei den Rendille im Marsabit Distrikt (WALTHER/HERLOCKER, o.J., S.3) und knapp 1,6 t pro Jahr und Haushalt bei den Galole Orma im Tana River Distrikt (ENSMINGER, 1984, S.130). Im Gegensatz dazu liegt der durchschnittliche Verbrauch für die seßhafte ländliche Bevölkerung Kenyas bei mehr als 4 t pro Haushalt (HOSIER, 1985, S.60). Auch wenn man den Holzverbrauch zum Bau der Hütten mit berücksichtigt, bleibt in der Regel ein beträchtlicher Unterschied im Gesamtverbrauch bestehen. Nach Untersuchungen von JENSEN (1984, S.199) und WALTHER/HERLOCKER (o.J., S.4) beträgt der Holzverbrauch hierfür sowohl bei den Amboseli Maasai im südlichen Kenya als auch bei den Rendille zwischen 400 und 500 kg pro Jahr und Haushalt. Einen enorm hohen Wert geben allerdings ELLIS u.a. (1984, S.180) für die Ngisonyaka im südlichen Teil des Turkana Distrikts mit ca. 1 t pro Jahr und Person an. Zählt man hierzu den Holzverbrauch zum Kochen, so liegen sie mit einem Gesamtverbrauch von etwa 1,4 t pro Person deutlich höher als der größte Teil der seßhaften Bevölkerung Kenyas. Diese Verbrauchsunterschiede lassen vermuten, daß die Verbrauchsgewohnheiten gerade dann sehr verschieden sein können, wenn Holz so reichlich zur Verfügung steht, daß ein sparsamer Umgang nicht notwendig ist.

Auch die Verwendungszwecke von Brennholz unterscheiden sich bei den Nomaden recht deutlich von denen bei der übrigen Bevölkerung. Da die Hauptnahrung bei Nomaden aus Milch besteht, benötigen sie in der Regel nur wenig Holz zum Kochen selbst. Deutlich höher ist oft der Brennholzbedarf zum Desinfizieren der Milchcontainer (durch Räuchern). Beispielsweise schätzen interviewte Frauen der Galole Orma, daß sie hierfür etwa doppelt so viel Holz benötigen wie zum Kochen (ENSMINGER, 1984, S.128).

3. Saisonale Verbrauchsschwankungen

Hauptursachen für saisonale Verbrauchsschwankungen sind Witterungseinflüsse und jahreszeitlich bedingte Wechsel in der Ernährung. Gerade im ländlichen Raum kann es dadurch zu saisonal unterschiedlichen Verbrauchsmustern kommen. Tendenziell kann man in Gebieten, in denen während der kühleren Jahreszeit, der Regenzeit, geheizt werden muß, mit einem höheren Verbrauch an Holz rechnen. Dies gilt jedoch nicht in jedem Fall. Häufig gleichen sich mehrere gegenläufige Tendenzen weitgehend aus, so daß der Gesamtverbrauch nur geringfügig variiert. So ist bei den Ngisonyoka im Turkana Distrikt zwar der Holzverbrauch zum Heizen während der Regenzeit sehr hoch. Andererseits bilden gerade in dieser Jahreszeit Milch und Blut die Hauptnahrungsmittel, so daß kaum Holz zum Kochen benötigt wird. In der Trockenzeit entfällt dagegen der überwiegende Teil des Holzverbrauchs auf das Kochen von Mais-Gerichten und Tee, die dann zusätzlich zu Milch den Großteil der Ernährung ausmachen (ELLIS u.a., 1984, S.183). Das gleiche gilt auch in Ilkiloriti im

Samburu Distrikt. Im benachbarten Siedlungsraum Lorian wird in der Trockenzeit zwar seltener ungemahlener Mais gekocht. Da dieser jedoch trockener ist, benötigt er eine längere Garzeit als in der Regenzeit, so daß auch hier der gesamte Holzverbrauch in etwa gleich bleibt (PERLOV, 1984, S.152).

4. Sonstige Faktoren

Die Auswirkungen der Haushaltsgröße und des Einkommens wurden bereits weiter vorne angedeutet. Mit zunehmender Haushaltsgröße nimmt zwar auch der Verbrauch pro Haushalt zu, der Pro-KopfVerbrauch nimmt jedoch in der Regel deutlich ab. Das gleiche stellte HOSIER (1984, S.53) für den Zeitaufwand pro Person zum Holzsammeln fest. Größere Haushalte können daher sowohl bezüglich ihres Zeitaufwands zur Beschaffung von Holz als auch hinsichtlich ihres Verbrauchs als effizienter angesehen werden als kleinere Haushalte.

Ein Zusammenhang zwischen dem Haushaltseinkommen und dem Holzverbrauch ist nicht in jedem Falle zu belegen. HOSIER (1984, S.52) findet einen solchen Zusammenhang beispielsweise für den ländlichen Bereich Kenyas nicht bestätigt. Das kann jedoch - wie in diesem Fall - auch damit zusammenhängen, daß reichere Haushalte in zunehmendem Maß andere Brennmaterialien ergänzend zu Holz benutzen. Besonders deutlich zeigt sich der Einfluß des Einkommens auf die Wahl der benutzten Brennmaterialien in diesem Beispiel bei Holzknappheit. Während ärmere Haushalte eher auf Viehdung oder Agrarabfälle ausweichen, wächst mit steigendem Einkommen die Bereitschaft, auf kommerzialisierte Brennstoffe wie Holzkohle oder Paraffin umzusteigen (HOSIER, 1984, S.53).

Wie bereits angedeutet (siehe Kap. 2.2.1), steigt im städtischen Bereich Kenyas der gesamte Energieverbrauch mit zunehmendem Einkommen. Ab einer gewissen Einkommenshöhe nimmt der Holz- und Holzkohleverbrauch jedoch zugunsten von anderen Energieträgern deutlich ab - eine Tendenz, die in dieser Form zwar auch in anderen ostafrikanischen Ländern vorhanden, aber nicht immer so stark ausgeprägt ist wie in Kenya. Nicht selten bevorzugen auch Familien mit höherem Einkommen Holzkohle zum Kochen. OPENSHAW (1978, S.76) führt dies vor allem darauf zurück, daß hier Traditionen (die er offensichtlich mit Rückständigkeit gleichsetzt) noch immer einen starken Einfluß hätten. Tatsächlich spielen dabei wohl andere Gründe eine wichtigere Rolle: "Charcoal not only costs less, but people think it gives food a better flavour" als z.B. Kerosin (HAUGERUD, 1984, S.85).

In Städten, in denen Holz und Holzkohle gekauft werden müssen, wird deren Preis vermutlich ebenfalls einen Einfluß auf den Verbrauch haben. Dem Verfasser ist jedoch keine Arbeit bekannt, in der die Auswirkungen von Preisunterschieden zwischen einzelnen Regionen oder Preissteigerungen auf den Holz- oder Holzkohleverbrauch untersucht wurden.

2.2.3 Holzverknappung und ihre Wahrnehmung durch die Betroffenen

In vielen der untersuchten Regionen deutet sich allmählich eine Holzverknappung an, die in absehbarer Zukunft sicher zu Versorgungsproblemen führen wird. Generell kann man jedoch davon ausgehen, daß insbesondere in Kenya bisher keine Engpässe auftraten, die mit denen in der Sahel-Zone vergleichbar wären. Weitaus problematischer scheint die Situation dagegen in Äthiopien, wo der Anteil geschlossenen Waldlandes von 40% zu Beginn des Jahrhunderts auf etwa 3,5% zu Anfang der 80er Jahre zurückging (O'KEEFE u.a., 1984b, S.208), oder im Sudan. Während vor 30 Jahren Akazienbestände im Sudan noch bis an den Stadtrand von Khartoum heranreichten, finden sich diese heute nur noch in Distanzen von etwa 100 km zur Stadt (RODAS, 1982, S.7).

Dagegen sind gerade die klimatisch am ehesten mit den genannten Gebieten vergleichbaren Regionen im nördlichen und östlichen Teil Kenyas zur Zeit noch recht gut mit Holz versorgt. Insbesondere anhand der Entwicklung in den überwiegend nomadisch oder halbnomadisch genutzten Teilen dieser Gebiete lassen sich einige wichtige Tendenzen aufzeigen, die für das Grundverständnis über die Entstehung von Holzdefiziten bedeutsam sind.

Bei traditioneller Lebensweise sind die meisten hier lebenden Nomadenvölker auch im Hinblick auf ihren Holzbedarf Selbstversorger. Eine Verknappung von Holz tritt in der Regel nicht auf. Entscheidend dafür ist nicht unbedingt der absolute Holzverbrauch - dieser kann, wie das Beispiel aus dem südlichen Turkana Distrikt zeigt, durchaus über dem Verbrauch seßhafter Ackerbauern liegen - sondern die geringe Bevölkerungsdichte und die Tatsache, daß der Bedarf durch häufigen Wechsel des Wohnstandorts immer aus anderen Teilgebieten befriedigt wird.

Durch Seßhaftwerdung oder Teilseßhaftigkeit kann es in den länger besiedelten Räumen trotz regional ausreichender Holzreserven aufgrund der größeren Bevölkerungskonzentration lokal zu Übernutzungen und schließlich zu Holzverknappungen kommen. Dabei spielt es keine Rolle, daß der absolute Holzverbrauch sogar niedriger sein kann als bei nomadischer Lebensweise mit häufigem Standortwechsel und einem hohen Bedarf an Holz zur Konstruktion der Hütten (WALTHER/HERLOCKER, o.J., S.2f). Wie sich an Beispielen der Galole Orma im Tana River Distrikt zeigt, können schwerwiegende Versorgungsengpässe bereits bei Siedlungsgrößen bis zu 50 Haushalten auftreten (ENSMINGER, 1984, S.128f).

Eine ernsthafte Bedrohung für die vorhandenen Holzreserven kann jedoch durch die kommerzielle Nutzung von Holz für die Versorgung städtischer Zentren sehr schnell entstehen. Allerdings sind die semiariden Regionen Kenyas bisher kaum von akuter Brennholzverknappung betroffen, was sicher zum großen Teil daran liegt, daß hier die kommerzielle Holznutzung bisher nicht sehr verbreitet ist. Im Siedlungsraum der Galole Orma wird beispielsweise das nahe gelegene städtische Zentrum Hola aus anderen Gebieten mit Holzkohle versorgt (ENSMINGER, 1984, S.126); Holzkohleproduktion gibt es im Gebiet der Galole Orma selbst nicht. Und bei den Samburu, Ilkiloriti group ranch, wird Holzkohle nur von einheimischen Haushalten hergestellt, und auch nur dann, wenn sich diese für eine begrenzte Zeit in einer wirtschaftlichen

Notlage befinden. Völlig untersagt ist dagegen die Holzkohleproduktion durch auswärtige Personen (PERLOV, 1984, S.156ff).

Eine zunehmende Verknappung von Holz wird von der betroffenen Bevölkerung durch den höheren zeitlichen Aufwand zum Sammeln des Holzes sehr schnell wahrgenommen. Das ist sicher auch darauf zurückzuführen, daß die Frauen, denen traditionell die Aufgabe des Holzsammelns zukommt, in der Regel ohnehin voll beschäftigt sind. So kann bereits ein geringer Mehraufwand zu einer verminderten Produktion in anderen Bereichen und zur Verminderung des Wohlstands führen (HAUGERUD, 1984, S.87ff).

Die abnehmenden Holzreserven selbst werden jedoch nicht als Problem gesehen, insbesondere dann nicht, wenn die Holzverknappung erst allmählich einsetzt. Zu fest ist die Vorstellung, Wälder böten eine unbegrenzte Holzreserve, im Bewußtsein der Betroffenen verwurzelt (PERLOV, 1984, S.157). Wie bei den Samburu wird die Holzverknappung häufig als ausschließlich von außen herbeigeführt angesehen:

> "The very problem of the dwindling forest reserves is generally recognised as being caused, not by Samburu misuse, but by forces outside the local system. Traditionally, deforestation was not recognised as a problem. Only after years of increasing population, decreasing pastoral lands, drought, disease and the adoption of crop production (all considered to be introductions from the outside) was the problem of deforestation identified." (PERLOV, 1984, S.158).

Bei länger anhaltender Holzverknappung kann es durchaus zu einer anderen Wahrnehmung und veränderten Verhaltensweise kommen, wie die Untersuchung von HAUGERUD (1984, S.83) zeigt. Im Gegensatz zur tiefer gelegenen Zone im Embu Distrikt, in der sich eine künftige Holzverknappung erst allmählich abzeichnet, ist der Holzmangel für die Bevölkerung des höher gelegenen Teils bereits offensichtlich und hat einen Wandel im Umgang mit Holz nach sich gezogen. Im Bedarfsfall werden nur einzelne Äste gesunder Bäume genutzt, so daß der Baum selbst nicht abstirbt und für die Zukunft als Holzspender erhalten bleibt. Und wenn möglich, werden von der Bevölkerung selbst neue Bäume gepflanzt. Inwiefern sich eine solche Verhaltensänderung auch auf den städtischen Bereich übertragen läßt, wo der größte Teil der Bevölkerung ohnehin darauf angewiesen ist, Holz oder Holzkohle zu kaufen, bleibt jedoch fraglich.

2.2.4   Schlußfolgerungen

Aus den angeführten Beispielen wurde deutlich, daß der Verbrauch an Brennholz und Holzkohle durch eine Vielzahl von Faktoren bestimmt wird, die im Einzelfall sehr unterschiedlich zusammenwirken können. Es ist daher eine der wesentlichen Forderungen an eine empirische Erhebung zum Brennholz- und Holzkohleverbrauch, die Faktoren zu benennen, die im konkreten Fall in die Untersuchung mit einbezogen werden sollen. Das geschieht für die vorliegende Studie bei der Erstellung des Forschungsdesigns (Kap. 4).

Außerdem ist die Holzverknappung in großen Teilen Ostafrikas offensichtlich noch nicht so weit vorangeschritten wie in der Sahel-Zone. Allerdings deutet sich auch hier in zahlreichen Regionen ein allmählich einsetzendes Holzdefizit an, das jedoch von der Bevölkerung nur selten als weitreichendes Problem erkannt wird. Sicher spielt es dabei eine entscheidende Rolle, daß Versorgungsprobleme durch veränderte, zumeist von außen induzierte Rahmenbedingungen ausgelöst werden. Sowohl bei der betroffenen Bevölkerung als auch bei den politischen und planerischen Entscheidungsträgern setzt sich dann nur allmählich die Erkenntnis durch, daß die veränderten Bedingungen auch eine andere Verhaltensweise im Umgang mit der begrenzten Ressource Holz, vor allem Schutz- und Rekultivierungsmaßnahmen, erfordern.

Gerade aus diesem Grund ist es notwendig, sich rechtzeitig mit dem Problem einer drohenden Holzverknappung auseinanderzusetzen und nicht zu warten, bis die Versorgungsdefizite offensichtlich sind. Das gilt auch für ein Land wie Somalia, aus dem zwar - sieht man von dem speziellen Versorgungsproblem für die Flüchtlingssiedlungen einmal ab - bisher keine Meldungen über bedrohliche Brennholzverknappungen bekannt wurden, dessen tatsächliche Versorgungslage aber kaum erforscht ist und anhand verfügbarer Informationen nur sehr unzureichend eingeschätzt werden kann.

2.3 Brennholz und Holzkohle in Somalia

2.3.1 Verbrauchswerte und verfügbares Holzpotential

Nach Schätzungen von ENERGY/DEVELOPMENT INTERNATIONAL (1982) und OPENSHAW (1982) entfielen im Jahr 1980 etwa 80% des gesamten Energieverbrauchs in Somalia auf Brennholz, weitere 6,5% auf Holzkohle und ca. 11,5% auf Ölprodukte (Abb. 1). Elektrizität war mit weniger als 0,4% relativ unbedeutend. Erwartungsgemäß betrug der Energieverbrauch privater Haushalte mehr als 80% des Gesamtverbrauchs. Differenziert nach den Endverbrauchern entfielen etwa 95% des Holz- und 85% des Holzkohleverbrauchs, aber nur 5% des Ölverbrauchs auf private Haushalte, und mehr als 98% des gesamten Energieverbrauchs privater Haushalte wurden durch Holz und Holzkohle gedeckt. Wenngleich es sich bei diesen Angaben teilweise um grobe Schätzungen handelt, zeigen sie doch an, welche Bedeutung Holz und Holzkohle für die Energieversorgung Somalias haben. Landesweit ist Brennholz mit einem geschätzten Gesamtverbrauch von mehr als 2,5 Mio. t der wichtigste Energieträger. Holzkohle bleibt dagegen mit einem Verbrauch von weniger als 100 000 t auf den städtischen Bereich beschränkt (Tab. 2) und ist auch hier von geringerer Bedeutung als Brennholz. Lediglich in Mogadishu werden Brennholz und Holzkohle zu etwa gleichen Mengen verbraucht, wobei Holzkohle aufgrund des etwa doppelt so hohen Brennwertes der dominierende Energieträger ist.

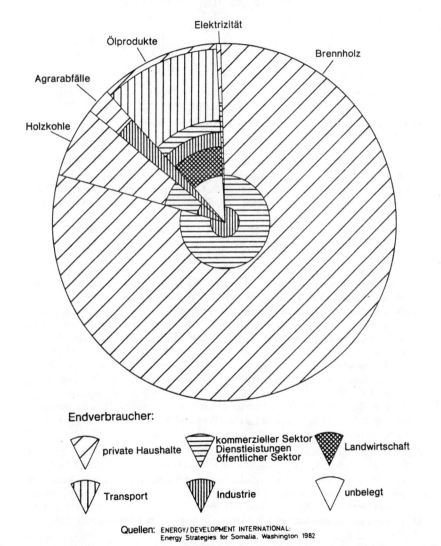

Abb. 1: Der geschätzte Energieverbrauch Somalias nach Brennmaterialien und Endverbrauchern 1980 (in Terajoule)

Elektrizität

Ölprodukte

Brennholz

Agrarabfälle

Holzkohle

Endverbraucher:

private Haushalte

kommerzieller Sektor
Dienstleistungen
öffentlicher Sektor

Landwirtschaft

Transport

Industrie

unbelegt

Quellen: ENERGY/DEVELOPMENT INTERNATIONAL:
Energy Strategies for Somalia. Washington 1982

23

Tab. 2: Schätzung des Brennholz- und Holzkohleverbrauchs in Somalia für 1980

	Bevöl-kerung in Mio	Verbrauch insgesamt				Pro-Kopf-Verbrauch				gesamt GJ
		Holz TJ 1000 t		Holzkohle TJ 1000 t		Holz GJ kg		Holzkohle GJ kg		
ländliche Bevölkerung*	3,9	34960	2185	-	-	9,0	560	-	-	9,0
städtische Bevölkerung	1,23	5744	359	3077	93	4,7	292	2,5	76	7,2
davon Mogadishu	0,5	696	44	1386	42	1,4	88	2,8	84	4,2
sonstige Städte	0,73	5048	315	1691	51	6,9	432	2,3	69	8,2
Somalia insgesamt	5,13	40704	2554	3077	93	7,9	498	0,6	18	8,5

* Die Flüchtlingsbevölkerung ist bei der ländlichen Bevölkerung offensichtlich mit eingeschlossen, wenngleich sich bei OPENSHAW kein ausdrücklicher Hinweis darauf findet.
TJ = Terajoule (10^{12} Joule)   GJ = Gigajoule (10^9 Joule)
Quelle: OPENSHAW, 1982, S.3A u. 4B

Betrachtet man diese Angaben genauer, so zeigen sich einige Eigenarten, die die Zuverlässigkeit der gesamten Schätzung in Frage stellen. Der Pro-Kopf-Verbrauch an Holzenergie, gemessen in Joule, ist demnach für Mogadishu nur etwa halb so hoch wie für den übrigen städtischen Sektor. Dabei sind die Abweichungen im Holzkohle-verbrauch relativ gering, während der Brennholzverbrauch in Mogdishu auf etwa ein Fünftel des Wertes für andere Städte beziffert wird. Dieser Unterschied läßt sich wohl nur zum Teil durch eine weitere Verbreitung effizienterer Öfen und die stärkere Nutzung anderer Energieträger, z.B. Kerosin, in Mogadishu erklären. Zudem lassen sich die Schätzwerte OPENSHAWS nicht nachvollziehen. Abgesehen davon, daß er sich auf Vergleichswerte aus anderen Ländern bezieht, (OPENSHAW, 1982, S.8) und den durchschnittlichen Holzkohleverbrauch in Mogadishu an einer anderen Stelle der Studie offensichtlich anhand eines einzigen Interviews mit einem Taxifahrer auf 1,12 t pro Jahr und Haushalt bzw. 160 kg pro Jahr und Person beziffert (S.38), macht er keine weiteren Angaben über das Zustandekommen der Verbrauchswerte. Rechnet man seine Schätzung zurück, so ergibt sich ein Pro-Kopf-Verbrauch für Holzkohle von 84 kg im Jahr - ein Wert, der mit dem angegebenen Pro-Kopf-Verbrauch von 160 kg pro Jahr rechnerisch nur dann übereinstimmen würde, wenn lediglich knapp über die Hälfte aller Haushalte ganzjährig mit Holzkohle gekocht hätte bzw. knapp über 50% aller Gerichte mit Holzkohle gekocht worden wären. Dies ist nach den Erfahrungen des Verfassers in den Jahre 1983 und 1985 auch für 1980 um 10-20 Prozentpunkte zu niedrig angesetzt.

Auch das Zustandekommen des Brennholzverbrauchs im ländlichen Raum läßt sich nicht exakt nachvollziehen. Aufgrund der Angaben zum Brennholzbedarf, die OPENSHAW im Rahmen einer Bedarfsschätzung für das Jahr 2000 macht, kann man jedoch schließen, daß er den jährlichen Pro-Kopf-Verbrauch in einer Größenordnung von knapp einer Tonne für die seßhafte ländliche Bevölkerung sowie die Bevölkerung in Flüchtlingssiedlungen und etwa 300 kg für die Nomadenbevölkerung ansiedelt.

24

Abb. 2: Die administrative Gliederung Somalias nach Regionen

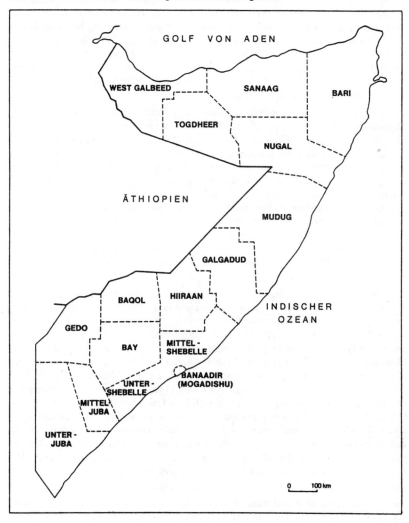

Im Rahmen eines Programms zur Entwicklung und Einführung effizienterer Öfen wurden von VITA (Volunteers in Technical Assistance; SMALE u.a., 1984) im Jahr 1983 Messungen des Brennholz- und Holzkohleverbrauchs sowie Untersuchungen der Kochgewohnheiten in den Regionen Gedo, Unter-Shebelle und Banaadir (Mogadishu) durchgeführt.[9] In Gedo wurden hierfür die Distrikthauptstadt Luuq sowie Cir Kud, ein Dorf südöstlich von Luuq an der Straße nach Baydhabo, und eine der Flüchtlingssiedlungen westlich von Luuq ausgewählt. In Unter-Shebelle wurden die Erhebungen in einer der Flüchtlingssiedlungen bei Qoryooley und in fünf recht unterschiedlichen Dörfern durchgeführt. Die Untersuchungen in Mogadishu erfolgten - zeitgleich und koordiniert mit eigenen Erhebungen des Verfassers Ende 1983 - in je einem Teilgebiet der Distrikte Wadajir, Hodan und Xamar Weyne.

Diese Untersuchung bestätigt die Dominanz von Holzkohle als Brennmaterial für Mogadishu und von Holz für die ländliche Bevölkerung sowie die Bewohner von Flüchtlingssiedlungen und kleineren städtischen Zentren. So benutzten in Mogadishu alle interviewten Haushalte ganzjährig Holzkohle zum Kochen, und mit Ausnahme weniger Haushalte in Wadajir, die teilweise auf eine Kombination von Holz und Holzkohle zurückgriffen, war Holzkohle das ausschließliche Brennmaterial zum Kochen. Im Gegensatz dazu war Brennholz in allen Untersuchungsgebieten Gedos und Unter-Shebelles das dominierende Brennmaterial. Selbst in Luuq benutzten 9 von 30 interviewten Haushalten ausschließlich Holz, während die übrigen in der Regenzeit Holz und Holzkohle kombinierten und in der Trockenzeit ebenfalls nur auf Holz zurückgriffen. Das gleiche gilt für die ländliche Bevölkerung in Unter-Shebelle, wogegen Holzkohle in den Flüchtlingssiedlungen und in Cir Kud fast bedeutungslos war.

Der Brennholzverbrauch lag in allen Untersuchungsgebieten Gedos und Unter-Shebelles zwischen 320 und 380 kg pro Person und Jahr (Tab. 3). Etwas ungewöhnlich ist dabei, daß der durchschnittliche Pro-Kopf-Verbrauch trotz recht unterschiedlicher durchschnittlicher Haushaltsgrößen relativ konstant war. Dennoch können die Ergebnisse insgesamt als zuverlässig angesehen werden. Im Gegensatz dazu ist der für Mogadishu gemessene Holzkohleverbrauch deutlich zu hoch. Diese Werte stimmen weder mit den übrigen Ergebnissen von VITA noch mit den Erhebungen des Verfassers überein. Berücksichtigt man, daß Holzkohle etwa den doppelten Energiegehalt von Holz hat, daß - im Gegensatz zu den übrigen Gebieten - fast alle interviewten Haushalte in Mogadishu über einen speziell für Holzkohle geeigneten Ofen verfügten und daß nichts auf einen wesentlich höheren Energiebedarf in Mogadishu durch andere Kochgewohnheiten oder zusätzliche Nutzungen der Holzkohle hindeutet, so müßte der Holzkohleverbrauch - gemessen in kg - hier weit unter der Hälfte des Brennholzverbrauchs in Gedo und Unter-Shebelle liegen.

Insgesamt liegen die Werte von VITA für den ländlichen Bereich, die sich auf eine überwiegend seßhafte Bevölkerung beziehen, erheblich unter dem von OPENSHAW zugrunde gelegten Verbrauch von knapp einer Tonne pro Person und Jahr. Auch wenn die VITA-Ergebnisse nicht repräsentativ für den gesamten ländlichen Raum

---

9)   Zur Lage der Regionen siehe Abb. 2.

Somalias sind, so deutet sich damit doch an, daß die Verbrauchsschätzungen OPENSHAWs - mit Ausnahme des Holzkohleverbrauchs für Mogadishu - offenbar zu hoch angesetzt sind. Unter Berücksichtigung der Umwandlungsverluste bei der Holzkohleproduktion, die er ebenfalls zu hoch ansetzt, und des Holzverbrauchs für andere Zwecke (vor allem als Bauholz) schätzt OPENSHAW (1982, S.6A) den gesamten Holzverbrauch Somalias für 1980 auf ca. 5,3 Mio. m^3. Realistischer scheint es dagegen, von einem Wert um 3 bis 3,5 Mio. m^3 auszugehen.

Tab. 3: Der Brennholz- und Holzkohleverbrauch in ausgewählten Gebieten der Regionen Unter-Shebelle, Gedo und Banaadir (Mogadishu) 1983 nach einer Untersuchung von VITA*

	Haus-halts-größe	Brennholzverbrauch in kg		
		pro Haushalt tägl.	jährl.	pro Kopf jährlich
Unter-Shebelle				
Flüchtlingsbev. bei Qoryooley - Trockenzeit	7,5	7,2	2635	350
- Regenzeit	8,2	7,4	2690	327
ländliche Bevölkerung (5 Dörfer)	7,5	7,6	2770	369
Gedo				
Luuq	8,2	8,5	3103	378
ländliche Bevölkerung in Cir Kud	5,8	5,2	1902	328
Flüchtlingsbevölkerung in Maganey	6,3	5,6	2048	325
Mogadishu		Holzkohleverbrauch in kg		
Hodan	9,3	5,6	2040	219
Wadajir	5,7	4,7	1713	301
Xamar Weyne	7,8	4,9	1800	230

* In den Regionen Unter-Shebelle und Gedo wurde nur der Brennholz- und in Banaadir nur der Holzkohleverbrauch ermittelt.
Quelle: SMALE u.a., 1984, S.62, 80 u. 104 sowie eigene Berechnungen

Welches Angebot an Holz steht diesem Verbrauch gegenüber? Von den etwa 640 000 km^2 der gesamten Landfläche sind lediglich 500 km^2 geschlossene Wälder, jedoch fast 400 000 km^2 offenes Wald- und Buschland mit unterschiedlicher Vegetationsdichte. Das sind immerhin mehr als 60% der gesamten Fläche Somalias. Dabei handelt es sich vor allem um Trockensavannen im südlichen und Dornbuschsavannen im nördlichen und zentralen Somalia.

Zur Schätzung des Holzangebots liegen mit dem Northern, Central und Southern Rangeland Survey inzwischen sehr detaillierte Grundlagen vor.[10] Auf den Northern und Central Rangeland Survey stützte sich auch OPENSHAW (1982). Er schätzte

10) Alle drei Studien wurden von WATSON angefertigt. Sie enthalten u.a. eine Klassifikation kleinräumiger Gebietseinheiten nach der Vegetation sowie Schätzungen des Holzbestands für diese Gebiete. Die Studien sind auch in Somalia nur schwer zugänglich und konnten wegen der beschränkten Auswertungsmöglichkeiten vor Ort in der vorliegenden Arbeit nicht genauer berücksichtigt werden.

den Zuwachs an nutzbarem Holz auf etwa 20 Mio. m^3 pro Jahr. Damit besitzt Somalia als Ganzes einen deutlichen Überschuß an nutzbarem Holz, so daß ein Defizit auf nationaler Ebene ausgeschlossen werden kann.

Allerdings sind die Holzvorräte großräumig sehr unterschiedlich verteilt. Der nördliche und zentrale Teil des Landes ist deutlich ärmer an Wald- und Buschland als der Süden, und die vorhandenen Flächen mit Wald- oder Buschvegetation weisen dort zumeist eine geringe Vegetationsdichte auf. So entfallen ca. 140 000 km^2 im gesamten Somalia auf waldartiges Buschland[11] mit einer Bewuchsdichte von mindestens 60%. Diese Flächen, die zur Holznutzung größeren Umfangs am besten geeignet sind, befinden sich jedoch zu über 97% im südlichen Somalia,[12] so daß im zentralen und nördlichen Teil des Landes möglicherweise schon bei kleinen und mittleren städtischen Zentren mit einer lokalen Holzverknappung gerechnet werden muß.

Aber auch für den holzreichen Süden können räumlich begrenzte Defizite nicht ausgeschlossen werden. Ließen sich die Resultate HOSIERs (1985, S.60ff) über die Verfügbarkeit von Brennholz in unterschiedlichen ökologischen Zonen Kenyas auf den Süden Somalias übertragen, so müßte man durchaus damit rechnen, daß in den am dichtesten besiedelten und landwirtschaftlich am intensivsten genutzten Regionen entlang der beiden Flüsse Juba und Shebelle trotz des höchsten Zuwachspotentials für die Vegetation am ehesten Versorgungsengpässe für Brennholz und Holzkohle auftreten. Da jedoch auch der größte Teil dieses Raumes im Vergleich mit Kenya noch relativ dünn besiedelt ist, ist eine ernsthafte Holzverknappung wohl höchstens in der Umgebung der Flüchtlingssiedlungen und der größten städtischen Zentren sowie in den für ihre Versorgung mit Holz und Holzkohle zuständigen Räumen zu befürchten. Diese Einschätzung deckt sich auch mit den Aussagen OPENSHAWs (1982, S.10). Daher sollte die Untersuchung möglicher Versorgungsengpässe für Holzenergie in Somalia auch bei der Versorgungssituation größerer städtischer Zentren ansetzen. Eine Studie am Beispiel Mogadishus bietet sich geradezu an. Die Bevölkerungszahl der Hauptstadt, die durchaus den Rang einer Primate City einnimmt, betrug 1985 etwa 700 000[13]; das sind zwischen 10% und 15% der Gesamtbevölkerung Somalias. Damit ist Mogadishu auch das Zentrum mit dem höchsten Bedarf an Brennholz und Holzkohle in Somalia.

2.3.2 Preisentwicklung und Versorgungslage in Mogadishu

Wie ist nun die Versorgungssituation für Brennholz und Holzkohle in Mogadishu während der letzten Jahre einzuschätzen? Brauchbare Angaben hierzu sind lediglich für Holzkohle erhältlich. Vergleicht man die Preisentwicklung für Holzkohle von 1977 bis August 1985 mit der Entwicklung für die Energiekosten insgesamt (Kerosin, Gas

---

11) 'wooded bushland': "a mixture of trees and bushes with the trees dominant" (OPENSHAW, 1982, S.8C).
12) Eigene Berechnungen nach OPENSHAW, 1982, S.8C u. 10A.
13) Schätzung des Verfassers, vgl. Anhang 2.

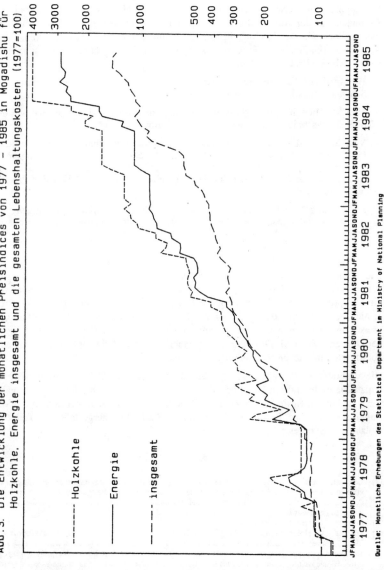

Abb.3: Die Entwicklung der monatlichen Preisindices von 1977 – 1985 in Mogadishu für Holzkohle. Energie insgesamt und die gesamten Lebenshaltungskosten (1977=100)

Quelle: Monatliche Erhebungen des Statistical Department im Ministry of National Planning

und Holzkohle) sowie die gesamten Lebenshaltungskosten (Abb. 3),[14] so läßt sich ein weit überdurchschnittlicher Preisanstieg bei Holzkohle erkennen. Während der Gesamtpreisindex in diesem Zeitraum auf etwas mehr als 1400 anstieg,[15] lag der Energiepreisindex etwa bei 2900 und der Index für Holzkohle sogar fast bei 4200. Demnach war der Anstieg der Holzkohlepreise innerhalb von acht Jahren fast dreimal so hoch wie die durchschnittliche Erhöhung der Lebenshaltungskosten. Dieses Auseinanderklaffen in der Preisentwicklung verlief jedoch nicht gleichmäßig; vielmehr lassen sich vier Perioden unterscheiden:

- Bis April 1979 hält sich die Entwicklung beider Indizes trotz starker monatlicher Schwankungen in etwa die Waage.

- Von Mai 1979 bis Mai 1981 liegt der Preisanstieg für Holzkohle geringfügig über dem durchschnittlichen Preisanstieg aller Güter.

- Von Mai 1981 bis Ende 1982 klaffen die Preisentwicklung insgesamt und für Holzkohle zunehmend auseinander. Während die gesamten Lebenshaltungskosten etwa mit der gleichen Rate anstiegen wie zuvor, schnellten die Holzkohlepreise förmlich in die Höhe. Allein in diesen eineinhalb Jahren hat sich der Preis für Holzkohle verdreifacht.

- Seit Anfang 1983 liegt die Verteuerung der Holzkohle wieder geringfügig über dem Anstieg der gesamten Lebenshaltungskosten. Im Gegensatz zu den monatlich und vor allem saisonal schwankenden Holzkohlepreisen früherer Jahre, ist diese Periode jedoch durch jeweils konstante Holzkohlepreise über mehrere Monate hinweg gekennzeichnet.

Die Zunahme der Energiepreise insgesamt ähnelt in ihrem Kurvenverlauf der Preisentwicklung für Holzkohle, ist aber deutlich abgeschwächt, denn tatsächlich wird die überproportionale Verteuerung der Energie fast ausschließlich durch den Preisanstieg bei Holzkohle bedingt, während sich die Entwicklung des Kerosin- und Gaspreises nur unwesentlich von der allgemeinen Teuerungsrate unterschied. Lediglich in den Jahren 1984 und 1985 führte eine langanhaltende Ölknappheit auch zu einer überdurchschnittlichen Verteuerung für Kerosin.

Die dramatische Preisentwicklung läßt auf zunehmende Versorgungsengpässe für Holzkohle in den Jahren 1981 und 1982 schließen. Inwiefern wird dies durch Angaben zur Angebotsentwicklung untermauert? Zuverlässige Daten sind hier nur für den offiziellen, von der Produktionskooperative Cadceed hergestellten, Teil des Holzkohleangebotes erhältlich.[16]

---

14) Die Daten werden monatlich vom Statistischen Department des Planungsministeriums erhoben und können insgesamt als recht verläßlich angesehen werden. Lediglich die "glatten" Holzkohlepreise in den Jahren 1983 bis 1985 lassen vermuten, daß für diesen Zeitraum keine exakte Preisbestimmung vorgenommen wurde.

15) Jahresdurchschnitt für 1977 = 100.

16) Offiziell darf Holzkohle nur von Mitgliedern dieser Kooperative, die auch für den Transport nach Mogadishu verantwortlich ist, hergestellt werden. Beim Eintreffen in Mogadishu wird die Holzkohle an einer Autowaage gewogen, registriert und dann an die Verkaufsstellen der Vermarktungskooperative Hilaac weitergeleitet. Die tatsächlich über den offiziellen Kanal vermarkteten Mengen werden auf diese Weise vollständig erfaßt.

Betrachten wir zunächst die Veränderungen dieser offiziellen Produktion im Jahresdurchschnitt. Für die Zeit von 1973 bis 1982 kam es dabei zu keinem nennenswerten Anstieg, obwohl die Stadt in diesem Zeitraum nach Schätzungen des Verfassers einen Bevölkerungszuwachs von etwa 80% zu verzeichnen hatte (vgl. Anhang 2). Berücksichtigt man, daß die Bedeutung von Holzkohle gegenüber anderen Energieträgern in dieser Zeit eher zunahm und der Bevölkerungszuwachs wohl kaum durch eine entsprechende Verminderung des individuellen Verbrauchs ausgeglichen werden konnte, so deutet dies auf eine drastisch zunehmende Holzkohleverknappung und/oder eine kontinuierliche Zunahme nicht-offizieller Vermarktung von Holzkohle hin.

Abb.4: Der offizielle monatliche Holzkohletransport nach Mogadishu und die Holzkohlepreiserhöhung gegenüber dem Vormonat Durchschnittswerte von 1977 — 1983

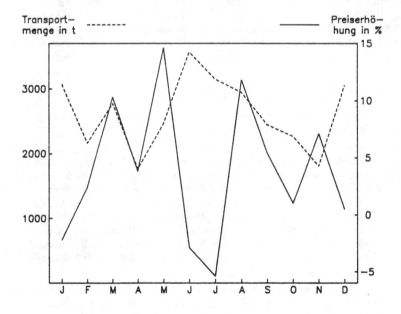

Darüber hinaus bestehen starke monatliche Schwankungen des Holzkohletransports nach Mogadishu (Abb. 4). Vor allem die Transportmengen für die Monate April und Mai sowie September bis November liegen weit unter dem Durchschnitt. Somit erhält

31

die Verknappung eine deutliche saisonale Komponente: Während der beiden Regenzeiten im südlichen Somalia[17] sind die Produktionsgebiete nicht immer zugänglich, so daß der Holzkohletransport erschwert wird oder gänzlich unmöglich ist. Daher muß vor allem in der zweiten Hälfte der Regenzeiten, wenn die Vorräte in Mogadishu zur Neige gehen, mit Versorgungsengpässen gerechnet werden.

Die saisonalen Engpässe spiegeln sich auch in den durchschnittlichen monatlichen Preiserhöhungen von 1977 bis 1982 wider (Abb. 4). Preiserhöhungen fanden vor allem in den Monaten März, Mai, August, September und November statt, während in den Monaten mit dem höchsten durchschnittlichen Transport, Januar, Juni und Juli, sogar ein geringfügiger Preisrückgang gegenüber dem Vormonat zu beobachten war. Somit wurden die Preise offenbar weniger aufgrund einer dauerhaften Verknappung, sondern vor allem vor Beginn einer Regenzeit wegen der erwarteten und während der Regenzeit aufgrund der tatsächlich eingetretenen saisonalen Versorgungsengpässe erhöht.

Diese Feststellungen gelten jedoch nur bis 1982. Innerhalb der Jahre 1983 und 1984 stiegen die offiziellen Produktionsmengen um 80%, wodurch sich die Versorgungslage in Mogadishu grundlegend veränderte. Während bereits 1983 die Versorgung mit Holzkohle deutlich besser war als in den Jahren zuvor, traten 1984 und 1985 keine nennenswerten Verknappungen mehr auf. Zwar blieben die saisonalen Transportprobleme weiterhin bestehen, aber durch die größeren Vorräte aus den Trockenzeiten war jetzt auch eine ausreichende Versorgung während der Regenzeiten gewährleistet.

Aus dieser Darstellung könnte man folgern, daß noch bis 1982 schwerwiegende Probleme bei der Holzkohleversorgung für Mogadishu bestanden, die jedoch in den darauffolgenden Jahren gelöst werden konnten. Tatsächlich muß diese Aussage aber in zweierlei Hinsicht relativiert werden.

Erstens beziehen sich die genannten Zahlen - wie erwähnt - nur auf den offiziellen Teil des Holzkohlemarktes; berücksichtigt man auch nicht-offizielle Vermarktungskanäle, dann waren die Versorgungsengpässe möglicherweise auch zu Beginn der 80er Jahre geringer. So kann man wohl davon ausgehen, daß der drastische Preisanstieg Anfang der 80er Jahre einen starken Produktionsanreiz für private, illegale Holzkohlehersteller darstellte. Außerdem blieben gerade in dieser Zeit die staatlich festgelegten Verkaufspreise für genossenschaftliche Produzenten weit hinter den sprunghaft angestiegenen Marktpreisen in Mogadishu zurück, so daß es möglicherweise auch für genossenschaftliche Hersteller interessant wurde, einen Teil ihrer Produktion privat zu vermarkten.

Zweitens deuten eigene Preisbestimmungen in den Jahren 1983 und 1985 für Brennholz und Holzkohle darauf hin, daß für diese Jahre zwar eine mengenmäßig ausreichende Versorgung Mogadishus gewährleistet war, die Versorgungslage aber dennoch als angespannt bezeichnet werden mußte. Nach eigenen Messungen lag der Holzkohlepreis für die offiziellen genossenschaftlichen Verkaufsstellen im Oktober 1985 knapp dreimal so hoch wie im November 1983. Bei allen anderen Teilsektoren

---

17) Gu: große Regenzeit, April - Juni; Deyr: kleine Regenzeit, Oktober - November

des Brennholz- und Holzkohlemarktes erhöhten sich die Preise sogar auf das Drei-
bis Dreieinhalbfache. Im Vergleich zu den Lebenshaltungskosten, die im gleichen
Zeitraum etwa auf das Zweieinhalbfache angestiegen waren[18], ist das in jedem Fall
eine überdurchschnittliche Verteuerung, die möglicherweise auf eine bevorstehende
Verknappung für Brennholz oder Holzkohle hindeutet.

Wie die Versorgungslage nun tatsächlich einzuschätzen ist, welche Entwicklung man
hier für die nächsten Jahre erwarten muß, und welche Schlußfolgerungen daraus zu
ziehen sind, um die Versorgung Mogadishus mit Brennholz und Holzkohle auch
langfristig sicherzustellen, läßt sich erst nach einer eingehenden Betrachtung des
gesamten Versorgungssystems - von der Produktion über die Vermarktung bis hin
zum Verbrauch - beantworten. Da dabei auch häufig der Bezug zu den später zu
behandelnden Teilsektoren des gesamten Versorgungssystems hergestellt werden
muß und auch die Verflechtungen zwischen diesen Teilsektoren herausgearbeitet
werden sollen, sei an dieser Stelle ein Überblick die wichtigsten Komponenten der
Brennholz- und Holzkohleversorgung in Mogadishu gegeben.

2.3.3. Das Versorgungssystem in Mogadishu

Die wichtigsten Endverbraucher von Brennholz und Holzkohle in Mogadishu sind -
wie im gesamten übrigen Somalia - die privaten Haushalte. Im Gegensatz zu ländlichen Siedlungen und kleineren Städten überwiegt jedoch der Verbrauch von Holzkohle. Brennholz wurde mit Abschluß der Untersuchungen im Herbst 1985 fast nur
noch von ärmeren Haushalten, bei größeren Familienfesten oder zum Betreiben eines
speziellen Ofens zum Brotbacken (Jiko Muufo) benutzt.

Über die privaten Haushalte hinaus treten als Verbraucher von Brennholz und Holzkohle vor allem auf:

- Hotels, Restaurants und Teeshops, die als Brennmaterial auf Holz, Holzkohle und
  auf teilweise verkohltes Holz (sogenannte "brands") zurückgreifen,

- Bäckereien und öffentliche Einrichtungen, z.B. Krankenhäuser und Gefängnisse,
  aber auch Kraftwerke, die in erster Linie Holz benutzen,

- Kalkbrennereien, die je nach Produktionstechnik entweder Holz oder Holz-
  kohlereste wie Staub, Rinde und Kleinstbestandteile einsetzen, die von privaten
  Haushalten nicht effizient genutzt werden könnten,

- unterschiedliche Betriebe im handwerklichen und industriellen Sektor, über die
  zwar keine genauen Informationen vorliegen, deren Anteil am gesamten Holz-
  und Holzkohleverbrauch jedoch als vergleichsweise gering angesehen werden
  kann.

Wie wird dieser Verbrauch an Brennholz und Holzkohle gedeckt? Widmen wir uns
zunächst dem ersten Teilsektor auf der Angebotsseite, der Produktion.

---

18) Mogadishu Consumer's Price Index, monatlich vom Statistical Department des Ministry of National
Planning erhoben.

Die offizielle Herstellung von Holzkohle für Mogadishu erfolgt ausschließlich durch eine Kooperative, **Cadceed**, zu der sich die in der Holzkohleproduktion tätigen Unternehmer der Regionen Bay, Baqol, Hiiraan, mittlerer und unterer Shebelle zusammenschlossen. Außerdem umfaßt der Zuständigkeitsbereich der Kooperative die Region Banaadir (Mogadishu) als Hauptabnehmer für Holzkohle. Die Hauptproduktionsgebiete lagen 1985 in den Regionen Bay und Baqol.

Darüber hinaus gibt es eine private, nichtlegale Holzkohleproduktion. Diese beschränkt sich vermutlich auf Streifen von wenigen Kilometern Breite entlang der Verbindungsstraßen von Mogadishu nach Baydhabo und von Mogadishu nach Belet Weyne und ist hinsichtlich der Produktionsmengen erheblich geringer als die offizielle Produktion.

Da die meisten dieser Produktionsgebiete relativ dicht an der Staße gelegen sind, ist der Abtransport normalerweise auch während der gesamten Regenzeiten gesichert. Aus diesem Grund kam der privaten Produktion eine wichtige Rolle beim Ausgleich von Versorgungsengpässen zu, die bis zum Jahr 1982 während der Regenzeiten bei der genossenschaftlich produzierten Holzkohle auftraten. Mit der ganzjährig ausreichenden Versorgung durch genossenschaftliche Holzkohle in den darauffolgenden Jahren ging die Bedeutung der privaten Produktion vermutlich drastisch zurück.

Die Holzversorgung für die Kalkbrennereien und für öffentliche Einrichtungen mit hohem Brennholzverbrauch erfolgt durch die Brennholz-Kooperative **Golol**. Diese ist zuständig für das Sammeln bzw. Schlagen von Holz und für den Transport zu den Endverbrauchern.

Die Bereitstellung von Holz für private Haushalte und nicht öffentliche Abnehmer, z.B. Bäckereien und gastronomische Betriebe, erfolgt auf zwei verschiedene Weisen, und zwar einerseits durch reine Holzsammler, die entweder im Auftrag von Händlern arbeiten oder Holz in eigener Regie sammeln und entlang der Straßen nach Mogadishu an Händler verkaufen, und andererseits durch kombinierte Sammler und Händler, die im Umkreis von etwa 10-30 km um Mogadishu Holz sammeln und dieses - zumeist mit Eselskarren - auf die Märkte in Mogadishu oder direkt zu den Endverbrauchern transportieren.

Die Vermarktung selbst ist recht vielfältig und soll hier nur in den wichtigsten Zügen dargestellt werden. Es gibt im wesentlichen drei Arten an offiziellen Vermarktungseinrichtungen von Brennholz und Holzkohle (s. Abb. 5). Diese sind:

1. Die genossenschaftlichen Holzkohleverkaufsstellen der Kooperative **Hilaac**, die durch die Kooperative Cadceed mit Holzkohle versorgt werden. Dabei wird die Holzkohle durch die Kooperative Cadceed nach Mogadishu transportiert, bei ihrem Eintreffen in der Stadt auf einer Autowaage gewogen und registriert und dann als komplette Ladung an einen der Händler von Hilaac weitergeleitet.

2. Die genannte Autowaage als Verteilungsstelle für Brennholz, das von Mitgliedern der Kooperative Golol produziert wurde. Das Holz wird - ebenso wie die genossenschaftlich produzierte Holzkohle - beim Eintreffen in Mogadishu gewogen und registriert und danach direkt zum Endverbraucher transportiert.

Abb. 5: Die Vermarktung von Holz und Holzkohle — schematische Darstellung der wichtigsten Einzelkomponenten und Vermarktungskanäle

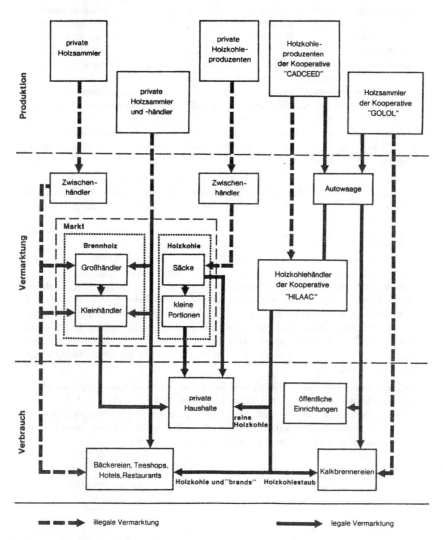

3. Märkte mit Brennholz- und Holzkohleverkauf, die sich ihrerseits in zahlreiche Einzelkomponenten zerlegen lassen. Auf den Märkten versorgen sich vor allem Bäckereien und gastronomische Betriebe mit Holz und private Haushalte mit Holz oder Holzkohle.

Der überwiegende Teil des gesamten Holzkohlehandels in Mogadishu wird über die Verkaufsstellen von Hilaac abgewickelt. Allerdings gibt es dabei Mindestabnahmemengen für die Kunden, die etwa dem täglichen Verbrauch einer Durchschnittsfamilie entsprechen. Der Holzkohlehandel auf den Märkten, die im wesentlichen Umschlagplatz für die privat hergestellte Holzkohle sind, hat demgegenüber nur ergänzende Funktion. Holzkohle wird hier vor allem sackweise zu etwas günstigeren Preisen als bei den genossenschaftlichen Händlern verkauft. Auf dieses Angebot greifen neben privaten Haushalten, die in der Lage sind, einen größeren Vorrat an Holzkohle auf einmal zu kaufen, auch Kleinhändler auf den Märkten zurück, die dann ihrerseits Holzkohle in kleineren Portionen, aber zu einem deutlich höheren Preis pro Menge anbieten als die genossenschaftlichen Händler. Ihre Hauptabnehmer sind arme Haushalte, die nicht in der Lage sind, die Mindestmengen bei den genossenschaftlichen Verkaufsstellen auf einmal zu bezahlen.

Die Vermarktung von Brennholz ist insgesamt vielschichtiger als die von Holzkohle. Brennholz, das von Mitgliedern der Kooperative Golol gesammelt wurde, wird in Lastwagen antransportiert und - wie bei Holzkohle - nach der Registratur an der Autowaage als komplette Ladung zu einem staatlich festgesetzten Preis weiterverkauft. Deshalb kommen als Kunden lediglich die genannten Großabnehmer wie Kalkbrennereien und verschiedene öffentliche Einrichtungen in Betracht. Dagegen wird Holz auf den meisten Märkten in allen gewünschten Mengen angeboten. Dementsprechend uneinheitlich sind auch die Holzhändler. Dennoch kann zu Zwecken der Übersichtlichkeit grob unterschieden werden zwischen Kleinhändlern, die in erster Linie für die Versorgung privater Haushalte zuständig sind, und Großhändlern, die ihr Holz vor allem an Bäckereien und gastronomische Betriebe liefern, aber teilweise auch am Markt ansässige Kleinhändler versorgen. Als dritte wichtige Gruppe tauchen private Holzsammler auf, die ihr Holz selbst nach Mogadishu transportieren und für die der Markt zumeist als Vermittlungsort an potentielle Kunden dient.

Darüber hinaus läuft ein beträchtlicher Anteil des gesamten Brennholz- und Holzkohlehandels an den offiziellen Vermarktungseinrichtungen vorbei. Auf diese sehr wichtige Unterscheidung zwischen legalen und illegalen Vermarktungskanälen sei jedoch hier noch nicht eingegangen, da sie erst aus den ausführlicheren Darstellungen zur Produktion und Vermarktung (Kap. 6 u. 7) verständlich wird.

EXKURS: STADTENTWICKLUNG UND WIRTSCHAFTSRÄUMLICHE DIFFERENZIERUNG MOGADISHUS

Aus den bisherigen Ausführungen wurde deutlich, daß eine verläßliche Schätzung des Brennholz- und Holzkohleverbrauchs in Mogadishu bis heute fehlt. Es ist eine der wesentlichsten Anliegen der vorliegenden Studie, diese Lücke zu schließen. Das ist jedoch nur realisierbar, wenn man sich dabei nicht auf die zwangsläufig sehr ungenaue Schätzung eines durchschnittlichen Verbrauchs pro Haushalt beschränken muß, sondern auch Verbrauchsunterschiede zwischen Haushalten mit verschiedenen Einkommensverhältnissen ermittelt und diese auf die gesamte Stadt hochrechnen kann. Als Grundlage dafür soll nun die räumliche Differenzierung Mogadishus nach den wirtschaftlichen Verhältnissen der Wohnbevölkerung dargestellt werden. Diese Differenzierung ist nur aus einer historischen Betrachtungweise der Stadtentwicklung heraus verständlich.

Mogadishu wurde vermutlich Ende des 9., Anfang des 10. Jh.s als Handelsstützpunkt von Arabern und Persern gegründet. Die Stadt umfaßte zunächst etwa das Gebiet des heutigen arabischen Stadtkerns von Xamar Weyne, bevor sie zwischen dem 12. und 15 Jh. einen enormen Bedeutungszuwachs erhielt. Sie wurde neben Kilwa zum wichtigsten Handelszentrum an der ostafrikanischen Küste und unterhielt nicht nur ausgeprägte Handelsbeziehungen zu zahlreichen Ländern im nahen und mittleren Osten, sondern war auch der bedeutendste Handelspartner Chinas in dieser Region (PUZE, 1972, S.24ff). Die feste Bebauung mit Steinhäusern reichte damals weit über den erhalten gebliebenen Teil der arbischen Stadtkerne in Xamar Weyne und Shangaani hinaus.

In der Folgezeit, ab dem 16 Jh., verlor Mogadishu zunehmend an Bedeutung. Etwa zur gleichen Zeit entstand das heutige Shangaani als eigenständiges Viertel. Während Xamar Weyne in zunehmendem Maße mit somalischer Bevölkerung durchmischt wurde, war Shangaani fast ausschließlich von Arabern bewohnt - eine ethnische Differenzierung, die im wesentlichen bis heute fortbesteht.

Vom 17. Jh. bis 1905 befand sich Mogadishu zunächst unter omanischer und dann unter sansibarischer Kontrolle. Der Einfluß war jedoch eher gering, die Zugehörigkeit mehr formaler Natur. Viel wichtiger waren in dieser Zeit die Verbindungen der Stadt zu ihrem Hinterland, die dann im 19. Jh. zu einer allmählichen Revitalisierung des Handels führten (PUZE, 1972, S.39-61). Dennoch wird die Ausdehnung Mogadishus für die 70er Jahre des letzten Jahrhunderts nur auf etwa ein Drittel der Bebauung aus der Blütezeit der Stadt geschätzt. Die Bevölkerung betrug damals etwa 6000, stieg jedoch in der Folgezeit deutlich an.

Zu einem noch stärkeren Wachstum kam es dann in der italienischen Kolonialzeit. Während die Bevölkerung für die Jahre 1914 und 1920 noch auf etwa 12 000 geschätzt wurde, stieg sie bis 1933 auf ca. 30 000 und bis 1939 sogar auf 72 000 an (PUZE, 1972, S.77). Vor allem in den 30er Jahren erfolgte eine planmäßige Erweiterung der Stadt, die bis auf den heutigen Tag prägend für die Innenstadt Mogadishus ist (s. Abb. 6).

Um die alten arabischen Stadtkerne herum wurde ein regelmäßiges Straßennetz angelegt, dessen Hauptrichtung parallel zur Küste verlief. Das Handels-, Verwaltungs- und Kulturzentrum der kolonialen Stadt wurde unmittelbar nördlich an die arabische Bebauung von Xamar Weyne angeschlossen. Zusammen mit dem angrenzenden Teil von Shangaani bildet es auch heute noch den Central-Business-District Mogadishus. Der neu gestaltete Stadtkern wurde vor allem nach Norden und Osten hin von großzügig angelegten Wohnsiedlungen der italienischen Kolonialbevölkerung umgeben. Sie umfassen den verbleibenden Teil der heutigen Distrikte Xamar Weyne und Shangaani sowie die citynahen Teile von Boondheere, Shibis und Cabdul Casiis. Heute befinden sich auf diesen Flächen vor allem Büro- und Verwaltungsgebäude, Hotels, Restaurants, Geschäfte und Handwerksbetriebe sowie Wohnungen der gehobenen Kategorie.

Die ursprünglich um die arabischen Stadtkerne gebauten Hütten der einheimischen Bevölkerung wurden im Rahmen dieser Planungen abgerissen. Die Bewohner wurden entweder in daran angrenzende, von den Italienern geplante Wohnviertel für Einheimische umgesiedelt oder mußten auf Flächen außerhalb der neuen Stadt ausweichen (PUZE, 1972, S.70). Auf diese Weise entstanden neben den heute sehr dicht bebauten Vierteln mit regelmäßigem Wegenetz in Shibis, Boondheere, Teilen von Wardhiigleey, Waaberi und Xamar Jabjab auch die spontan besiedelten Wohngebiete im heutigen Kern von Cabdul Casiis und einige Areale mit ungeordneter Bebauung in den innenstadtnahen Teilen von Wardhiigleey und Hawl Wadaag (s. Abb. 6).

Bedingt durch den zweiten Weltkrieg und die Phase britischer Herrschaft von 1941 bis 1950, kam die weitere Stadtentwicklung zunächst zum Stillstand. Erst in der zweiten Hälfte der 50er Jahre setzte vor allem durch natürlichen Bevölkerungszuwachs ein erneutes Wachstum ein, das sich nach der Unabhängigkeit Somalias im Jahr 1960 durch zusätzliche Wanderungsgewinne noch erheblich verstärkte. Die Bevölkerung Mogadishus wurde für 1960 mit etwa 90 000 Einwohnern angegeben und stieg bis zum Jahr 1968 auf 230 000 Bewohner an (PUZE, 1972, S.83f u. 158). Die Stadterweiterung in dieser Phase umfaßte vor allem den weiteren Ausbau der zentrennahen Distrikte Boondheere, Shibis, Waaberi und Xamar Jabjab, die südlichen Teile von Wardhiigleey, Hawl Wadaag und Hodan sowie den westlichen Teil von Kaaraan. Außerdem entstand in der Umgebung des km 4[19] ein neues Verwaltungsviertel der Stadt (s. Abb. 6).

Auch in der Folgezeit verlangsamte sich das Bevölkerungswachstum keineswegs so, wie es von PUZE angenommen wurde. Nach eigenen Schätzungen des Verfassers (s. Anhang 2) betrug die durchschnittliche jährliche Wachstumsrate von 1968 bis 1985 mehr als 6,5%, so daß die Bevölkerung in diesem Zeitraum auf knapp 700 000 anstieg. Die Stadterweiterung bewegte sich dabei im Norden bis zur 21.Oktober-Straße, die auch heute noch die Grenze für Wohnbesiedlung bildet. Darüber hinaus kam es zu einer starken Erweiterung Kaaraans nach Osten, und westlich von km 4 wurde mit Wadajir (Medina) ein völlig neues Stadtviertel geschaffen, das heute schon etwa 20% der gesamten Stadtbevölkerung umfaßt. Im Zuge der künftigen Stadter-

---

19) Wichtiger Verkehrsknotenpunkt in Mogadishu, 4 km südwestlich vom Stadtzentrum.

Abb. 6: Die Phasen der Stadterweiterung Mogadishus

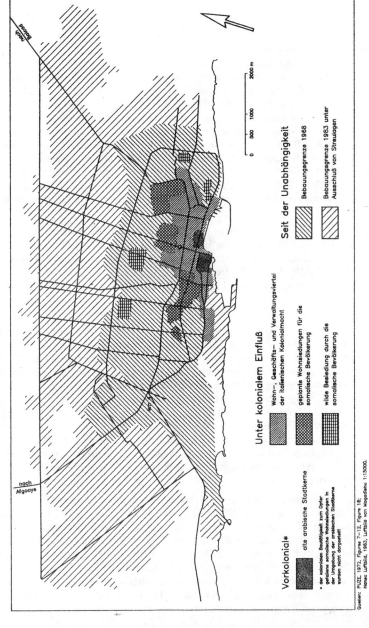

Vorkolonial*

alte arabische Stadtkerne

* der kolonialen Beutätigkeit zum Opfer gefallene somalische Wohnsiedlungen in der Umgebung der arabischen Stadtkerne wurden nicht dargestellt

Unter kolonialem Einfluß

Wohn-, Geschäfts- und Verwaltungsviertel der italienischen Kolonialmacht

geplante Wohnsiedlungen für die somalische Bevölkerung

wilde Besiedlung durch die somalische Bevölkerung

Seit der Unabhängigkeit

Bebauungsgrenze 1968

Bebauungsgrenze 1983 unter Ausschluß von Streulagen

0   500   1000   2000 m

Quellen: PUZE, 1972, Figures 7–12, Figure 18;
Hanac Luftbild, 1983, Luftbild von Mogadishu 1:15000.

39

weiterung verdienen die Streusiedlungen, die sich im östlichen Teil von Kaaraan noch kilometerweit hinziehen, besondere Beachtung.

Die Stadterweiterung verlief auch nach der Unabhängigkeit im wesentlichen geplant. Während die neuen Siedlungsflächen zur Kolonialzeit in quadratische Blöcke mit jeweils 4 Parzellen und einer Gesamtgröße von 24 m * 24 m aufgeteilt wurden, waren die zugewiesenen Parzellen in den Teilräumen, die nach der Unabhängigkeit erschlossen wurden, etwas größer. Eine Einzelparzelle belief sich auf 15 m * 15 m. Zum Teil wurden ebenfalls vier dieser Parzellen zu einem Block zusammengefaßt und durch ein Netz von Sandwegen von den umliegenden Blöcken getrennt. Zum Teil wurden - wie z.B. in Wadajir - zweimal fünf Parzellen zu Blöcken zusammengefaßt. Die Parzellenaufteilung innerhalb eines Blocks ist nicht immer einheitlich. Vor allem in den neueren Siedlungsgebieten handelt es sich nur teilweise um zusammengehörige Wohneinheiten von 15 m * 15 m mit einem gemeinsamen Innenhof. Häufig ist jedes dieser Quadrate nochmals in zwei unabhängige Wohneinheiten mit eigenen Innenhöfen aufgeteilt.

Als Grundlage für das Verständnis der vorliegenden wirtschaftlichen Differenzierung Mogadishus seien die wichtigsten Haustypen und die idealtypische Sequenz für die Errichtung und schrittweise Veränderung der Wohnhäuser in Mogadishu kurz erläutert. Nach PUZE (1972, S.89) findet man in Mogadishu sieben verschiedene Haustypen: Akal Somali, Mudul, Arish, Baraca, Casa Matoni sowie arabische und europäische Steinhäuser. Von diesen ist der Mudul, eine Rundhütte nach afrikanischer Bauweise, relativ unbedeutend und soll hier nicht weiter behandelt werden.

Das billigste und am schnellsten zu errichtende Haus ist der Akal Somali, eine Rundhütte nach nomadischer Bauart. Er besteht aus einem oben kuppelförmig zusammenlaufenden Holzgerüst, das zumeist von juteartigen Matten bedeckt ist. Zum Teil wird es auch nur mit kleinen Ästen und Zweigen abgedichtet, und häufig ist der obere Teil zum besseren Regenschutz mit einer Zeltplane bedeckt. Akal Somalis werden nach PUZE lediglich als erste Behausung von neuen Zuwanderern errichtet und - nachdem sich diese entschlossen haben, in Mogadishu zu bleiben - so bald wie möglich durch den Arish ersetzt. Dies deckt sich jedoch nur zum Teil mit eigenen Erfahrungen, wonach auch ärmere Familien, die schon längere Zeit in Mogadishu wohnen, mitunter Akal Somalis errichten. Außerdem muß man davon ausgehen, daß zahlreiche ärmere Familien möglicherweise über Jahre hinweg nicht in der Lage sind, sich einen Arish zu bauen.

Beim nächstfolgenden Haustyp, dem Arish, handelt es sich um eine Holzhütte mit rechteckigem Grundriß. Die Wände sind zumeist mit Lehm verkleidet. Als Material für das Dach wird ausschließlich Wellblech verwendet. Arishs finden sich - wie Akal Somalis - vor allem in den ärmsten Wohnvierteln der Stadt und in den Neubaugebieten am Stadtrand. Sie haben in der Regel eine Breite von 3 - 4 m und können unterschiedlich lang sein. Während man gerade in den neuen Besiedlungsgebieten häufig Arishs mit nur einem Raum und annähernd quadratischem Grundriß oder mit zwei Räumen und einer Länge von 6 - 8 m findet, können sie sich auch über die gesamte Kantenlänge einer Parzelle erstrecken und 3 - 4 Räume umfassen.

Sobald es die Einkommensverhältnisse zulassen, wird der Arish durch eine Baraca ersetzt. Sie wird meistens an der gleichen Stelle, häufig mit gleichem Grundriß errichtet und hat im Gegensatz zum Arish einen gemauerten Boden. Die Wände bestehen im unteren Teil aus einem Steinsockel, der normalerweise etwa einen halben, zum Teil aber auch mehr als einen Meter hoch ist. Darüber schließen sich Bretterwände an. Das Dach besteht ebenfalls aus Wellblech.

Als weitere Verbesserung werden die Steinwände schließlich bis zur Decke hochgezogen: Aus der Baraca wird eine Casa Matoni, das übliche Steinhaus in allen Wohngebieten mit Ausnahme des Stadtkerns und einiger Villenviertel. Diese Sequenz einer schrittweisen Verbesserung läßt sich selbst in den innenstadtnahen Wohngebieten gehobener Einkommensgruppen nachvollziehen: Fast in jedem Steinhaus läßt sich entlang der Außenwände noch der Sockel der ehemaligen Baraca erkennen.

Steinhäuser arabischen Baustils befinden sich lediglich in den erhalten gebliebenen Teilen der alten arabischen Stadtkerne, während die Häuser europäischen Stils fast über die gesamte Stadt verstreut sind. Zu diesem Haustyp zählen neben den innenstädtischen Gebäuden und den Villen aus der italienischen Kolonialzeit auch die später nach europäischem Vorbild erbauten Wohnhäuser der höchsten Einkommensklassen. Sie konzentrieren sich zwar auf wenige Stadtviertel, sind aber vereinzelt fast in allen übrigen Wohngebieten zu finden.

Abb.7: Die idealtypische Abfolge der Parzellenbebauung

(nach PUZE, 1972, S.126)

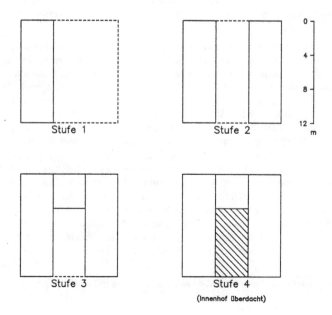

Stufe 1   Stufe 2

Stufe 3   Stufe 4

(Innenhof überdacht)

41

Die Bebauung der Parzellen erfolgt zumeist schrittweise und wurde von PUZE in vier Stufen eingeteilt (vgl. Abb. 7). Zunächst wird nur ein Haus entlang einer Längsseite der Parzelle, als zweiter Schritt ein Haus entlang der gegenüberliegenden Seite errichtet. Danach werden beide durch ein drittes Haus an der Parzellenrückseite miteinander verbunden. So entsteht eine hufeisenförmige Bebauung mit einem gemeinsamen Innenhof, der an drei Seiten durch die Gebäude selbst und an der Vorderseite der Parzelle durch einen Zaun abgeschirmt wird. Als letzte bauliche Maßnahme wird der Innenhof zum Schutz gegen Sonne und Regen häufig überdacht.

Die Bebauungsstruktur ist nicht zuletzt deshalb ein nützlicher Indikator für eine Differenzierung Mogadishus nach den Einkommensverhältnissen der Bevölkerung, weil mit den genannten baulichen Veränderungen eine Zunahme der Wohnqualität, vor allem ein immer besserer Schutz gegen Regen und Hitze, verbunden ist. Es handelt sich daher um bauliche Maßnahmen, die von dem größten Teil der Bevölkerung in Mogadishu angestrebt werden, deren schrittweise Realisierung aber nur erfolgen kann, wenn sich die finanziellen Verhätnisse der betreffenden Bevölkerungsgruppen entsprechend verbessert haben.

Da für die Stadt Mogadishu flächendeckend Senkrechtluftbilder im Maßstab 1:6000 vorliegen[20], mit deren Hilfe die wichtigsten Haustypen gut bestimmbar sind (vgl. Anhang 2), läßt sich die Bebauungsstruktur der gesamten Stadt für jeden beliebigen Aggregationsgrad erfassen. Daraus kann dann die vorliegende räumliche Differenzierung Mogadishus nach den wirtschaftlichen Verhältnissen der Wohnbevölkerung für 1983 (Abb. 8) abgeleitet werden. Grundsätzlich läßt sich dabei zwischen den Wohngebieten der gehobenen Bevölkerungsgruppen (Kategorien 1, 2), den Vierteln mit durchschnittlichen oder leicht überdurchschnittlichen Einkommensverhältnissen (Kategorien 3, 4) und den Wohnsiedlungen der ärmeren Bevölkerung (Kategorien 5-8) unterscheiden.

Die gehobenen Wohnviertel sind hinsichtlich ihrer Bebauungsstruktur sehr heterogen. Hier sind zunächst die alten arabischen Stadtkerne und die unmittelbar angrenzenden, dicht bebauten Innenstadtgebiete zu nennen (Kategorie 2). Sie sind durchweg kolonialen oder vorkolonialen Ursprungs und bilden auch heute noch das Hauptwohngebiet der reichsten Händler und Geschäftsleute in Mogadishu. Dagegen werden die angrenzenden Villenviertel aus der Kolonialzeit heute neben einigen reichen somalischen Familien vor allem von Ausländern bewohnt. Dies gilt in noch stärkerem Maße für die neueren Wohnstandorte in Cabdul Casiis ("Lido") und Wadajir ("amerikanisches Viertel", westlich von km 4). Die sehr dicht bebauten Gebiete der Kategorie 1 in Waaberi und Boondheere sind bereits in der Kolonialzeit als einfache somalische Wohnviertel entstanden und haben seitdem eine schrittweise bauliche Aufwertung erfahren. Im Gegensatz dazu wurde der nordöstlich an km 4 angrenzende Teil von Hodan direkt als Wohngebiet für gehobene Ansprüche bebaut. Die Anfänge der Bebauung reichen bis in die 60er Jahre zurück, in eine Zeit, als dieser Standort noch am Stadtrand gelegen war. Von der Entstehung her ist er am ehesten vergleichbar mit den neueren gehoben Wohngebieten in Stadtrandlage im

---

20) Farbluftbilder von Hansa Luftbild, die zu Beginn des Jahres 1983 erstellt wurden.

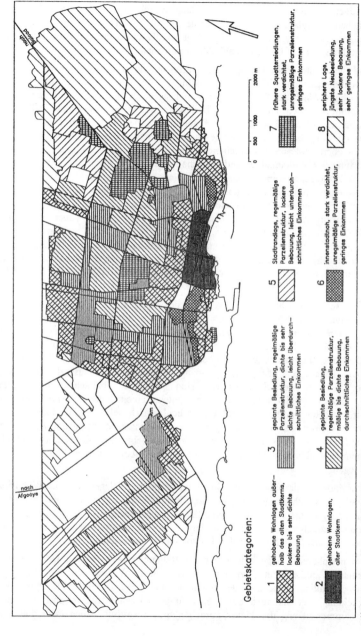

Abb. 8: Die räumliche Differenzierung Mogadishus nach der Bebauungsstruktur und dem Durchschnittseinkommen der Bevölkerung, 1983

Gebietskategorien:

1   gehobene Wohnlagen außer— halb des alten Stadtkerns, lockere bis sehr dichte Bebauung

2   gehobene Wohnlagen, alter Stadtkern

3   geplante Besiedlung, regelmäßige Parzellenstruktur, dichte bis sehr dichte Bebauung, leicht überdurch— schnittliches Einkommen

4   geplante Besiedlung, regelmäßige Parzellenstruktur, mäßige bis dichte Bebauung, durchschnittliches Einkommen

5   Stadtrandlage, regelmäßige Parzellenstruktur, lockere Bebauung, leicht unterdurch— schnittliches Einkommen

6   innenstadtnah, stark verdichtet, unregelmäßige Parzellenstruktur, geringes Einkommen

7   frühere Squattersiedlungen, stark verdichtet, unregelmäßige Parzellenstruktur, geringes Einkommen

8   periphere Lage, jüngste Neubesiedlung, sehr lockere Bebauung, sehr geringes Einkommen

Kartengrundlage: Hansa Luftbild, 1983, Luftbild von Mogadishu 1:15000.

43

nördlichen Teil von Hodan, Hawl Wadaag, Wardhiigleey und Yaaqshiid oder mit den Flächen in Wadajir (nordwestlich der neuen Universität) und Teilen von Kaaraan, bei denen sich eine verstärkte Bautätigkeit von Häusern europäischen Stils erst nach Erstellung der Luftbilder im Jahr 1983 abzeichnete.

Auf die zweite große Gruppe, die Viertel mit durchschnittlichen oder leicht über-durchschnittlichen Einkommensverhältnissen, entfallen mehr als die Hälfte aller Haushalte. Nach der Bebauungsstruktur lassen sich hier im wesentlichen vier Gruppen unterscheiden. Die sehr dicht besiedelten Innenstadtrandgebiete in Boondheere, Shibis und Waaberi werden zur Kategorie 3 (überdurchschnittliches Einkommen) gezählt. Sie gehören zu den ältesten somalischen Wohngebieten der Stadt und erlebten - ebenso wie die entsprechenden Teile der Kategorie 1 - eine allmähliche Aufwertung der Wohnqualität und wirtschaftliche Verbesserung ihrer Bewohner. Auch wenn keine genaueren Informationen vorliegen, kann man wohl davon ausgehen, daß diese Aufwertung vor allem auf eine soziale Konsolidierung und den beruflichen Aufstieg der ursprünglichen Bevölkerung zurückzuführen ist, die parallel zur baulichen Aufwertung erfolgte. Innerstädtischen Wanderungen kann - auch mit Bezug auf PUZE (1972, S.123) - nur ergänzende Funktion zugesprochen werden: In Phasen der weiteren Verdichtung oder aufgrund des natürlichen, altersbedingten Austauschs der Bevölkerung werden die freien Wohnungen von Personen mit überdurchschnittlichem Einkommen belegt, die die recht hohen, der Wohnlage und -qualität entsprechenden Mieten auch bezahlen können.

Eine solche schrittweise Aufwertung der Wohnqualität und Verbesserung der Einkommensverhältnisse der Bewohner darf für alle Gebiete mit einer geplanten Bebauung angenommen werden. Allerdings kann die Ausgangssituation sehr unterschiedlich sein. So finden sich z.B. auch Sektoren, die von Anfang an als Gebiete mit überdurchschnittlichen Einkommensverhältnissen entstanden sind. Hierzu sind vor allem Teile von Hodan, Hawl Wadaag, Wardhiigleey, Yaaqshiid und Wadajir zu zählen. Nach der Bebauungsdichte sind sie mit den benachbarten Gebieten der Kategorie 4 vergleichbar. Sie weisen jedoch einen höheren Anteil an Häusern europäischen Baustils auf und unterscheiden sich sehr deutlich hinsichtlich ihrer Lage. Während sie durchweg in größerer Distanz zum Stadtzentrum, zumeist entlang der Hauptverkehrsadern liegen, sind die dicht bebauten Flächen mit durchschnittlichem Einkommen in der Regel innenstadtnäher, aber verkehrsmäßig weniger günstig gelegen.

Zur vierten Teilgruppe zählen einige der peripherer gelegenen neuen Wohnviertel in Wadajir, Wardhiigleey, Yaaqshiid und Kaaraan. Sie weisen eine deutlich geringere Bebauungsdichte und damit zwangsläufig einen höheren Anteil an kleinen Häusern und an Parzellen auf, die erst mit einem Haus bebaut sind. Dennoch sind sie noch in die Kategorie "durchschnittliches Einkommen" einzuordnen.

Bei periphererer Lage und geringerer Bebauungsdichte nimmt jedoch der Anteil ärmerer Familien deutlich zu. Dies gilt auch für die Wohngebiete der Kategorie 5, die sich vor allem hinsichtlich der Bebauungsdichte von denen der Kategorie 4 unterscheiden, aber dennoch eine regelmäßige Parzellenstruktur und eine ähnliche Zusammensetzung der Haus-/Parzellentypen aufweisen. Auch nach den Einkommensverhältnissen stellen sie den Übergangsbereich hin zu den sehr dünn besiedelten Flächen der Kategorie 8 am äußersten Stadtrand dar. Bei letzteren handelt es sich um die ärmsten Wohngebiete der Stadt. Hier lebt neben Zuwanderern nach Mogadishu auch ein hoher Anteil an Familien, die schon längere Zeit in Mogadishu wohnen, aber aus anderen Vierteln verdrängt wurden und an den Stadtrand ziehen mußten. Eine solche Verdrängung findet u.a. im Rahmen von Gebietsneuordnungen statt, wie sie z.B. 1983 im südlichen Teil von Wardhiigleey durchgeführt wurde: Das ursprünglich wild besiedelte Zählgebiet Nr. 54 wurde in regelmäßige Parzellen eingeteilt, und alle Bewohner, die keine Besitzansprüche auf eine Parzelle geltend machen konnten, mußten an den Stadtrand ausweichen.

Neben den Stadtrandsiedlungen gibt es noch zwei weitere Kategorien armer Wohnviertel. Dies sind zum einen die innenstadtnahen Wohngebiete in Cabdul Casiis und auf den Sanddünen entlang der Küste in Waaberi und Xamar Jabjab (Bur Karoole) und zum anderen zahlreiche ehemalige Squatter-Siedlungen in Hawl Wadaag, Wardhiigleey (nur bis 1983), Yaaqshiid und Kaaraan. Bei beiden Gruppen handelt es sich um sehr dicht bebaute Flächen, die zum Teil schon in der Kolonialzeit und zum Teil in den 60er oder Anfang der 70er Jahre entstanden sind. Im Gegensatz zu den geplanten Wohngebieten läßt sich hier jedoch keine bauliche und wirtschaftliche Aufwertung vergleichbaren Umfangs feststellen.

3. KONKRETISIERUNG DER FRAGESTELLUNG

Primäres Ziel dieser Arbeit ist es, die gegenwärtige Versorgungslage Mogadishus für Brennholz und Holzkohle zu erfassen und zu verstehen. Dazu ist es erforderlich, alle wichtigen Komponenten des Versorgungssystems herauszuarbeiten und ihre vielfältigen Verflechtungen darzulegen. Der Konzeption der empirischen Untersuchungen lagen dabei die folgenden Überlegungen zugrunde.

1. Um die einzelnen Komponenten tatsächlich in ihrem Zusammenhang erfassen zu können, sind die empirischen Arbeiten bewußt breit angelegt. Aus diesem Grund konnte auch auf solche Aspekte nicht völlig verzichtet werden, die aus Zeitgründen nur sehr knapp behandelt wurden (z.B. private Holzkohleproduktion) bzw. deren fundierte wissenschaftliche Untersuchung die Kompetenzen des Verfassers überschritten hätte (z.B. ökologische Probleme im Zusammenhang mit der Holzkohleherstellung).

2. Gerade für die Einschätzung der künftig zu erwartenden Versorgungssituation sind die quantitative Erfassung des derzeitigen Verbrauchs und die Bestimmung der wichtigsten Einflußfaktoren auf den Verbrauch von besonderer Bedeutung, zumal hierfür weder die vorliegenden Schätzungen zum Brennholz- und Holzkohleverbrauch in Somalia noch die Ergebnisse aus anderen Ländern eine brauchbare Grundlage liefern. Daher wurde besonderes Gewicht auf eine methodisch einwandfreie Erfassung des derzeitigen Brennholz- und Holzkohleverbrauchs privater Haushalte in Mogadishu gelegt. In Anbetracht der nicht nur für

Somalia unzureichenden Ermittlung des Verbrauchs und der damit verbundenen methodischen Probleme will die vorliegende Arbeit aber auch einen methodischen Beitrag zur Verbrauchsbestimmung liefern.

3. Der Vermarktung als Bindeglied zwischen Produktion und Verbrauch kommt aus mehreren Gründen ebenfalls ein hoher Stellenwert zu.

- Die Produktions- und Verbrauchsmengen können nur geschätzt werden. Erst über die Vermarktung läßt sich ermitteln, wie triftig diese Einzelschätzungen sind.

- Die Teilbereiche Produktion und Verbrauch ergeben für sich noch kein geschlossenes Bild der Versorgungslage, denn das Angebot stellt sich den Konsumenten immer vermittelt über Vermarktungskanäle (Beziehungen zwischen Produzenten und Händlern, Händlerketten etc.), über Marktpreise oder staatlich festgelegte Preise und möglicherweise auch über unterschiedliche Zugangsmöglichkeiten zu den Produkten dar. Erst die Kenntnis all dieser Komponenten des Vermarktungssystems läßt eine fundierte Einschätzung der derzeitigen und künftig zu erwartenden Versorgungssituation zu.

- Erweist sich das Vermarktungssystem - und hier insbesondere die Verflechtungen zwischen Produzenten und Händlern, die Kooperation innerhalb der Händlerschaft, der wirtschaftliche und politische Einfluß der Händler sowie die Mechanismen der Preisbildung - als bedeutsam dafür, auf welche Art (offizielle Vermarktung, Schwarzmarkt etc.) und zu welchen Bedingungen für die Verbraucher Holz und Holzkohle in Mogadishu angeboten werden, dann lassen sich auch Vorschläge für eine künftige Energiepolitik nur unter Berücksichtigung dieser Erkenntnisse machen.

Im einzelnen ist dabei folgendes vorgesehen:

1. Auf der Nachfrageseite konzentrieren sich die empirischen Erhebungen auf die Erfassung des Brennholz- und Holzkohleverbrauchs privater Haushalte in Mogadishu. Der Verbrauch, der über die privaten Haushalte hinausgeht, kann insbesondere für Holzkohle, den wichtigsten Energieträger, als vergleichsweise gering angesehen werden und wird daher nicht gesondert bestimmt. Die Ergebnisse zum Brennholz- und Holzkohleverbrauch werden auf drei Aggregationsebenen betrachtet. Dabei sollen

- die Nutzungs-, Verbrauchs- und Versorgungsmuster für Holz und Holzkohle herausgearbeitet,
- die Verbrauchsmengen bestimmt,
- die Auswirkungen, die die wichtigsten Einflußfaktoren auf den Verbrauch ausüben, ermittelt sowie
- die Versorgungslage für Bevölkerungsgruppen unterschiedlicher finanzieller Verhältnisse eingeschätzt

und für Einzelhaushalte sowie Teilräume unterschiedlicher wirtschaftlicher Verhältnisse der Wohnbevölkerung dargestellt werden. Aufbauend auf diesen Ergebnissen wird dann der Verbrauch an Brennholz und Holzkohle auf die gesamte Stadt hochgerechnet. Zu diesem Zweck wird zum einen auf die bereits vorgestellten Kategorien der wirtschaftsräumlichen Differenzierung Mogadishus (vgl. Exkurs) zurückgegriffen. Zum anderen wird die Anzahl der Haushalte für jede Kategorie mit Hilfe einer

Häuser- bzw. Parzellenzählung anhand von Luftbildern und der empirisch zu ermittelnden Belegungsdichten für die verschiedenen Haus- bzw. Parzellentypen geschätzt (vgl. Anhang 2).

2. Auf der Angebotsseite sollen die wichtigsten Komponenten des Produktions- und Vermarktungssystems sowie die bedeutendsten Vermarktungskanäle erfaßt werden. Für den Produktionssektor werden dabei im einzelnen

- die produzierten Mengen jedes Teilsektors erfaßt,
- die Organisationsstrukturen bei der Produktion und beim Absatz von Brennholz und Holzkohle herausgearbeitet sowie
- die angewandten Techniken der Holzkohleproduktion und ihre Effizienz dargestellt,
- die Produktionsstandorte und deren Verlagerung im Zeitablauf (als möglicher Indikator für zunehmende Versorgungsprobleme) erfaßt und
- die ökologischen Folgen der Holzkohleproduktion an konkreten Beispielen aufgezeigt, bevor schließlich
- die staatlichen Rahmenbedingungen für die Produktion von Holz und Holzkohle dargestellt sowie
- der Frage nach der Verankerung einer langfristigen Sicherung der Brennholz- und Holzkohleversorgung in der Planung des Landes nachgegangen wird.

Bei der Vermarktung sollen

- die Versorgungseinrichtungen und das Versorgungsnetz in Mogadishu herausgearbeitet,
- der Frage, ob die angebotenen Brennmaterialien nach Menge und Qualität dem Bedarf privater Haushalte genügen, nachgegangen,
- die Preisentwicklungen für Holz und Holzkohle - differenziert nach Teilmärkten - aufgezeigt und interpretiert,
- die staatlichen Rahmenbedingungen für die Vermarktung selbst und für das Zusammenspiel zwischen Produktion und Vermarktung dargestellt sowie
- die Vermarktungskanäle erfaßt und die Beziehungen zwischen Produzenten und Händlern aufgezeigt werden.

Auf der Grundlage dieser Ergebnisse werden die Komponenten des gesamten Angebots- und Nachfragesystems im Zusammenhang dargestellt und in ihrem Einfluß auf die derzeitige und künftige Versorgungssituation eingeschätzt, bevor - darauf aufbauend - verschiedene Szenarien für den künftig zu erwartenden Holzkohleverbrauch Mogadishus entwickelt und die entsprechenden Modellrechnungen durchgeführt werden.

Als Abschluß werden dann Maßnahmen vorgeschlagen, die für eine langfristige Sicherung der Brennholz- und Holzkohleversorgung Mogadishus notwendig erscheinen, und die Bedingungen abgeleitet, unter denen sich diese Maßnahmen realisieren lassen.

4. METHODISCHE KONZEPTION ZUR ERMITTLUNG DES BRENNHOLZ- UND HOLZKOHLEVERBRAUCHS

Angesichts der im Kap. 2.1 genannten methodischen Probleme bei der Bestimmung des Brennholz- und Holzkohleverbrauchs muß man davon ausgehen, daß eine reine Befragung zum Verbrauch ohne Voruntersuchung über die Zuverlässigkeit der Befragungsergebnisse unzureichend ist. Andererseits ist es nur für eine geringe Zahl von Haushalten möglich, den Verbrauch exakt zu messen. Im Rahmen der vorliegenden Arbeit wurden daher zwei aufeinander aufbauende Erhebungen zum Brennholz- und Holzkohleverbrauch privater Haushalte durchgeführt. Mit einer ersten Untersuchung im November 1983 wurden vor allem drei Ziele verfolgt:

- Um eine möglichst einfache und zuverlässige Erhebungsmethode zu entwickeln, die auch bei einem größeren Stichprobenumfang einsetzbar ist, wurden verschiedene Möglichkeiten zur Erfassung des Brennholz- und Holzkohleverbrauchs getestet. Insbesondere ging es darum, durch Interviews ermittelte Ergebnisse mit exakten Verbrauchsmessungen zu vergleichen und so die Zuverlässigkeit und die möglichen Probleme bei Haushaltsbefragungen als Erhebungsmethode beurteilen zu können.

- Die Bedeutung verschiedener Einflußfaktoren auf den Verbrauch sollte ermittelt werden, um sich bei einer zweiten Erhebung auf die wesentlichen Faktoren beschränken zu können.

- Um bei späteren Interviews die Schlüssigkeit der gegebenen Antworten unmittelbar prüfen zu können, sollten die Verbrauchsmuster privater Haushalte herausgearbeitet und die Höhe des Brennholz- und Holzkohleverbrauchs in seiner Größenordnung bestimmt werden.

Zu diesem Zweck wurden für insgesamt 60 Haushalte in zwei Untersuchungsgebieten sowohl Verbrauchsmessungen über mehrere Tage als auch Befragungen zum Brennholz- und Holzkohleverbrauch durchgeführt. Nur weil sich dabei eine gute Übereinstimmung zwischen den gemessenen und erfragten Verbrauchswerten ergab und keine Anzeichen für eine einseitige Verfälschung der gegebenen Antworten erkennbar waren, schien es zulässig, in einem zweiten Schritt mittels einer umfangreicheren Stichprobe den Brennholz- und Holzkohleverbrauch privater Haushalte für die gesamte Stadt durch eine reine Haushaltsbefragung zu ermitteln. Die zweite Untersuchung hatte vor allem folgende Ziele:

- Es sollte eine repräsentative Erhebung in einer größeren Zahl von Untersuchungsgebieten durchgeführt werden, deren Ergebnisse mit Hilfe der wirtschaftsräumlichen Differenzierung Mogadishus (Exkurs) auf die gesamte Stadt hochgerechnet werden können, um so nicht nur Höhe und Muster des aktuellen Verbrauchs an Brennholz und Holzkohle zu ermitteln, sondern auch eine Grundlage für die Schätzung des künftig zu erwartenden Verbrauchs zu erarbeiten.

- Die Bedeutung der wichtigsten Einflußfaktoren sollte mit Hilfe der Korrelations- und Regressionsrechnung auch quantitativ erfaßt werden, um einerseits notwendige Korrekturen bei der Bestimmung des derzeitigen Verbrauchs vornehmen zu können (s.u.) und andererseits eine weitere Grundlage für Modellrechnungen zum künftigen Brennholz- und Holzkohleverbrauch zur Verfügung zu stellen.

Entsprechend dieser Ziele wurden sowohl die Auswahl der Untersuchungsgebiete als auch die zu erfassenden Informationen für beide Untersuchungen festgelegt.

4.1 Konzeption und Durchführung der ersten Erhebung

Bei der ersten Erhebung zum Brennholz- und Holzkohleverbrauch wurden neben dem aktuellen Verbrauch auch die Konsum- und Einkaufsgewohnheiten der betreffenden Haushalte für Holz- und Holzkohle erfaßt sowie der Einfluß wesentlicher Faktoren auf den Verbrauch bestimmt. Die Erhebung wurde mit der oben erwähnten Untersuchung von VITA (Volunteers in Technical Assistance, s. Kap. 2.3.1) koordiniert. Konkret wurden dabei einige Teile der Befragung aufeinander abgestimmt und die Kriterien zur Auswahl der Erhebungsgebiete gemeinsam festgelegt.

4.1.1 Auswahl der Untersuchungsgebiete

Der Auswahl der Erhebungsgebiete lagen folgende Überlegungen zugrunde:

1. Eine repräsentative Stichprobenerhebung für Mogadishu war zu diesem Zeitpunkt aus verschiedenen Gründen nicht möglich. Dagegen sprachen schon allein, daß der erreichbare Stichprobenumfang bei der gewählten zeitintensiven Methode zur Verbrauchsbestimmung zu gering gewesen wäre und daß die Grundlageninformationen zur Bevölkerungsstruktur der Stadt zu diesem Zeitpunkt als nicht ausreichend eingeschätzt wurden.[21] Daher wurden in wenigen Untersuchungsgebieten, die als charakteristisch für große Teile der Stadt angesehen werden können, jeweils 30 benachbarte Haushalte für die Erhebungen ausgewählt.

2. Der Auswahl wurde eine grobe ökonomische Differenzierung Mogadishus anhand von Luftbildern, Beobachtungen vor Ort und Einschätzungen somalischer Experten zugrunde gelegt. Es wurde angestrebt, Gebiete mit unterschiedlichen Einkommensgruppen auszuwählen. Dabei wurde vor allem auf die Analyse der Bebauungsstruktur als Indikator für den wirtschaftlichen Status der Bevölkerung zurückgegriffen.

Im einzelnen wurden gemeinsam mit den Verantwortlichen von VITA folgende Gebiete ausgewählt (s. Abb. 9):

- ein Teil des arabischen Stadtkerns von Xamar Weyne, in dem überwiegend finanziell besser gestellte Familien ansässig sind,
- ein Mischgebiet in Hodan, das sowohl von reicheren als auch ärmeren Haushalten bewohnt wird,
- drei unterschiedlich strukturierte Wohngebiete der unteren Einkommensschichten, wie sie typisch für die Mehrheit der Bevölkerung Mogadishus sind:
  - im Zentrum von Wadajir (Medina)

---

21) Die Erkenntnisse, die während dieser Phase der empirischen Arbeit gerade zur räumlichen Differenzierung Mogadishus nach der Bevölkerungsstruktur gewonnen wurden, trugen jedoch wesentlich dazu bei, daß eine spätere repräsentative Erhebung als realisierbar eingeschätzt wurde.

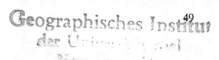

50

Abb. 9: Die Lage der Untersuchungsgebiete für die Konsumenten–
erhebungen 1983 und 1985 in Mogadishu

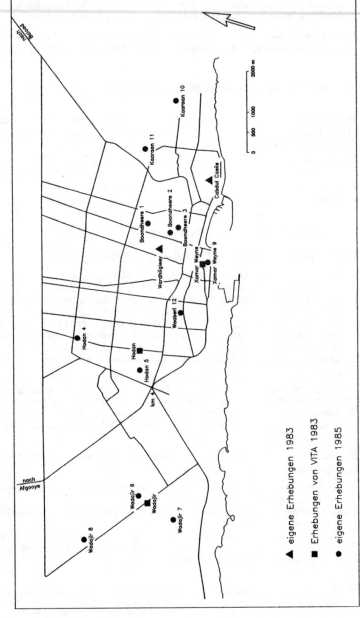

Kartengrundlage: Hansa Luftbild, 1983, Luftbild von Mogadishu 1:15000.

- in Wardhiigleey
- im alten Stadtkern von Cabdul Casiis.

Die Untersuchungen in Xamar Weyne, Hodan und Wadajir wurden von Mitarbeitern VITAs, in Wardhiigleey und Cabdul Casiis vom Verfasser und seinem somalischen Mitarbeiter durchgeführt.

In allen 5 Untersuchungsgebieten kann man die Bevölkerung als gut in das städtische Leben integriert bezeichnen. Typische Zuzugsgebiete, wie sie beispielsweise am Stadtrand in Wadajir, Kaaraan oder Yaaqshiid zu finden sind, konnten - entgegen der ursprünglichen Absicht[22] - bei dieser Untersuchung nicht erfaßt werden, obwohl vermutet werden mußte, daß gerade die dort ansässige Bevölkerung erheblich größere Versorgungsprobleme hat als die Bewohner im übrigen Mogadishu.

Von der ursprünglichen, ausschießlich an der wirtschaftlichen Differenzierung Mogadishus orientierten Auswahl der Untersuchungsgebiete wurde bei der konkreten Standortwahl und der Auswahl der Haushalte für die Erhebungen jedoch aus zwei Gründen abgewichen.

Erste Erfahrungen in dem ursprünglich vorgesehenen Gebiet am Stadtrand von Wadajir zeigten, daß die Erhebungen nur dann zuverlässige Ergebnisse bringen, wenn man das volle Vertrauen der betroffenen Haushalte gewinnen kann. Daher fiel die endgültige Auswahl auf zwei Standorte, in denen dies durch die Mithilfe einer Person gewährleistet wurde, die den untersuchten Haushalten persönlich bekannt war.[23]

Darüber hinaus schien es ratsam, von einer Totalerhebung bei 30 benachbarten Haushalten abzuweichen. Es wurden nur solche Haushalte ausgewählt, die sich nach einer Vorinformation durch die jeweilige Vertrauensperson freiwillig zur Mitarbeit bereit erklärten. Diese ausdrückliche Bereitschaft zur freiwilligen Mitarbeit war bei der gewählten Untersuchungsmethode[24] besonders wichtig. Damit läßt sich zwar die Gefahr von Verzerrungen in der Zusammensetzung der ausgewählten Haushalte nicht völlig ausschließen, sie wird jedoch durch die größere Zuverlässigkeit der Ergebnisse mehr als ausgeglichen. Außerdem konnten anhand von Beobachtungen zur Bebauungsstruktur der Untersuchungsgebiete zumindest keine Anzeichen einer einkommensbedingten Verzerrung festgestellt werden.

4.1.2 Inhalte und Untersuchungsmethode

Sowohl die Erhebungen des Verfassers als auch die Untersuchungen von VITA bestanden aus zwei Teilen, einem Interview mit der hauptverantwortlichen Köchin eines jeden Haushalts und einer anschließenden Verbrauchsmessung für vier aufein-

---

22) Anstelle von Wardhiigleey sollte ursprünglich ein solches Gebiet am Stadtrand von Wadajir ausgewählt werden. Dies ließ sich jedoch aufgrund organisatorischer Probleme nicht realisieren.

23) Dank der Hilfe von Haua Aden, Director of Women's Education im Ministry of Education, wurden wir jeweils von einer ihrer Mitarbeiterinnen begleitet. In Cabdul Casiis war dies Khadija Farah Osman und in Wardhiigleey Faaduma Axmed Culosow. Beide wohnten selbst in den Untersuchungsgebieten.

24) Für Interview und Verbrauchsmessungen mußte jeder Haushalt insgesamt sechsmal besucht werden.

anderfolgende Tage.[25] Dagegen unterschieden sich die konkreten Inhalte der Befragung teilweise sehr stark, so daß im folgenden lediglich auf die Erhebungen des Verfassers eingegangen werden soll.

1. Mögliche Einflußfaktoren auf den Brennholz- und Holzkohleverbrauch

In Kap. 2.2 wurde anhand der Beispiele aus Ostafrika eine Vielzahl möglicher Einflußfaktoren auf den Brennholz- bzw. Holzkohleverbrauch herausgearbeitet. Welche dieser Faktoren könnten nun im Falle Mogadishus relevant sein, welche können von vornherein vernachlässigt werden? Lediglich die Lebensweise und die Ernährungsgewohnheiten wurden a priori als weniger bedeutsam angesehen. Es wurde angenommen, daß diese innerhalb einer Stadt wie Mogadishu einheitlicher sind als in unterschiedlichen ländlichen Gegenden, und daß vorhandene Unterschiede in stärkerem Maße mit den wirtschaftlichen Verhältnissen der Haushalte zusammenhängen und damit durch die Einkommenssituation hinreichend berücksichtigt werden.[26] Allen übrigen Faktoren könnte durchaus eine größere Bedeutung zukommen:

- Die durchschnittliche Personenzahl, für die gekocht wird, und das Haushaltseinkommen können gerade im städtischen Raum als zwei der wesentlichsten Einflußgrößen angesehen werden. Wenn man berücksichtigt, daß der überwiegende Teil des Verbrauchs an Brennholz und Holzkohle auf die Zubereitung der täglichen Nahrung entfällt, dann könnte auch die altersmäßige Zusammensetzung der Haushalte eine Rolle spielen.

- Die Verfügbarkeit, der Beschaffungsaufwand und der Preis der Brennmaterialien können für den Verbrauch und vor allem für die Wahl der benutzten Brennstoffe ebenfalls von großer Bedeutung sein. So könnten hohe Preise und ein höherer Zeitaufwand zur Beschaffung beispielsweise dazu führen, daß spezielle Techniken zum sparsamen Umgang mit dem Brennmaterial entwickelt und angewandt werden oder andere Energieträger (z.B. Brennholz anstelle von Holzkohle) verstärkt eingesetzt werden.

- Die Art des benutzten Ofens ist vor allem dann von Bedeutung, wenn die verschiedenen gängigen Kochstellen eine deutlich unterschiedliche Effizienz aufweisen, also beispielsweise ein Teil der Bevölkerung auf Öfen zurückgreift, während ein anderer Teil offene Feuerstellen benutzt. Ob dies im Falle Mogadishus zutrifft, kann im voraus nicht gesagt werden.

- Die Nutzung von Holz bzw. Holzkohle für andere als Kochzwecke spielt natürlich eine entscheidende Rolle für den Gesamtverbrauch. Sie ist aber - ebenso wie die

---

25) Da bei einem Teil der Haushalte in Wardhiigleey die Bereitschaft zur Mitarbeit am dritten Meßtag deutlich nachließ, wurde auf die Verbrauchsmessungen des 4. Tages verzichtet.

26) Während der zweiten Erhebung im Jahr 1985 zeigte sich jedoch, daß diese Annahme nur eingeschränkt aufrecht erhalten werden kann: Anhand der Nutzung von Holz zum Backen eines speziellen Brotes (muufo) wurden kleinräumige Unterschiede in den Ernährungsgewohnheiten erkennbar, die auf den Verbrauch von Brennholz einen deutlichen Einfluß ausüben. Für ähnliche Variationen im Holzkohleverbrauch gab es jedoch keine Anhaltspunkte. Kleinräumige Verbrauchsunterschiede, die sich auf verschiedenartige Ernährungsgewohnheiten zurückführen lassen, können zwar auch für Holzkohle nicht ausgeschlossen werden, werden aber nach wie vor als relativ unbedeutend eingeschätzt.

Art des benutzten Ofens - als individueller Einflußfaktor nur dann von Bedeutung, wenn sich diese Nutzungen von Haushalt zu Haushalt deutlich unterscheiden.

- Das gleiche gilt für die Anzahl der warmen Mahlzeiten pro Tag. Abweichungen von den normalen Kochgewohnheiten an einzelnen Tagen sind jedoch im Rahmen der durchgeführten Verbrauchsmessungen als Kontrollgröße bei ungewöhnlichen Verbrauchswerten für diese Tage von großer Bedeutung. Ebenso wichtig ist in diesem Zusammenhang die Erfassung von Personen, die an einem der Meßtage zu Gast sind. Die Bedeutung dieses Faktors wurde jedoch zu spät erkannt und erst bei der zeitlich späteren Erhebung in Wardiigleey durchgängig erfaßt.

2. Operationalisierung der Einflußfaktoren

- Bei der Anzahl der Personen, für die gekocht wird, ist vor allem zu berücksichtigen, daß sie nicht unbedingt mit der Haushaltsgröße identisch sein muß. Um die Bedeutung möglicher Abweichungen einschätzen zu können, wurden neben der Anzahl der Personen, für die zum Untersuchungszeitpunkt gekocht wurde, auch mögliche saisonale Unterschiede sowie die Personen erfaßt, die zwar zum Haushalt gehören, für die aber aus verschiedenen Gründen nicht gekocht wird. Als ausreichende altersmäßige Differenzierung wurden zusätzlich zur Gesamtzahl der Personen drei Altersgruppen erfaßt: Kinder bis 3 Jahre, bis 12 Jahre und Personen über 12 Jahre.

- Die Erfassung des Gesamteinkommens im Rahmen eines Interviews bereitet kaum lösbare Schwierigkeiten, von denen hier nur die wichtigsten genannt seien. Zahlreiche Haushalte haben unregelmäßige, von Tag zu Tag stark schwankende Einkünfte, die besonders bei ärmeren Familien unmittelbar zur Befriedigung des täglichen Bedarfs eingesetzt werden. Schon aus diesem Grund ist zu erwarten, daß ein beträchtlicher Teil der Interviewpartner keine Angaben über ihre durchschnittlichen Einkünfte während einer längeren Periode (Woche oder Monat) machen kann. Darüber hinaus waren die Interviewpartner in der Regel Frauen, und es mußte angenommen werden, daß sie zwar gut über die Ausgaben innerhalb ihres Verantwortungsbereichs Bescheid wissen,[27] aber möglicherweise nicht in jedem Fall über die Höhe der Gesamteinkünfte des Haushalts informiert sind. Schließlich läßt sich gerade für Mogadishu - eine Stadt, in der offensichtlich selbst ein Großteil des täglich anfallenden Bedarfs nur durch verschiedene Nebeneinkünfte gedeckt werden kann[28] - vermuten, daß die Interviewten selbst bei genauer Kenntnis ihres durchschnittlichen Einkommens häufig nicht bereit wären, dieses einem Fremden gegenüber offenzulegen. Daher wurde von vornherein darauf verzichtet, das Einkommen direkt zu erfragen. Als ausreichender Anhaltspunkt für die wirtschaftlichen Verhältnisse wird deshalb auf die durchschnittlichen täglichen Ausgaben für den kurzfristigen Bedarf (das sind im wesentlichen die Ausgaben für Nahrungs- und Genußmittel sowie Brennmaterialien) zurückgegriffen. Weil man damit rechnen muß, daß viele der interviewten Personen keinen Durchschnitts-

---

27) Eine Ausnahme bildet das Untersuchungsgebiet in Xamar Weyne, das auch heute noch stark durch die arabische Kultur geprägt ist. Hier konnten 8 der 25 überwiegend weiblichen Interviewten keine Angaben über die täglichen Ausgaben machen, weil sämtliche Erledigungen außerhalb des Hauses - die Versorgung mit Nahrungsmitteln eingeschlossen - in den Aufgabenbereich des Mannes fallen.

28) 1983 schwankten die staatlich gezahlten Löhne je nach Stellung zwischen 200 und 1000 sh pro Monat. Lediglich für Techniker und Angestellte des Managements wurden Löhne bis zu 1800 sh gezahlt. Dem stehen Durchschnittsausgaben von fast 3000 sh monatlich allein zur Deckung des täglichen Bedarfs gegenüber.

wert angeben können, wurde nach den geringsten, höchsten und normalen täglichen Ausgaben gefragt.

- Verfügbarkeit, Beschaffungsaufwand und Preise wurden ergänzend zur Haushaltsbefragung erfaßt, und zwar differenziert nach der Art der Brennmaterialien, den Verkaufsstellen und den gekauften Mengen. Sie ließen sich dann mit Hilfe dieser Zusatzinformationen, die für die Bestimmung des Verbrauchs ohnehin erfragt werden mußten, je nach Bedarf den Erhebungsgebieten oder den Einzelhaushalten zuordnen.

- Die Erhebung der übrigen Faktoren ist relativ unproblematisch und soll hier nicht näher erläutert werden.

3. Die Ermittlung des Holz- und Holzkohleverbrauchs

Um den Verbrauch anhand von Befragungen zu bestimmen, wurden die Bezugsquellen für Holz bzw. Holzkohle sowie die Ausgaben und die Nutzungsdauer für einen Einkauf erfaßt. Diese Informationen wurden gesondert für Trocken- und Regenzeit sowie Brennholz und Holzkohle, bei unterschiedlichen Bezugsquellen oder Kaufmengen auch für jede einzelne Bezugsquelle bzw. jede Kaufmenge erfragt. Parallel dazu wurden die Preise pro kg, differenziert nach verschiedenen Typen von Bezugsquellen und unterschiedlichen Kaufmengen, durch Wiegen ermittelt. Damit läßt sich der tägliche Verbrauch an Brennholz bzw. Holzkohle sehr einfach bestimmen als getätigte Ausgaben dividiert durch den Preis pro kg und die Nutzungsdauer.

Für die Verbrauchsmessungen wurden jeweils der Ausgangsbestand an Brennmaterial am ersten Tag und der Restbestand am darauffolgenden Tag gewogen. Zu diesem Zweck waren die Haushalte dazu angehalten, stets genügend Brennmaterial für einen Tag vorrätig zu haben und nur das gewogene Brennmaterial zu benutzen. Somit ergibt sich der Verbrauch eines Tages als Differenz zwischen dem Ausgangs- und dem Restbestand. Da insbesondere ärmere Haushalte häufig nicht in der Lage waren, genügend Brennmaterial im voraus zu kaufen, wurde jedem Haushalt ein Betrag von 30 sh für diesen Zweck zur Verfügung gestellt. Um zu verhindern, daß dadurch die Ergebnisse des Interviews (z.B. bei der Frage nach den täglichen Ausgaben für Holz bzw. Holzkohle) verfälscht wurden, wurde jeweils zuerst bei sämtlichen Haushalten eines Untersuchungsgebietes der diesbezügliche Teil des Interviews durchgeführt und dann erst mit den Vorbereitungen für die Verbrauchsmessungen begonnen.

Es steht außer Frage, daß gerade die finanzielle Unterstützung der Haushalte eine zusätzliche Fehlerquelle darstellen kann. Die Ergebnisse zeigten jedoch, daß diese Fehler einerseits sehr leicht zu bestimmen waren (s. Anh. 1) und andererseits als gering angesehen werden können im Vergleich zu den Meßausfällen, mit denen sonst zu rechnen gewesen wäre, weil viele Haushalte nicht genügend Brennmaterial für einen Tag vorrätig gehabt hätten.[29]

---

29) Bei den insgesamt 60 Messungen für den 4. Tag in Cabdul Casiis und den 3. Tag in Wardhiigleey wurde in 9 Fällen Holzkohle hinzugekauft und angebraucht, bevor sie gewogen werden konnte. Diese Mengen mußten mit Hilfe des Kaufbetrags geschätzt werden.

Die Haushalte waren außerdem angewiesen, Brennmaterial, das sie während der Periode der Verbrauchsmessungen hinzugekauft hatten, vom alten Bestand getrennt aufzubewahren. Dieses wurde zur Bestimmung der Preise ebenfalls gewogen, so daß als Nebenprodukt der Untersuchung sehr verläßliche Daten zur Preisstruktur für Holzkohle erfaßt werden konnten.

4. Weitere Angaben

Bis zum Zeitpunkt der Erhebung war durchaus mit saisonalen Versorgungsengpässen bei Holzkohle zu rechnen. Daher wurde zusätzlich erfragt, wie die Haushalte mit diesem Problem umgehen. Wesentliche Informationen waren dabei die Einkaufsgewohnheiten und die Vorratshaltung im Falle einer bevorstehenden Verknappung sowie die Reaktionen auf definitive Versorgungsengpässe und/oder Preiserhöhungen, z.B. sparsamer Umgang mit dem knappen und/oder teureren Brennmaterial.

5. Gewählte Befragungsmethode

Als Methode für die Befragungen wurde das Interview anhand eines Gesprächsleitfadens einer standardisierten Befragung vorgezogen. Die Grundüberlegungen dabei waren, daß ein möglichst offenes (und damit auch flexibleres) Gespräch der somalischen Mentalität eher entgegenkommt als ein starres, völlig festgelegtes Abfragen von Daten, daß die befragten Personen auf diese Weise eher zur Mitarbeit motiviert werden können und das Interesse an der Untersuchung geweckt wird.

Die Interviews wurden jeweils vormittags durchgeführt, zu einer Zeit, während der die meisten Frauen zwar angetroffen werden konnten, aber mit Kochen, Waschen, Heimarbeiten etc. beschäftigt waren. Daher wurden die Gespräche so kurz wie möglich gehalten (nicht länger als 10-15 Min.). Um dennoch sämtliche erforderlichen Informationen zu erhalten, wurde beim ersten Besuch nur ein Teil des gesamten Interviews durchgeführt. Die noch nicht angesprochenen Aspekte wurden dann bei den ohnehin erforderlichen Besuchen für die Verbrauchsmessungen nach und nach erfragt. Auf diese Weise konnte neben einer möglichst geringen zeitlichen Belastung der Beteiligten auch Rücksicht darauf genommen werden, daß ihr Interesse häufig nach einem 10- bis 15-minütigen Gespräch deutlich zurückging. Dadurch ließ sich weitgehend vermeiden, daß bereits beim ersten Interview eine unterschwellige Abneigung gegenüber der Untersuchung auftrat, was sich sehr positiv auf die nachfolgenden Verbrauchsmessungen auswirkte.

4.2 Repräsentative Erhebung des Brennholz- und Holzkohleverbrauchs privater Haushalte in Mogadishu

4.2.1 Auswahl der Untersuchungsgebiete

Um mit den Ergebnissen der Untersuchung eine Schätzung des Brennholz- und Holzkohleverbrauchs für gesamt Mogadishu durchführen zu können, wurde auf eine repräsentative Auswahl der befragten Haushalte besonderes Gewicht gelegt. Die Auswahl der Haushalte anhand einer Zufallsstichprobe war zwar aus zeitlichen und organisatorischen Gründen nicht möglich. Es konnte jedoch eine Klumpenerhebung von jeweils etwa 25 Haushalten in 12 typischen Gebieten durchgeführt werden, die sich in ihrer Repräsentativität und hinsichtlich der Anwendbarkeit statistischer Schätz- und Testverfahren nur unwesentlich von einer Zufallsstichprobe unterscheidet[30].

Der Auswahl der Untersuchungsgebiete wurde eine vorläufige Differenzierung Mogadishus nach der Bebauungsstruktur vorangestellt, die sich im wesentlichen mit der bereits dargestellten wirtschaftsräumlichen Differenzierung der Stadt deckt. Es wurden folgende Kategorien unterschieden:

1. Gebiete, in denen die Wohnnutzung von untergeordneter Bedeutung ist und/oder überwiegend Ausländer oder die reichsten Somalis wohnen. Diese Teilräume sind sowohl wegen der benutzten Energiearten, als auch aufgrund ihrer geringen Wohnbevölkerung für die vorliegende Untersuchung relativ bedeutungslos.

2. Viertel hohen Wohnstandards (Kategorien 1 und 2), wie sie vor allem im Stadtzentrum oder nahe des Zentrums in den Distrikten Xamar Weyne, Shangaani und Boondheere sowie in Hodan in größerer Distanz zum alten Stadtkern, aber in unmittelbarer Umgebung des neueren Ministerien- und Büroviertels nahe km 4, zu finden sind. Ebenfalls in diese Kategorie gehören die alten arabischen Stadtkerne in Xamar Weyne und Shangaani, die auch heute noch Wohnsitz reicher Händler und anderer gehobener Bevölkerungsgruppen sind.

3. Gebiete durchschnittlichen bis leicht überdurchschnittlichen Wohnstandards (Kategorie 3). Dabei handelt es sich überwiegend um dicht oder sehr dicht bebaute Viertel in Hodan, Hawl Wadaag, Waaberi, Boondheere, Shibis und Teilen von Xamar Jabjab.

4. Durchschnittlicher bis leicht unterdurchschnittlicher Wohnstandard (Kategorie 4). Dabei handelt es sich ebenfalls um Gebiete mit regelmäßiger Parzellenstruktur, die zum großen Teil noch recht dicht bebaut sind. Lediglich in den weiter am Stadtrand gelegenen Teilen von Wadajir oder Yaaqshiid ist der Bebauungsgrad weniger weit fortgeschritten.

5. Stadtviertel mit einem geringen Wohnstandard, aber sehr dichter Bebauung (Kategorien 6 und 7). Hierzu zählen vor allem der alte Stadtkern in Cabdul Casiis, die sehr spät bebauten Standorte ärmerer Bevölkerungsgruppen auf den Sanddünen in Xamar Jabjab und Waaberi sowie die ehemaligen Squattersiedlungen in Hawl Wadaag, Wardhiigleey, Yaaqshiid und Kaaraan.

6. Heutige Squatter-Siedlungen und sehr dünn besiedelte Gebiete der jüngsten Stadterweiterung am Rande der Distrikte Wadajir, Yaaqshiid und Kaaraan (Kategorie 8) sowie deren Übergangsbereich zur Kategorie 4 (Kategorie 5). Für diese Standorte wird mit einem hohen Anteil an Neuankömmlingen gerechnet, die sich erst allmählich an die städtische Lebensweise anpassen und auch die in Mogadishu verbreiteten Kochgewohnheiten erst im Laufe der Zeit übernehmen.

---

30) Vgl. hierzu die folgenden Ausführungen zur Auswahl der Untersuchungsgebiete und die Ausführungen im Anhang 2 zur Zuordnung der Untersuchungsgebiete zu Gebietskategorien.

Für die Untersuchung wurden folgende Gebiete ausgewählt[31] (s. Abb. 9):

1. Drei Wohnviertel der gehobenen Einkommensgruppen, und zwar zwei in Boondheere (Nr. 3) und Hodan (Nr. 5) mit einer dichten bis sehr dichten Bebauung sowie eines im alten arabischen Stadtkern von Xamar Weyne (Nr. 9).

2. Zwei Wohnstandorte mit leicht überdurchschnittlichem Einkommen, davon je eines in Boondheere (Nr. 2, sehr dichte Bebauung) und Hodan (Nr. 4, dichte Bebauung).

3. Drei Gebiete mit durchschnittlicher Einkommensstruktur: Zwei relativ dicht bebaute Bereiche in Boondheere (Nr. 1) und Wadajir (Nr. 6) sowie eines mit einer etwas aufgelockerteren Bebauung ebenfalls in Wadajir (Nr. 8). Bei dem letzten Standort handelt es sich um eines der neueren Wohngebiete (ca. 8-12 Jahre alt), bei denen die Bebauung noch nicht abgeschlossen ist und sich in Zukunft weiter verdichten wird.

4. Vier Wohngebiete mit überwiegend unteren Einkommensgruppen, und zwar
   - eines im sehr dicht bebauten innenstadtnahen Bereich in Waaberi (Nr. 12),
   - ein Teil einer ehemaligen Squattersiedlung in Kaaraan (Nr. 11), die sich zwar bis heute sehr stark verdichtet hat, deren ursprüngliche Baustruktur (überwiegend sehr kleine Häuser und Hütten vorwiegend aus Holz, Lehm und Brettern) aber weitgehend erhalten geblieben ist,
   - einer der jüngsten Besiedlungsräume am Rande von Wadajir (Nr. 7) mit einer sehr lockeren Bebauung,
   - ein Wohnbereich in Kaaraan (Nr. 10), der sich sowohl von der Bebauungsdichte und der Parzellenstruktur her (regelmäßig angelegte Parzellen) als auch nach den Einkommensverhältnissen im Übergangsstadium zwischen den jüngsten Besiedlungsgebieten und den Wohnvierteln mit durchschnittlicher Einkommensstruktur befindet.

Die Untersuchungen wurden jeweils mit Unterstützung der Distriktleitung und unter Begleitung einer Vertrauensperson aus dem Distrikt, die die ausgewählten Haushalte persönlich kannte, durchgeführt. Daher war es aus organisatorischen Gründen notwendig, die Untersuchungsgebiete nicht auf zu viele Distrikte zu verteilen. In allen Fällen, in denen die Befragung in den ursprünglich vorgesehenen Gebietstypen durchgeführt wurde, stimmte auch die vorab getroffene Einschätzung mit den tatsächlichen Gegebenheiten überein. Allerdings mußte in den beiden folgenden Fälle vom ursprünglichen Vorhaben abgewichen werden.

1. Dichte Bebauung in Boondheere (Nr. 3) nahe zum Stadtzentrum. Dieses Gebiet war ursprünglich nur als leicht überdurchschnittlich eingeschätzt worden und war nicht für eine Befragung vorgesehen. Es mußte jedoch ad hoc anstelle eines noch näher zum Zentrum gelegenen Standorts mit gemischter Bebauung (teils Büro-, teils Wohnnutzung) ausgewählt werden. Das erwies sich aufgrund der geringen Zahl an somalischen Familien, die - abgesehen von den arabischen Stadtkernen - tatsächlich im Stadtzentrum wohnen, als sinnvoll. Darüber hinaus zeigte sich so in Boondheere eine noch deutlichere ökonomische Differenzierung in Abhängigkeit von der Distanz zum Stadtzentrum als angenommen. Wichtige zusätzliche Erkenntnis ist, daß dies das Befragungsgebiet mit den höchsten täglichen Ausga-

---

31) Die Gebiete wurden in der Reihenfolge, in der die Befragungen durchgeführt wurden, von 1 bis 12 durchnumeriert.

ben war, was sicher zum Teil durch die sehr hohe durchschnittliche Haushaltsgröße bedingt ist.

2. Lockere Bebauung in Kaaraan (Nr. 10). Bei den Wohngebieten der unteren Kategorien zeigte sich, daß der Übergangsbereich zwischen dem sehr dünn besiedelten Stadtrand und den sich allmählich verdichtenden Wohnvierteln in etwas zentralerer Lage nach dem ursprünglichen Konzept nicht ausreichend erfaßt wurde. Daher wurde nur ein typisches Stadtrandgebiet in Wadajir erfaßt und anstelle des zweiten ursprünglich vorgesehenen Standorts ein etwas stärker verdichteter Teil von Kaaraan ausgewählt, der am ehesten den Übergang zur Kategorie 4 (durchschnittlicher bis leicht unterdurchschnittlicher Wohnstandard) darstellt.

4.2.2 Untersuchungsplan

Aufgrund eines sehr engen zeitlichen Rahmens für diese Erhebung wurden von vornherein nur die wesentlichsten Informationen erfaßt. Dabei handelte es sich um

1. Angaben zur Anzahl der Personen, für die gekocht wird, und zu den täglichen Ausgaben als wichtigste formal bestimmbare Determinanten des Verbrauchs sowie

2. Angaben zum Brennholz- und Holzkohleverbrauch selbst, differenziert nach Trocken- und Regenzeit.

Zu 1.: Es wurden sämtliche Personen gerechnet, für die in der Regel gekocht wird, unabhängig davon, ob sie auch zur interviewten Familie gehören und mit ihr zusammen wohnen. Zusätzlich zur gesamten Personenzahl wurden - wie bei der ersten Erhebung - die Kinder bis 3 Jahre, bis 12 Jahre und die Personen ab 13 Jahren gesondert erfaßt.

Zu 2.: Der Verbrauch wurde in gleicher Weise erfragt wie bei der ersten Erhebung. Zusätzlich wurde jedoch Wert darauf gelegt, daß bei einem Wechsel der benutzten Brennmaterialen innerhalb eines Jahres die ungefähre Nutzungsdauer für jedes Brennmaterial angegeben wurde. Parallel zu dieser Untersuchung wurde ebenfalls eine Preisbestimmung, differenziert nach den Kaufmengen und der Art der Verkaufsstellen, durchgeführt, so daß die Ausgaben über die Zusatzinformation der Bezugsquelle in Mengen umgerechnet werden konnten. Da unterschiedliche Preise in der Regen- und Trockenzeit nicht von vornherein auszuschließen waren, aber nur die zum Untersuchungszeitpunkt herrschenden Preise empirisch ermittelt werden konnten, wurde in jedem Fall erfragt, ob sich die verbrauchten Mengen in Regen- und Trockenzeit voneinander unterscheiden. Die Befragung wurde in der Trockenzeit durchgeführt, und unterschiedliche Ausgaben in der Regenzeit wurden nur dann berücksichtigt, wenn der Verbrauch tatsächlich als von der Trockenzeit abweichend angegeben wurde.[32]

---

32) In Einzelfällen hätten sich rechnerisch große Unterschiede zwischen dem Verbrauch in der Trockenzeit und in der Regenzeit ergeben, obwohl die Interviewten angaben, ihr Verbrauch sei über das gesamte Jahr hinweg konstant. Diese Ungereimtheiten lassen sich nicht mit Sicherheit aufklären. Es drängt sich jedoch die Vermutung auf, daß die saisonalen Preisunterschiede, die noch einige Jahre zuvor regelmäßig bei Holzkohle aufgetreten waren, in den Köpfen der Befragten weiterhin existierten. In jedem Fall zeigen sich hier die Grenzen eines Interviews, das auch Monate zurückliegende

Entgegen den Erfahrungen bei der ersten Untersuchung, wurde der Holzverbrauch bei größeren Festen in der Regel nicht von selbst angegeben, so daß - mit Ausnahme der ersten vier Untersuchungsgebiete - gesondert danach gefragt wurde. Das gleiche gilt für die Nutzung eines "Jiko Muufo", eines speziellen mit Holz gefeuerten Ofens zum Backen von Brot. Wenngleich dieser Verbrauch von den Interviewten zumeist von selbst genannt wurde, wurde zur Sicherheit gesondert danach gefragt.

Zusätzlich zu dieser Befragung wurde jeweils die Art der besuchten Wohneinheiten erfaßt und die Anzahl der nicht selbst kochenden Einzelpersonen sowie Anzahl und Größe aller dort wohnenden selbst kochenden Haushalte, die zum Untersuchungszeitpunkt nicht angetroffen werden konnten, bei den Nachbarn erfragt, um die Ergebnisse auf die gesamte Stadt übertragen zu können und dabei auch mögliche Verzerrungen bezüglich der Haushaltsgröße der interviewten Haushalte berücksichtigen zu können. Näheres hierzu siehe Anhang 2.

4.2.3 Durchführung der Untersuchung

Die Untersuchung wurde dank der Unterstützung der somalischen Behörden an insgesamt acht Tagen nach einem festen Zeitplan durchgeführt. Die Erhebung wurde in vier Gebieten vom Verfasser und seinem ständigen Mitarbeiter Axmed Hassan Ibrahim, in vier weiteren Gebieten von Axmed selbständig und in den übrigen Gebieten von Mahamed Cali Axmed, einem Mitarbeiter von VITA, der zu diesem Zweck freundlicherweise zur Verfügung gestellt wurde, und dem Verfasser durchgeführt. Da bei den Erhebungen verschiedene Aspekte parallel erfaßt werden mußten, stellten sie sehr hohe Anforderungen an einen einzelnen Interviewer, der gleichzeitig die Gespräche führen, die Ergebnisse notieren und den Überblick über alle einzelnen Erhebungsschritte behalten muß. Insgesamt wurde diese Aufgabe von Axmed bei seinen selbständigen Erhebungen sehr gut gelöst.[33]

4.3 Bestimmung des Verbrauchs für die gesamte Stadt

Um den empirisch ermittelten Verbrauch der befragten Haushalte auf die gesamte Stadt hochzurechnen, wurde von folgenden Grundüberlegungen ausgegangen:

Der Verbrauch eines einzelnen Haushalts ist in hohem Maß von dessen wirtschaftlichen Verhältnissen abhängig. Da eine ökonomische Differenzierung der Wohnbevölkerung Mogadishus auf der Basis von Einzelhaushalten jedoch weder verfügbar war noch selbst erstellt werden konnte, muß auf die oben dargestellte wirtschaftsräumli-

---

Verbrauchswerte (letzte Regenzeit) erfassen soll. Daher wurde grundsätzlich davon ausgegangen, daß die Frage nach Verbrauchsunterschieden zwischen Regen- und Trockenzeit zuverlässiger beantwortet wurde als die Fragen nach Ausgaben und Nutzungsdauer der benutzten Brennmaterialien während der letzten Regenzeit.

33) Es muß jedoch folgende geringfügige Einschränkung gemacht werden. In den Untersuchungsgebieten Boondheere 3 und Hodan 5 wurde die Zahl der nicht anwesenden Familien nicht vollständig erfaßt. Da diese beiden Gebiete später zu einer Kategorie zusammengefaßt wurden, mußte der Wert hierfür geschätzt werden.

che Differenzierung der Stadt zurückgegriffen werden, wie sie mit den verfügbaren Hilfsmitteln selbst erarbeitet werden konnte (s. Exkurs). Gleichzeitig muß einerseits der Verbrauch und andererseits die Zahl der Haushalte für die so definierten Raumkategorien ermittelt werden. Daraus läßt sich dann durch entsprechende Gewichtung der gesamte Brennholz- und Holzkohleverbrauch privater Haushalte in Mogadishu errechnen. Das erfordert eine Vielzahl einzelner Arbeitsschritte, die an dieser Stelle lediglich im Überblick aufgezeigt werden sollen. Eine genaue Darstellung aller methodischen Detailprobleme findet sich im Anhang 2. Formal setzt sich die Schätzung des Brennholz- und Holzkohleverbrauchs aus den folgenden Teilkomponenten zusammen:

- Schätzung der Gesamtzahl an Haushalten, die auf Holz oder Holzkohle als Brennmaterial zurückgreifen, differenziert nach Teilräumen unterschiedlicher Wirtschaftskraft der Haushalte. Diese Schätzung basiert ihrerseits auf
  - einer Häuser- bzw. Parzellenzählung anhand von Luftbildern,
  - den empirisch ermittelten durchschnittlichen Belegungsdichten pro Haus- bzw. Parzellentyp sowie
  - einer Schätzung des Bevölkerungszuwachses vom Zeitpunkt der Luftbilderstellung (Februar 1983) bis zu dem Zeitraum, für den der Verbrauch bestimmt werden soll.
- Bestimmung des Verbrauchs für die gesamte Bevölkerung der Erhebungsgebiete, differenziert nach den verschiedenen Raumkategorien.

1. Häuser- bzw. Parzellenzählung

Für diesen Zweck wurde das Stadtgebiet Mogadishus zunächst in 160 Zählgebiete eingeteilt, die hinsichtlich der Art und Dichte ihrer Bebauung möglichst homogen waren. Die Zählung der Wohneinheiten erfolgte dann differenziert nach verschiedenen Typen. Für den größten Teil Mogadishus, der eine regelmäßige Parzellenstruktur aufweist, bilden dabei nicht die einzelnen Häuser auf einer Parzelle, sondern die Parzellen selbst die zu zählenden Wohneinheiten. Eine genaue Abgrenzung der verschiedenen Haus- oder Parzellentypen findet sich im Anhang 2.

Die genaue Lokalisation sowie die Zuordnung der Häuser bzw. Parzellen nach Typen wurde auf Klarsichtfolien festgehalten, so daß nachträglich die Einteilung der Zählbezirke hinsichtlich ihrer Homogenität überprüft und ggf. Änderungen und Zusammenfassungen von Zählbezirken vorgenommen werden konnten. Das Ergebnis bildeten 99 Teilgebiete (s. Abb. 14, Anh. 2), die ihrerseits nach den wirtschaftlichen Verhältnissen der Wohnbevölkerung in die acht Raumkategorien zusammengefaßt werden konnten, die bereits im Exkurs zur wirtschaftsräumlichen Differenzierung Mogadishus dargestellt wurden.

2. Belegungsdichte und Anzahl der Haushalte

Sämtliche Wohneinheiten, die in die empirische Erhebung einbezogen waren, wurden ebenfalls in die Haus- bzw. Parzellentypen eingeteilt, die der Zählung der Wohneinheiten zugrunde lagen. Auf diese Weise konnte für jeden Haus- oder Parzellentypus die empirisch ermittelte Belegungsdichte bestimmt werden, die dann herangezogen wurde, um die tatsächliche Zahl der Haushalte zu schätzen. Zur genaueren Vorgehensweise und zur Schätzung der Bevölkerungszahl für 1985 sei ebenfalls auf Anhang 2 verwiesen.

3. Bestimmung des Verbrauchs

Wie bereits erläutert, wurden zur Ermittlung des Verbrauchs die Ausgaben für Holz und/oder Holzkohle, die Nutzungsdauer sowie die Bezugsquellen erfaßt. Daraus ließen sich die durchschnittlichen täglichen Ausgaben für Holz und Holzkohle errechnen, die mit Hilfe der herrschenden Preise in Mengen umgerechnet werden konnten. Die so ermittelten Verbrauchsmengen geben jedoch lediglich den Verbrauch der interviewten Haushalte wieder. Um die Ergebnisse auf sämtliche Haushalte der Erhebungsstandorte jeder Raumkategorie beziehen zu können, wurden die durchschnittlichen Verzerrungen der Haushaltsgröße pro Raumkategorie errechnet. Mit Hilfe der Regressionsrechnung wurden dann die Verbrauchswerte korrigiert (vgl. Kap. 5.2.4 und Anh. 2).

5. DER BRENNHOLZ- UND HOLZKOHLEVERBRAUCH PRIVATER HAUSHALTE

Auch in Mogadishu sind die privaten Haushalte die wichtigsten Endverbraucher von Brennholz und Holzkohle. Dabei entfällt der größte Teil des Verbrauchs auf die Zubereitung der täglichen Nahrung. Im Gegensatz zu ländlichen Siedlungen und kleineren Städten wird hierfür überwiegend Holzkohle benutzt. Während Brennholz bei den bis vor wenigen Jahren regelmäßig aufgetretenen Holzkohleverknappungen in der Regenzeit von großer Bedeutung war, wird es heute nur noch von einigen ärmeren Haushalten zum normalen Kochen benutzt. Darüber hinaus wird es jedoch von den meisten Haushalten zum Kochen bei größeren Familienfesten herangezogen und häufig zum Betreiben eines speziellen, nur mit Holz beheizbaren Ofens zum Brotbacken (Jiko Muufo) benutzt. Andere Energieträger (Kerosin, Gas, Elektrizität) sind - zumindest für die Nahrungszubereitung - fast bedeutungslos. Sie werden hierfür lediglich von einer kleinen Zahl reicherer Haushalte als Hauptenergieträger verwendet. Allerdings werden Kerosin oder elektrischer Strom von fast allen Haushalten zur Beleuchtung eingesetzt, und kleine Mengen von Kerosin werden häufig zum Entzünden der Holzkohle benutzt.

5.1 Charakterisierung der Erhebungsgebiete

Bei der Erhebung im Jahr 1983 liegen die Haushaltsgrößen der interviewten Familien (Tab. 4) für alle fünf Untersuchungsgebiete deutlich über den Durchschnittswerten von 5,1 bis 5,5 Personen, die in anderen Quellen für den städtischen Bereich in

Somalia angegeben werden[34]. Das ist zum Teil darauf zurückzuführen, daß bei der vorliegenden Untersuchung keine alleinstehenden Personen erfaßt wurden, die nicht selbst kochen. Es kann jedoch auch durch eine Verzerrung bei der Auswahl der Haushalte mitbedingt sein, denn für die Haushalte, bei denen kein Interviewpartner angetroffen wurde, konnte keine Nacherhebung zu einem späteren Zeitpunkt durchgeführt werden.

Die Unterschiede hinsichtlich der Größe und altersmäßigen Zusammensetzung der Haushalte in den 5 Untersuchungsgebieten sind beträchtlich. Erwartungsgemäß sind jedoch die Haushalte in den wohlhabenderen Gebieten (Xamar Weyne und Hodan) mit durchschnittlich 8,6 Personen pro Haushalt größer als in den drei ärmeren Wohngebieten (6,6 Personen pro Haushalt).

Tab. 4: Haushaltsgröße, Altersstruktur und durchschnittliche tägliche Ausgaben für den kurzfristigen Bedarf bei der Konsumentenerhebung 1983

Gebiet	Haushalts-größe (Personen)	Altersgruppen in %			tägliche Ausgaben in sh
		bis 3 Jahre	4-12 Jahre	älter	
Cabdul Casiis	6,1	13,2	17,6	69,2	89
Wardhiigleey	8,0	11,7	22,6	65,7	79
VITA-Erhebung: Xamar Weyne	7,8	15,3	33,6	50,6	121
Hodan	9,3	7,9	14,3	77,9	118
Wadajir	5,7	13,5	21,6	63,2	83
Insgesamt	7,4	12,0	21,9	65,8	98

Bei der Erhebung 1983 wurde neben der aktuellen Zusammensetzung der Haushalte auch die übliche Zusammensetzung in den anderen Jahreszeiten erfaßt. Dabei zeigte sich, daß saisonale Unterschiede in der Anzahl der Personen, wie sie für ländliche Regionen durchaus normal sind, in Mogadishu kaum auftreten. In Cabdul Casiis und Wardhiigleey waren lediglich sieben Personen in sechs Haushalten aus beruflichen Gründen, aber nicht saisonbedingt, abwesend. In den Untersuchungsgebieten von VITA wurden nur für einen der 90 Haushalte saisonale Unterschiede in der Haushaltsgröße festgestellt.

---

34) Folgende Untersuchungen des Ministry of National Planning in Somalia geben Auskunft über die städtische Haushaltsgröße:
Multipurpose Household Pilot Survey 1975. Middle Shebelle Region. 1st Round: 5,2. 2nd Round: 5,5.
Naional Population Survey 1980: 5,3.
Manpower Survey 1982: 5,1.
Nach dem Mogadishu Family Budget Survey 1977 ergäbe sich eine durchschnittliche Haushaltsgröße von 6,9 Personen. Dabei ist jedoch der Anteil der Ein- und Zweipersonenhaushalte offensichtlich stark unterrepräsentiert.

Tab. 5: Gebietskategorien unterschiedlicher Bebauungsstruktur und Einkommensverhältnisse in Mogadishu und Zuordnung der Befragungsgebiete zu diesen
Kategorien

Gebietskategorie	Charakteristika der Gebiete	zugehörige Befragungsgebiete	tägliche Ausgaben in sh
1	gehobene Wohnlagen außerhalb des alten Stadtkerns, lockere bis sehr dichte Bebauung	Boondheere 3 Hodan 5	301 290
2	gehobene Wohnlagen, alter Stadtkern	Xamar Weyne 9	271
3	geplante Besiedlung, regelmäßige Parzellenstruktur, dichte bis sehr dichte Bebauung, leicht überdurchschnittliches Einkommen	Boondheere 2 Hodan 4	253 246
4	geplante Besiedlung, regelmäßige Parzellenstruktur, mäßige bis dichte Bebauung, durchschnittliches Einkommen	Boondheere 1 Wadajir 6 Wadajir 8	238* 213 213
5	Stadtrandlage, regelmäßige Parzellenstruktur, lockere Bebauung, Übergang zur Kategorie 4, leicht unterdurchschnittliches Einkommen	Kaaraan 10	174
6	innenstadtnah, stark verdichtet, unregelmäßige Parzellenstruktur, geringes Einkommen	Waaberi 12	146
7	ursprüngliche Squattersiedlungen, stark verdichtet, unregelmäßige Parzellenstruktur, geringes Einkommen	Kaaraan 11	131
8	periphere Lage, jüngste Neubesiedlung, sehr lockere Bebauung, sehr geringes Einkommen	Wadajir 7	117

* Der Durchschnittswert für die täglichen Ausgaben in Boondheere 1 ist irreführend.
Im Gegensatz zu den anderen Untersuchungsgebieten wird er durch wenige hohe Werte
stark verfälscht. Läßt man diese unberücksichtigt, so ergibt sich eine gute Übereinstimmung mit den Werten in Wadajir 6 und 8.

Für die Ergebnisse der Erhebung von 1985 ist neben Darstellungen auf der Ebene
einzelner Erhebungsstandorte die Zuordnung der Einzelstandorte zu den bereits
beschriebenen Gebietskategorien (vgl. Exkurs) von besonderer Bedeutung (Tab. 5).

Im Vergleich zu 1983 sind die Haushalte bei der Erhebung von 1985 (Tab. 6) etwa um
eine Person pro Haushalt kleiner. Dies ist vor allem darauf zurückzuführen, daß die
Gebiete mit gehobenen Einkommensgruppen 1983 überrepräsentiert waren. Mit
Ausnahme der Werte für Xamar Weyne und Wadajir 7,[35] bestätigt sich auch für die
Untersuchung von 1985, daß in den von vornherein als einkommensstärker eingeschätzten Untersuchungsgebieten (Kategorien 1-3) die Haushalte im Durchschnitt
größer sind als in den Gebieten, deren Bevölkerung als durchschnittlich (Kategorie 4)
oder ärmer (Kategorien 5-8) eingeschätzt wurde: Die durchschnittliche Haushalts-

---

35) Die Abweichung von der normalen Tendenz liegt in beiden Untersuchungsgebieten durchaus im
Rahmen zufallsbedingter Schwankungen.

größe in den Kategorien 1-3 beträgt 6,9 Personen gegenüber 5,9 Personen für die Kategorie 4 und 5,4 Personen für die ärmeren Wohngebiete. Erwartungsgemäß waren die nicht angetroffenen Haushalte im Durchschnitt deutlich kleiner als die interviewten. Die durchschnittliche Haushaltsgröße aller selbst kochenden Haushalte in den untersuchten Gebieten beträgt demnach auch nur 5,8 Personen gegenüber 6,2 Personen für die tatsächlich interviewten Haushalte. Diese Verzerrung läßt sich jedoch bei der Bestimmung des Gesamtverbrauchs für Mogadishu mit Hilfe der Regressionsrechnung ausgleichen.

Die durchschnittliche Haushaltsgröße aller, also auch der nicht kochenden Haushalte, liegt mit 5,0 Personen an der unteren Grenze vergleichbarer Schätzungen (s.o.). Bei entsprechender Gewichtung der Untersuchungsgebiete ergibt sich jedoch für die gesamte Stadt eine durchschnittliche Haushaltsgröße von 5,2 Personen. Dieser Wert liegt völlig im Rahmen früherer Studien und kann als Bestätigung für die Repräsentativität der getroffenen Auswahl der Untersuchungsgebiete angesehen werden.

Tab. 6: Haushaltsgröße, Altersstruktur und durchschnittliche tägliche Ausgaben für Güter des kurzfristigen Bedarfs, nach Untersuchungsgebieten und Gebietskategorien, 1985

Gebiete/ Kategorien	durchschnittliche Haushaltsgröße			Altersgruppen in %			tägliche Ausgaben in sh
	A	B	C	0-3 Jahre	4-12 Jahre	älter	
Boondheere 3	8,3	8,3	6,8	12,0	30,4	57,6	301
Hodan 5	7,3	7,3	5,8	10,2	24,8	65,0	290
Kategorie 1	7,8	7,8	6,3	11,2	28,1	60,7	296
Xamar Weyne, Kat.2	5,6	5,6	5,6	10,1	22,3	67,6	271
Boondheere 2	7,2	6,9	5,9	11,1	30,0	58,9	253
Hodan 4	6,1	5,9	5,1	14,0	28,7	57,3	246
Kategorie 3	6,6	6,4	5,5	12,5	29,3	58,1	250
Boondheere 1	7,0	6,3	5,0	15,1	19,2	65,8	238
Wadajir 6	5,6	4,7	4,0	13,6	30,0	56,4	213
Wadajir 8	5,2	5,1	4,8	13,0	27,5	59,5	213
Kategorie 4	5,9	5,3	4,6	13,9	25,4	60,7	221
Kaaraan 10, Kat.5	5,7	5,6	4,7	16,1	18,9	65,0	174
Waaberi 12, Kat.6	4,9	4,3	3,7	15,6	31,3	53,1	146
Kaaraan 11, Kat.7	4,4	4,4	4,1	18,0	21,6	60,3	131
Wadajir 7, Kat.8	6,7	6,6	6,0	15,6	39,6	44,8	117
Kat.5 - Kat.8	5,4	5,1	4,5	16,2	28,4	55,4	142
Insgesamt	6,2	5,8	5,0	13,5	27,3	59,2	216

A = nur befragte Haushalte
B = sämtliche selbst kochenden Haushalte des Erhebungsgebiets
C = sämtliche Haushalte, inklusive aller nichtkochenden Einpersonenhaushalte

Hinsichtlich der altersmäßigen Zusammensetzung der Haushalte zeigen sich auf der Ebene der Untersuchungsgebiete keine eindeutigen Tendenzen. Die Altersstruktur variiert weder in Abhängigkeit von der Haushaltsgröße noch von den Einkommensverhältnissen der Erhebungsgebiete.

Die täglichen Ausgaben pro Haushalt bestätigen sowohl für die Erhebung von 1983 als auch für 1985 im wesentlichen die aufgrund der Bebauungsstruktur vermutete ökonomische Differenzierung. Für 1985 kommt lediglich der hohe Wert für Boondheere 3 etwas unerwartet.[36]

Sehr interessant ist das Ergebnis in Kaaraan 10. Nach den täglichen Ausgaben weicht dieses Gebiet bereits recht deutlich von den übrigen ärmeren Wohnvierteln ab, so daß es bei einer weiteren Verdichtung der Bebauung und Konsolidierung der Wohnbevölkerung wohl eher den durchschnittlichen Wohngebieten zuzuordnen ist als den dicht bebauten Vierteln der ärmeren Bevölkerungsgruppen.

Berücksichtigt man die offizielle Steigerung der Kosten für Waren des kurzfristigen Bedarfs vom ersten zum zweiten Erhebungszeitpunkt auf etwa 240%[37], dann lassen sich auch die täglichen Ausgaben zwischen den Untersuchungsgebieten von 1983 und 1985 miteinander vergleichen. Demnach stimmen die Werte von 1983 für Xamar Weyne und Hodan annähernd mit denen der reichsten Gebiete 1985 überein. Bei Cabdul Casiis, Wadajir und Wardhiigleey handelt es sich um Gebiete mit durchschnittlichen bis leicht unterdurchschnittlichen täglichen Ausgaben.

Bei den hinsichtlich ihrer Lage und Bebauungsstruktur direkt vergleichbaren Standorten in Wadajir (Erhebung 1983 mit Gebiet 6 für 1985) und Hodan (Erhebung 1983 mit Gebiet 5 für 1985) stimmen auch die durchschnittlichen Haushaltsgrößen recht gut überein. Lediglich die beiden Gebiete in Xamar Weyne weichen stärker voneinander ab. Beide weisen zwar im Durchschnitt hohe tägliche Ausgaben auf. Allerdings sind die interviewten Haushalte für den 1983 gewählten Standort diesbezüglich sehr homogen, während in dem Erhebungsgebiet von 1985 die täglichen Ausgaben stark streuen. Auch die durchschnittliche Haushaltsgröße liegt mit 7,8 Personen in dem Befragungsgebiet von 1983 um mehr als 2 Personen pro Haushalt über dem 1985 ermittelten Wert. Sowohl die Abweichungen in der Haushaltsgröße, als auch in der Streuung der täglichen Ausgaben sind (bei einer Irrtumswahrscheinlichkeit von 5%) statistisch signifikant. Es kann jedoch nicht mit Bestimmtheit gesagt werden, welches der beiden Gebiete als typischer für die gesamte Bevölkerung der alten arabischen Stadtkerne angesehen werden kann.

---

36) Dieses Gebiet, das kurzfristig als Ersatz für einen benachbarten Standort der Kategorie 1 in die Untersuchung einbezogen werden mußte (vgl. Kap. 4.2.1), war nach der vorausgegangenen Einschätzung zur Kategorie 3 (leicht überdurchschnittliches Einkommen) gerechnet worden. Der hohe Wert ist sicher zum Teil durch die hohe durchschnittliche Haushaltsgröße bedingt, deutet aber möglicherweise auf eine eine stärkere Einkommensdifferenzierung für den südlichen Teil von Boondheere hin, als sie im vorhinein anhand der Bebauungsstruktur zu vermuten war. Daher schien die nachträglich vorgenommene Zuordnung zur Kategorie 1 durchaus gerechtfertigt.

37) vgl. Mogadishu Consumer Price Index. Die täglichen Ausgaben wurden errechnet aus den Ausgaben für Nahrungsmittel, Tabak und Getränke sowie Energie.

Insgesamt kann die gute Übereinstimmung zwischen der vorher getroffenen Einschätzung und den tatsächlichen wirtschaftlichen Verhältnissen in den ausgewählten Gebieten als Bestätigung dafür gelten, daß sich die wirtschaftlichen Verhältnisse der Wohnbevölkerung weitgehend aus der Bebauungsstruktur ableiten lassen. Damit ist auch hinreichend gesichert, daß sich die Ergebnisse der Stichprobenerhebung bei entsprechender Gewichtung auf die gesamte Stadt übertragen lassen.

5.2 Nutzung und individueller Verbrauch

Wie hoch ist nun der Verbrauch privater Haushalte an Brennholz und Holzkohle in Mogadishu, und inwiefern wirken sich wichtige Einflußfaktoren auf die Nutzungsmuster und Verbrauchsmengen von Holz und Holzkohle aus? Dabei wird unterschieden zwischen solchen Einflußfaktoren wie die benutzten Öfen, die Anzahl der gekochten Mahlzeiten, die Preise und die Verfügbarkeit der Brennmaterialien sowie die Nutzung für andere als Kochzwecke einerseits sowie der Haushaltsgröße und den täglichen Ausgaben andererseits. Während letztere auch auf der Ebene von Einzelhaushalten zu deutlich meßbaren Verbrauchsunterschieden führen, sind die übrigen Faktoren im Falle Mogadishus eher als Rahmenbedingungen anzusehen. Sie prägen zwar die Nutzungsmuster und den gesamten Verbrauch privater Haushalte auf einer aggregierten Ebene maßgeblich, ihr konkreter Einfluß auf den Verbrauch eines einzelnen Haushaltes kann jedoch im Rahmen der vorliegenden Untersuchung nicht bestimmt werden.

Im Durchschnitt aller befragten Haushalte betrug der Holzkohleverbrauch sowohl 1983 als auch 1985 knapp über 2 kg pro Tag, und der Brennholzverbrauch belief sich im Jahr 1985 auf etwa 0,75 kg pro Tag und Haushalt. Bevor diese Ergebnisse genauer betrachtet werden, seien zunächst die Nutzungsmuster für Holz und Holzkohle sowie die Rahmenbedingungen für den Verbrauch dargestellt.

5.2.1 Eß- und Kochgewohnheiten, benutzte Öfen

In der Regel werden in Mogadishu drei warme Mahlzeiten pro Tag zubereitet. Einen Überblick über die am weitesten verbreiteten Gerichte gibt die VITA-Studie von SMALE u.a. (S.41 u. 66). Zum Frühstück wird vor allem "canjeero" (ein Pfannkuchen aus Mais-, Sorghum- oder Weizenmehl), z.T. auch "cambuulo" (ein Gericht aus Bohnen mit Mais, Sorghum, Weizen oder Reis) oder "muufo" (ein Brot aus Mais- oder Sorghummehl) gegessen. Das Mittagessen ist zumeist die Hauptmahlzeit. Sie kann sehr vielfältig sein. Am häufigsten werden Nudeln (vor allem Spaghetti) und Reisgerichte mit Fleisch, z.T. auch mit Fisch, "soor" (ein Mais- oder Sorghumbrei) oder "cambuulo" gekocht. Das Abendessen besteht aus der gleichen Art von Gerichten, in der Regel werden dabei die leichteren Gerichte wie "soor" oder "cambuulo" bevorzugt. Teilweise wird abends auch "muufo" gebacken.

Anhaltspunkte für die Kochzeiten lassen sich ebenfalls der Studie von SMALE u.a. (S.41) entnehmen. Danach benötigen "cambuulo" und andere Bohnengerichte mit etwa zwei bis zweieinhalb Stunden die längste Zeit. Ebenfalls sehr lang ist die Garzeit bei Breigerichten, während für Fleisch, je nach Art der Zubereitung, zwischen 40 Minuten und deutlich über einer Stunde veranschlagt werden muß. "Muufo" wird in einem speziellen Ofen ("jiko muufo") gebacken. Wenngleich das Brot selbst nicht mehr als 15-20 Minuten braucht, benötigt man eine längere Zeit, um den Ofen vorzuheizen. Die Dauer bei "canjeero" hängt vor allem von der benötigten Menge ab. Jeder einzelne Pfannkuchen braucht nicht länger als ein paar Minuten.

Zusätzlich zu den Mahlzeiten wird in der Regel mehrmals am Tag Tee gekocht. Während der Ofen dafür vor acht bis zehn Jahren am Nachmittag häufig nochmals gesondert angeheizt wurde, sind offensichtlich viele Hausfrauen aufgrund der Preissteigerungen der letzten Jahre für Holz und Holzkohle dazu übergegangen, die vorhandene Glut einer früheren Mahlzeit zum Teekochen zu nutzen und den Tee in einer Thermoskanne warm zu halten.

Darüber hinaus wird Holz oder Holzkohle häufig benutzt, um Wasser zum Waschen, Putzen oder Spülen zu erwärmen. Unter Hinzugabe von Weihrauch, speziellen Duftstoffen oder bestimmten Holzarten, findet Holzkohle Verwendung bei religiösen Zeremonien, zur Parfümierung, oder um Insekten aus dem Haus fernzuhalten. Dafür wird in den meisten Fällen die nach Beendigung des Kochvorgangs verbleibende Glut verwendet. Der Verbrauch für diese Zwecke variiert zwar von Familie zu Familie, ist aber gegenüber dem Energiebedarf zum Kochen relativ gering.

Tab. 7: Die Anzahl der warmen Mahlzeiten pro Tag in Cabdul Casiis und Wardhiigleey während des Zeitraums der Verbrauchsmessungen

warme Mahlzeiten	insgesamt	Cabdul Casiis	Wardhiigleey
0	2	2	0
1	5	3	2
2	15	13	2
3	186	102	84
4	2	0	2
Tage insgesamt	210	120	90

Die 210 Meßtage setzen sich wie folgt zusammen:
je 30 Haushalte, 4 Tage in Cabdul Casiis, 3 Tage in Wardhiigleey.

Während der Verbrauchsmessungen von 1983 wurde auch die Anzahl der tatsächlich gekochten Mahlzeiten erhoben (Tab. 7). Dabei bestätigt sich, daß im Normalfall drei Mahlzeiten pro Tag gekocht werden. Ein grundsätzlich davon abweichendes Verhalten ist relativ selten. So wurde bei den 60 Haushalten in Cabdul Casiis und Wardhiigleey lediglich in zwei Haushalten normalerweise nur zweimal pro Tag und in einem Haushalt häufig viermal pro Tag gekocht. Durchaus üblich ist es dagegen, gelegentlich seltener zu kochen, zum Beispiel wegen eines Besuches bei Freunden oder Verwandten. Während des Erhebungszeitraums wurden z.B. nur in 45 Haushalten regelmäßig drei Mahlzeiten am Tag gekocht, während bei 12 Haushalten zwar normalerweise dreimal, aber an ein oder zwei Untersuchungstagen seltener gekocht wurde. Insgesamt wurden während des Zeitraums der Verbrauchsmessungen im Durchschnitt aller Haushalte in Cabdul Casiis und Wardhiigleey an etwa neun von zehn Tagen drei Mahlzeiten gekocht.

Zum Kochen werden in den meisten Fällen transportable Öfen benutzt, die Platz für einen Topf bieten. Am weitesten verbreitet ist ein Ofen aus einem meerschaumartigen Material (buurjiko), der speziell für den Gebrauch von Holzkohle bestimmt ist. Dagegen kann der Keramikofen (dhoobo) sowohl für Brennholz als auch Holzkohle gut genutzt werden. Vor allem bei besser gestellten Familien findet sich häufig ein stationärer Tischofen mit mehreren Topfstellen. Er ist ebenfalls für den Gebrauch von Holzkohle konzipiert. Sämtliche Haushalte verfügten zumindest über einen der drei genannten Öfen (Tab. 8). Eine offene Drei-Steine-Feuerstelle ist für den üblichen Kochbetrieb mit Holzkohle unbedeutend. Abgesehen von zwei Fällen in Wardhiigleey, wird sie lediglich ab und zu benutzt, wenn mit Holz gekocht wird. Die meisten Frauen gebrauchen - auch wenn sie über mehrere Öfen verfügen - normalerweise nur einen Ofen gleichzeitig. Lediglich drei Frauen in Cabdul Casiis und sieben in Wardhiigleey benutzen regelmäßig zwei, eine Frau in Wardhiigleey sogar drei Öfen.

Tab. 8: Vorhandene und normalerweise benutzte Öfen, 1983

Ofen	eigene Erhebung				Erhebung von VITA, nur vorhandene Öfen			ins-gesamt
	Cabdul Casiis		Wardhiigleey		Xamar Weyne	Hodan	Wadajir	
	vor-handen	normal benutzt	vor-handen	normal benutzt				
offenes Feuer	-	-	13	2	1	-	7	21
Keramik	4	3	5	5	23	1	4	37
Meerschaum	35	29	38	31	6	29	27	135
Tischofen	-	-	1	1	6	8	1	16
Kerosin	5	-	4	-	-	-	-	9
sonstige	2	1	3	-	1	4	-	10
insgesamt	46	33	64	39	37	42	39	228

Der Umgang mit dem Brennmaterial kann sehr verschieden sein. Nach eigenen Beobachtungen und einzelnen vertiefenden Gesprächen ist er in hohem Maße von der generellen oder momentanen Verfügbarkeit und den aktuellen Preisen der Brennmaterialien sowie den finanziellen Verhältnissen und Gewohnheiten der Verbraucher abhängig. Eine sehr oft praktizierte Einsparmöglichkeit liegt darin, alle sonstigen Verwendungen von Holz oder Holzkohle mit der Zubereitung der täglichen Mahlzeiten zu koppeln, um die vorhandene Glut möglichst optimal nutzen zu können und den Ofen nicht ein weiteres Mal anheizen zu müssen. Durchaus üblich ist es auch, die nicht mehr benötigte Glut zu ersticken und die verbleibende Holzkohle beim nächsten Kochvorgang erneut zu nutzen.

5.2.2 Benutzte Brennmaterialien, Einkaufs- und Konsumgewohnheiten

Wie bereits angedeutet, hat sich die Versorgungslage für Holzkohle in Mogadishu innerhalb der letzten Jahre grundlegend geändert. Einerseits ist zu erwarten, daß dies auch einen entsprechenden Wandel in den Einkaufs- und Konsumgewohnheiten nach sich zog. Und andererseits lassen sich an diesem Wandel möglicherweise auch interessante Details über die Veränderung der Versorgungslage ablesen.

1. Erhebung 1983

Das Jahr 1983 war das erste Jahr ohne einschneidende Holzkohleverknappung in den Regenzeiten. Das war von den befragten Haushalten jedoch noch nicht als grundlegende Veränderung realisiert worden, so daß die gegebenen Antworten in erster Linie der Situation mit saisonalen Versorgungsengpässen entsprachen, die bis dahin als normal gelten mußte.

Trotz der saisonalen Verknappung war Holzkohle 1983 in allen Untersuchungsgebieten das dominierende Brennmaterial. Keiner der 150 befragten Haushalte verzichtete völlig auf Holzkohle und von den 60 Haushalten in Cabdul Casiis und Wardhiigleey benutzten 59 Holzkohle im Normalfall und nur einer zusätzlich zu Brennholz. Dennoch war Holz als ergänzender Energieträger bis zu diesem Zeitpunkt durchaus von Bedeutung. Nur ein Viertel der Haushalte in Cabdul Casiis und Wardhiigleey gab an, überhaupt kein Holz zu benutzen, und weitere 20% griffen lediglich bei großen Festen auf Brennholz zurück, während über 30% Holz auch als Holzkohleersatz bei Knappheit oder wegen der Holzkohleverteuerung in der Regenzeit benutzten. Von den übrigen Haushalten griffen saisonunabhängig acht gelegentlich und fünf regelmäßig auf Brennholz zurück. Dabei war es durchaus üblich, Brennholz und Holzkohle gleichzeitig in einem Ofen zu benutzen, und zwar wurde der Holzkohle als Hauptbrennmaterial zumeist aus Kostengründen Brennholz beigegeben.

Insgesamt war die Verwendung von Brennholz in Wardhiigleey weiter verbreitet als in Cabdul Casiis. Während in Cabdul Casiis lediglich zwei der 30 Haushalte Holz mehr oder weniger regelmäßig in Regen- und Trockenzeit benutzten, griffen in Wardhiigley vier Haushalte normalerweise und weitere sieben Haushalte gelegentlich auf Brennholz zurück. Dies mag zum einen auf eine größere Zahl sehr armer Haushalte in Wardhiigleey zurückzuführen sein, ist aber sicher auch durch die unterschiedliche räumliche Lage beider Untersuchungsgebiete bedingt. Während der Standort in Wardhiigleey nur etwa 200 - 300 m von einem Markt mit Brennholz- und Holzkohleverkauf entfernt liegt, beträgt die Distanz vom Erhebungsgebiet in Cabdul Casiis zum nächsten Markt mit einem geringfügigen Brennholzangebot etwa 1,5 km. Alle Märkte mit einem umfangreicheren Brennholz- und Holzkohleverkauf sind sogar weiter als 2 km entfernt.

Während des Erhebungszeitraums selbst spielte der Verbrauch von Brennholz eine untergeordnete Rolle. Lediglich eine Familie in Cabdul Casiis und zwei in Wardhiigleey verbrauchten während der gesamten Meßtage größere Mengen (2 bis 5 kg), vier weitere in Wardhiigleey geringe Mengen (um 1 kg oder darunter) an Holz. Dies ist vor allem darauf zurückzuführen, daß es während der Deyr-Regenzeit (Oktober bis November) 1983 in Mogadishu keine Holzkohleverknappung gab.

Als wichtigstes Brennmaterial neben Holz und Holzkohle wurde Kerosin genannt. Es wurde in sieben Haushalten vor allem als Ersatz im Falle von Holzkohleknappheit benutzt. Dagegen griffen nur zwei Haushalte gelegentlich auf Elektrizität als Substitut für Holzkohle zurück. Gas (LPG) wurde von keinem der Haushalte benutzt und kommt auch als saisonales Substitut für Holzkohle nicht in Frage, weil die erforderlichen Einrichtungen zu teuer sind. Das Gas selbst ist dagegen nicht teurer als Holzkohle auch und wird von einer kleinen Zahl wohlhabender Haushalte ganzjährig zum Kochen benutzt.

Trotz der teilweise unzureichenden Versorgung wurde Holzkohle grundsätzlich von allen Haushalten gegenüber Brennholz bevorzugt. Als Gründe für die Nutzung von Brennholz wurden lediglich angegeben, daß Holzkohle zu teuer oder nicht verfügbar sei. Hauptgrund für den Gebrauch von Holzkohle ist die - gegenüber Brennholz - fast fehlende Rauchentwicklung. Darüber hinaus wird Holz in der Regel zu heiß, ist deshalb beim Kochen schwerer kontrollier- und regulierbar, benötigt mehr Platz und erzeugt mehr Asche. Außerdem sind die benutzten platzsparenden Öfen für den Gebrauch von Holzkohle konstruiert und für Brennholz nicht oder nur ungenügend geeignet. Mitunter wurde auch angegeben, daß die Nahrung beim Gebrauch von Holzkohle schmackhafter sei, was vor allem auf die störende Rauchentwicklung, und die zu große Hitze bei Holz zurückgeführt wird.

2. Erhebung 1985

Aufgrund dieser Präferenzen für Holzkohle ist es nicht verwunderlich, daß die Nutzung von Brennholz bis 1985 noch stärker zugunsten von Holzkohle zurückgegangen war. Lediglich drei von 299 Haushalten gaben an, ganzjährig keine Holzkohle zu nutzen. Weitere 11 Haushalte griffen nur in einer Saison auf Holzkohle zurück, während etwa 90% täglich mit Holzkohle kochten. Das mag auf den ersten Blick noch nicht als wesentlicher Unterschied gegenüber 1983 erscheinen. Es muß jedoch berücksichtigt werden, daß hier - im Gegensatz zu 1983 - auch Wohnviertel der untersten Bevölkerungsschichten enthalten sind, in denen Brennholz eine größere Bedeutung hatte.

Auch die Nutzung von Kerosin war 1985 wesentlich geringer als im Jahr 1983. Das ist zum einen auf die ausreichende Verfügbarkeit von Holzkohle zurückzuführen: Kerosin wurde bis 1983 hauptsächlich als Substitut bei Holzkohleknappheit verwendet. Zum anderen macht sich die seit Frühjahr 1985 herrschende Ölknappheit bemerkbar. Kerosin ist in Mengen, die zum regelmäßigen Kochen ausreichen, nur schwer erhältlich, so daß auch die wenigen Haushalte, die zuvor von Holzkohle auf Kerosin als Hauptbrennstoff umgestiegen waren, den größten Teil des Jahres wieder mit Holzkohle kochen.

Berücksichtigt man die Nutzungstage der verschiedenen Energieträger, so wird - umgerechnet auf alle Haushalte - an knapp 94% aller Tage mit Holzkohle gekocht,

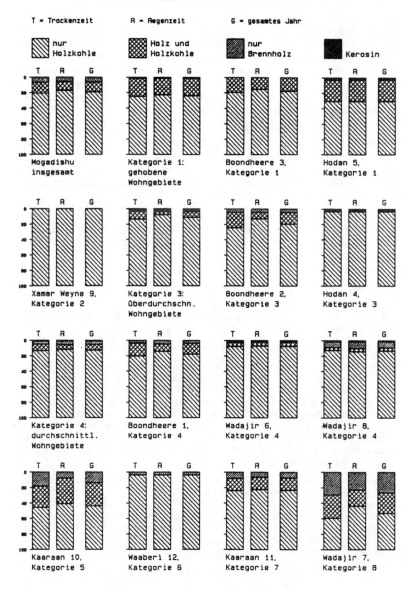

Abb.10: Die Nutzungstage für Brennholz, Holzkohle und Kerosin im
Jahresdurchschnitt aller befragten Haushalte, differenziert
nach Untersuchungsgebieten, 1985, Anteile in %

T = Trockenzeit   R = Regenzeit   G = gesamtes Jahr

nur Holzkohle   Holz und Holzkohle   nur Brennholz   Kerosin

Mogadishu insgesamt

Kategorie 1: gehobene Wohngebiete

Boondheere 3, Kategorie 1

Hodan 5, Kategorie 1

Xamar Weyne 9, Kategorie 2

Kategorie 3: Oberdurchschn. Wohngebiete

Boondheere 2, Kategorie 3

Hodan 4, Kategorie 3

Kategorie 4: durchschnittl. Wohngebiete

Boondheere 1, Kategorie 4

Wadajir 6, Kategorie 4

Wadajir 8, Kategorie 4

Kaaraan 10, Kategorie 5

Waaberi 12, Kategorie 6

Kaaraan 11, Kategorie 7

Wadajir 7, Kategorie 8

und zwar an etwa 81% aller Tage nur mit Holzkohle und an weiteren 13% mit Holz und Holzkohle. Erwartungsgemäß treten dabei beträchtliche Unterschiede zwischen den einzelnen Erhebungsgebieten auf (vgl. Abb. 10).

In den Wohnvierteln mit überdurchschnittlichem Einkommen wird kaum auf Brennholz als Substitut für Holzkohle zurückgegriffen. Der Brennholzverbrauch ist hier fast ausschließlich auf die Nutzung des Jiko Muufo zurückzuführen. Das gilt in etwas abgeschwächter Form auch für die Wohngebiete mit durchschnittlichem Einkommen und für Waaberi, wo nur ein Haushalt ständig mit Brennholz kocht, während alle anderen ausschließlich Holzkohle benutzen. Ausnahmen bilden lediglich die Standorte Boondheere 1 und 2, in denen - zumeist in der Trockenzeit - einige Haushalte der Holzkohle aus Kostengründen etwas Brennholz beimischen.

Deutlich anders ist die Situation in den drei übrigen Gebieten. In Kaaraan 11, der früheren Squattersiedlung, wird zwar im Durchschnitt aller Haushalte an mehr als 75% der Tage ausschließlich mit Holzkohle gekocht, allerdings sind hier fünf Haushalte gezwungen, aus finanziellen Gründen gelegentlich auf Brennholz auszuweichen, und drei weitere mischen der Holzkohle - ebenfalls aus Kostengründen - regelmäßig Brennholz bei.

Die starke Holznutzung in Kaaraan 10 ist zum Teil auf eine sehr umfangreiche Benutzung des Jiko Muufo zurückzuführen. Sie wird aber auch durch eine große Zahl von Haushalten bedingt, die vor allem in der Trockenzeit zum normalen Kochen auf Holz ausweichen. Mehr als zwei Drittel der befragten Haushalte in diesem Gebiet benutzen Brennholz zumindest gelegentlich in der einen oder anderen Form.

Erwartungsgemäß ist die Nutzung von Brennholz am Stadtrand (Wadajir 7) am weitesten verbreitet. Nur zwei der 23 Haushalte kochen ausschließlich mit Holzkohle, während zwei Haushalte ganzjährig und vier weitere zumindest in einer Saison nur mit Holz auskommen müssen.

Diese Beobachtungen lassen sich folgendermaßen verallgemeinern:

1. Die Nutzung von Brennholz weist - abgesehen vom Verbrauch für den Jiko Muufo - erhebliche saisonale Schwankungen auf. Allerdings hat sich die Situation gegenüber 1983 umgekehrt. Seit Brennholz als Substitut bei Holzkohleverknappung bedeutungslos geworden ist, wird es nach Angaben der Interviewten hauptsächlich aus Kostengründen genutzt, und zwar verstärkt in der Trockenzeit. Viele Haushalte kochen in der Trockenzeit im Freien und ziehen sich in der Regenzeit gerne ins Haus zurück. Brennholz wird jedoch aufgrund seiner starken Rauchentwicklung fast nur im Freien verwendet. Es kommt daher in der Regenzeit erheblich seltener zur Anwendung.

2. Beim Backen von Brot im Jiko Muufo hat Brennholz unabhängig vom Einkommen eine große Bedeutung. Knapp über 10% der befragten Haushalte benutzen einen Jiko Muufo, und zwar zumeist regelmäßig und ohne saisonale Unterschiede. Zwar bestehen deutliche Differenzen zwischen einzelnen Untersuchungsgebieten; diese lassen sich jedoch nicht auf die Bebauungsstruktur oder die wirtschaftlichen Verhältnisse der Wohnbevölkerung zurückführen, sondern sind wohl eher durch kleinräumig unterschiedliche Ernährungsgewohnheiten bedingt.

3. Zum normalen Kochen wird Brennholz vor allem in den Erhebungsgebieten mit der ärmsten Wohnbevölkerung benutzt. Bei genauerer Analyse zeigt sich jedoch, daß die Konzentration auf die ärmeren Haushalte nicht so deutlich ist, wie ursprünglich angenommen. Zwar besteht für alle Untersuchungsgebiete gemeinsam ein geringer statistisch signifikanter Zusammenhang zwischen den täglichen Ausgaben und der Nutzung von Brennholz zum Kochen. Dieser Zusammenhang ist jedoch nicht mehr signifikant, wenn man die Berechnung für die Erhebungsgebiete der Kategorien 1-4 (durchschnittliche oder überdurchschnittliche tägliche Ausgaben) und der Kategorien 5-8 (unterdurchschnittliche Ausgaben) gesondert durchführt. Das deutet darauf hin, daß offensichtlich die Wohnsituation des einzelnen Haushalts für die Wahl des benutzten Brennmaterials erheblich wichtiger ist als die wirtschaftlichen Verhältnisse. Mit Ausnahme des Standorts in Waaberi - wo auch nur ein Haushalt auf Holz zurückgreift -, sind die Untersuchungsgebiete mit geringen täglichen Ausgaben durch eine lockere und vor allem 'luftigere' Bauweise gekennzeichnet, in der das Kochen mit Holz weniger störend ist als in dicht besiedelten Vierteln, in denen nicht selten auch die Innenhöfe überdacht sind. Möglicherweise spielen bei der Entscheidung, mit Holz oder Holzkohle zu kochen, aber auch das Beispiel und die Werthaltung der Nachbarn eine Rolle. In einer Umgebung, in der das Kochen mit Holz noch üblich ist, ist der einzelne Haushalt wohl eher geneigt, auf Brennholz zurückzugreifen, als in Wohngegenden, in denen die Nutzung von Holzkohle praktisch zur Norm erhoben wurde.

Einkaufsgewohnheiten

Anhand der Veränderungen in den Einkaufsgewohnheiten von 1983 bis 1985 läßt sich sehr gut ableiten, wie stark sich die Versorgung von Brennholz und Holzkohle in Mogadishu vereinheitlicht hat. Dabei wird vor allem am Beispiel der Untersuchungsgebiete in Wardhiigleey und Cabdul Casiis zu zeigen sein, daß die Einkaufsgewohnheiten im Jahr 1983 noch durch kleinräumige Unterschiede in der Versorgungssituation bestimmt wurden (Tab. 9), die in dieser Form für das Jahr 1985 nicht mehr nachgewiesen werden können.

In Cabdul Casiis befinden sich fünf genossenschaftliche Verkaufstellen in fußläufiger Entfernung vom Untersuchungsgebiet. Darüber hinaus sind lediglich einige Holzkohle-Kleinhändler auf einem nahe gelegenen kleinen Markt vorhanden. Der nächste größere Holzkohlemarkt mit sackweisem Verkauf in Shibis ist dagegen etwa 2 km entfernt. Somit bietet sich der Kauf kleiner und mittlerer Holzkohlemengen bei einem der genossenschaftlichen Händler an: 60% der Haushalte beziehen in der Trockenzeit Holzkohle für 1-3 Tage und nur 10% für 2 Wochen oder mehr.

Im Gegensatz dazu ist das Untersuchungsgebiet in Wardhiigleey relativ nahe an einem lokalen Markt gelegen, so daß sich für diese Haushalte der Kauf auf dem Markt als ebenso einfach erweist wie der Kauf bei einem der fußläufig erreichbaren genossenschaftlichen Händler. Daher greift hier auch in der Trockenzeit ein erheblich höherer Anteil der Haushalte auf die am Markt sackweise angebotene Holzkohle zurück: weniger als 40% kaufen Holzkohlemengen für 1-3 Tage und etwa die Hälfte für 14 Tage und mehr ein.

	insgesamt Anzahl in %		Cabdul Casiis Anzahl in %		Wardhiigleey Anzahl in %	
Trockenzeit						
1 Tag	16	26,7	9	30,0	7	23,3
2-3 Tage	13	21,7	9	30,0	4	13,3
3,5-13 Tage	13	21,7	9	30,0	4	13,3
14-20 Tage	14	23,3	1	3,3	13	43,3
21 u.m. Tage	4	6,7	2	6,7	2	6,7
Regenzeit						
1 Tag	9	15,0	1	3,3	8	26,7
2-3 Tage	5	8,3	4	13,3	1	3,3
3,5-13 Tage	10	16,7	6	20,0	3	13,3
14-20 Tage	20	33,3	6	20,0	14	46,7
21 u.m. Tage	16	26,7	13	43,3	3	10,0

Auch in der Regenzeit ist das Einkaufsverhalten hier relativ ähnlich. Haushalte, die ihre Holzkohle ohnehin sackweise beziehen, tun das natürlich auch in der Regenzeit. Dagegen besitzt der überwiegende Teil der ärmeren Haushalte nicht genügend Geld für einen ganzen Sack Holzkohle und kauft weiterhin bei den genossenschaftlichen Händlern oder Kleinhändlern. Im Falle einer Holzkohleverknappung bei den genossenschaftlichen Händlern bleibt diesen Haushalten nur die Möglichkeit, auf die teurere Holzkohle der Kleinhändler zurückzugreifen bzw. ganz oder teilweise auf das billigere Brennholz umzusteigen.

Völlig anders stellt sich die Situation in Cabdul Casiis dar. Aufgrund der zu erwartenden Holzkohleverknappung, von der in erster Linie die genossenschaftlichen Händler betroffen sind, steigt hier ein Großteil der Haushalte auf große Kaufmengen um, was im Gegensatz zu Wardhiigleey den meisten Haushalten finanziell auch möglich ist. 80% der befragten Haushalte in Cabdul Casiis gaben an, zumindest während eines Teils der Regenzeit Holzkohlemengen für mehr als drei Tage und 60% sogar für mindestens 14 Tage zu kaufen. Während sich in Wardhiigleey nur 20% der Haushalte mit einem Holzkohlevorrat versorgen, betreibt hier über ein Drittel aller Haushalte eine Vorratshaltung, um die bevorstehenden Engpässe während der Regenzeiten überbrücken zu können. In der Regel wird dafür ein, teilweise auch ein zweiter Sack Holzkohle gekauft und als Reserve gelagert. Die aktuelle Versorgung läuft dann z.T. wie in der Trockenzeit weiter, solange bei den genossenschaftlichen Händlern noch Holzkohle erhältlich ist.

In beiden Untersuchungsgebieten tätigen - von der Vorratshaltung für die Regenzeit abgesehen - etwa zwei Drittel der Haushalte erst dann einen Neukauf, wenn die gesamte vorrätige Holzkohle aufgebraucht ist.[38]

---

38)   Dieser Aspekt wurde bei der Vorbereitung der Untersuchung entsprechend berücksichtigt und kann als Bestätigung für die Notwendigkeit angesehen werden, durch eine finanzielle Unterstützung der Haushalte sicherzustellen, daß sie genügend Brennmaterial für die Durchführung der Verbrauchsmessungen vorrätig haben.

Tab. 10: Die Nutzungsdauer eines einzelnen Holzkohlekaufs in Tagen, nach
Untersuchungsgebieten und Gebietskategorien, 1985

Gebiete (absolute Werte) Kategorien (Prozentwerte)	Trockenzeit				Regenzeit			
	0,5-1 Tag	1,2-3 Tage	4-13,5 Tage	14-60 Tage	0,5-1 Tag	1,2-3 Tage	4-13,5 Tage	14-60 Tage
Boondheere 3	9	6	5	6	5	3	10	8
Hodan 5	12	5	7	1	3	6	15	1
Kategorie 1	41,2	21,6	23,5	13,7	15,7	17,6	49,0	17,6
Xamar Weyne,	11	11	1	2	11	10	2	2
Kategorie 2	44,0	44,0	4,0	8,0	44,0	40,0	8,0	8,0
Boondheere 2	20	3	1	1	19	3		3
Hodan 4	19	5	1	3	17	5	1	5
Kategorie 3	73,6	15,1	3,8	7,5	67,9	15,1	1,9	15,1
Boondheere 1	5	6	4	6	3	6	4	7
Wadajir 6	11	8	2	4	10	9	2	4
Wadajir 8	19	4	1		17	5	1	1
Kategorie 4	50,0	25,7	10,0	14,3	43,5	29,0	10,1	17,4
Kaaraan 10	8	13		2	9	13	1	2
Waaberi 12	9	15		1	9	15		1
Kaaraan 11	9	10		5	9	10		5
Wadajir 7	6	7	4	3	6	5	4	3
Kateg. 5 - 8	34,4	37,6	4,3	11,8	35,9	35,9	5,4	12,0
Insgesamt	138	93	26	34	118	90	40	42
	47,4	32,0	8,9	11,7	40,7	31,0	13,8	14,5

Die gegenüber 1983 stark veränderte Versorgungslage im Jahr 1985 schlägt sich auch in den Einkaufsgewohnheiten nieder (Tab. 10). Aufgrund ihres ausreichenden Angebotes und ihrer guten Erreichbarkeit in allen Teilen der Stadt spielen die genossenschaftlichen Holzkohleverkaufsstellen die dominierende Rolle bei der Versorgung der Bevölkerung. Auf sie greifen etwa 90% der Haushalte in Regen- und Trockenzeit gleichermaßen zurück und kaufen dabei überwiegend kleinere Mengen mit einer Nutzungsdauer bis zu drei Tagen kaufen. Auf halbe Säcke, die zumeist für ein bis zwei Wochen ausreichen, wird dagegen in erheblich geringerem Maße zurückgegriffen.

In der Regenzeit findet zwar ebenfalls eine Verlagerung hin zu größeren Kaufmengen statt; sie ist aber erheblich schwächer ausgeprägt als 1983 und kann wohl zum Teil auf die überkommenen Einkaufsgewohnheiten früherer Jahre zurückgeführt werden. So gaben z.B. einige Haushalte an, sie würden in dem Glauben, die Holzkohlepreise seien in der Regenzeit höher, auf den Kauf von Säcken ausweichen. Tatsächlich

---

Obwohl VITA bei ihren Messungen den Haushalten keine Holzkohle zur Verfügung stellte, wurde von keinerlei Problemen bei der Durchführung der Messungen berichtet, ein Aspekt der hinsichtlich der Verläßlichkeit dieser Messungen skeptisch machen muß.

konnten jedoch nach offiziellen Angaben des Planungsministeriums[39] und nach eigenen Informationen seit Ende 1984 keine nennenswerten Preisschwankungen mehr festgestellt werden.

Gegenüber 1983 haben sich die Einkaufsgewohnheiten zwischen einzelnen Befragungsgebieten weitgehend angeglichen. Lediglich in den einkommensstärkeren Teilräumen werden vor allem in der Regenzeit häufig größere Mengen Holzkohle auf einmal gekauft. Und in dem Stadtrandgebiet Wadajir 7 versorgt sich ein Teil der Bevölkerung über Kamelladungen sackweise mit Holzkohle, die in kleineren Mengen in der Umgebung von Mogadishu hergestellt wird und über diese Form der Direktvermarktung etwas billiger zu bekommen ist. Im Gegensatz zu 1983 hat die Distanz zu einem Markt mit umfassendem Holzkohleangebot allerdings keine meßbaren Auswirkungen auf das Einkaufsverhalten der Haushalte - ein weiterer Hinweis für die dominierende Stellung der genossenschaftlichen Holzkohleverkaufsstellen im Jahr 1985.

Die Einheitlichkeit der Einkaufsgewohnheiten kann zwar auch als Indiz dafür angesehen werden, daß durch die genossenschaftlichen Verkaufsstellen in der gesamten Stadt zumindest eine mengenmäßig ausreichende Versorgung gewährleistet ist. Damit ist aber noch nicht sichergestellt, daß diese Versorgung auch allen Gruppen der Bevölkerung gerecht wird. Ein Hinweis auf mögliche Versorgungsprobleme für die ärmsten Familien läßt sich aus der folgenden Tabelle entnehmen.

Tab. 11: Die Nutzungsdauer eines einzelnen Holzkohlekaufs in Tagen, differenziert nach den durchschnittlichen täglichen Ausgaben der Haushalte, 1985

tägliche Ausgaben		Trockenzeit				Regenzeit			
		0,5-1 Tag	1,2-3 Tage	4-13,5 Tage	14-60 Tage	0,5-1 Tag	1,2-3 Tage	4-13,5 Tage	14-60 Tage
bis 75 sh	abs.	9	13	1	1	8	10	3	2
76 - 125 sh	abs.	25	27	4	3	26	26	5	3
bis 125 sh	in %	41,0	48,2	6,0	4,8	41,0	43,4	9,6	6,0
126-175 sh	abs.	17	9	3	3	17	10	1	3
176-225 sh	abs.	32	18	3	5	25	18	9	6
126-225 sh	in %	54,4	30,0	6,7	8,9	47,2	31,5	11,2	10,1
226-275 sh	abs.	11	5	4	2	9	6	3	4
276-325 sh	abs.	19	6	4	7	13	5	8	10
über 325 sh	abs.	20	8	7	9	14	8	12	10
über 225 sh	in %	49,0	18,6	14,7	15,7	35,3	18,6	22,5	23,5
insgesamt	absolut	133	86	26	30	112	83	41	38
	in %	48,4	31,3	9,5	10,9	40,9	30,3	15,0	13,9

Die geringeren absoluten Häufigkeiten gegenüber Tab. 10 sind auf fehlende Angaben bei den täglichen Ausgaben zurückzuführen.

---

39) Nach den monatlich erhobenen Daten zum Mogadishu Consumer Price Index liegen die Holzkohlepreise seit Okt. 1984 konstant bei 10 sh pro kg.

Erwartungsgemäß kaufen die Haushalte umso häufiger Mengen für einen längeren Zeitraum (4 Tage oder mehr) ein, je reicher sie sind. Daher scheint es unverständlich, daß gerade bei den ärmsten Haushalten, die aufgrund ihrer finanziellen Möglichkeiten am stärksten darauf bedacht sind, möglichst geringe Mengen an Holzkohle auf einmal zu kaufen, ein höherer Anteil Holzkohle für zwei bis drei Tage kauft als als bei Haushalten mit mittleren täglichen Ausgaben. Dies beruht jedoch nicht auf einer eigenen Entscheidung, sondern wird ihnen von den genossenschaftlichen Händlern aufgezwungen. Entgegen offizieller Vorschriften, nach denen die Händler verpflichtet sind, jede gewünschte Menge Holzkohle zum gleichen Preis zu verkaufen, benutzen sie als kleinste Maßeinheit ein Körbchen, das etwa 2 kg Holzkohle faßt und zum Untersuchungszeitpunkt 1985 für 20 sh verkauft wurde. Kleinere Mengen werden nicht oder höchstens in Form minderwertiger Holzkohle zu überhöhten Preisen abgegeben.

Diese Praxis kann gerade für die ärmsten Haushalte zu einer kaum tragbaren finanziellen Belastung führen. Ja, einige Familien mit unregelmäßigen Einkünften, z.B. aus Kleinhandel oder Hausarbeit, sind überhaupt nicht in der Lage, 20 sh auf einmal zum Holzkohlekauf aufzubringen. Sie sind somit gezwungen, entweder auf Brennholz auszuweichen, oder die Holzkohle auf dem Markt zu kaufen, wo sie - bezogen auf die Menge - zwar teurer ist, aber in kleinen Portionen ab 5 sh angeboten wird. So kommt es durchaus vor, daß eine arme Familie, die ihre Holzkohle in Etappen auf dem Markt kaufen muß, dafür nicht weniger als 20 sh am Tag ausgibt, aber weniger Holzkohle bekommt, als wenn sie in der Lage wäre, einmal pro Tag für 20 sh bei einem genossenschaftlichen Händler zu kaufen. So betrachtet, gibt der hohe Prozentsatz armer Familien, die Holzkohle für 2-3 Tage einkaufen, auch Aufschluß über fehlende Alternativen für die Holzkohleversorgung dieser Einkommensschichten.

Die Mindestkaufmenge für Holzkohle kann in gewissen Grenzen auch den tatsächlichen Verbrauch einer Familie beeinflussen. So gab z.B. mehr als ein Drittel der Interviewten an, täglich Holzkohle für 20 sh zu kaufen, und bestätigte auch bei genauerem Nachfragen, daß sie damit grundsätzlich drei Mahlzeiten auskommen. Häufig bemerkten sie sinngemäß: "Die Holzkohle reicht für drei Mahlzeiten aus. Wenn ich merke, daß sie zu knapp wird, gehe ich etwas sparsamer damit um. Wenn noch genügend vorhanden ist, benutze ich sie großzügiger." Selbst wenn die gegebenen Antworten in Ausnahmefällen nicht exakt waren,[40] so haben viele Frauen offensichtlich von vornherein einen bestimmten Betrag pro Tag für Holzkohle einkalkuliert und sehen keine Veranlassung, davon abzuweichen.

---

40) 20 sh pro Tag war die Standardantwort, die fast in jedem zweiten Fall gegeben und bei genauerem Nachfragen häufig verbessert wurde.

5.2.3 Verbrauchsmengen an Brennholz und Holzkohle

1. Holzkohleverbrauch 1983

Der durch Wiegen bestimmte Verbrauch an Holzkohle betrug 1983 durchschnittlich 2,1 kg pro Tag und Haushalt in Cabdul Casiis sowie 2,4 kg in Wardhiigleey.[41] Vergleicht man die gemessenen Verbrauchswerte mit den Angaben zur Häufigkeit des Holzkohlekaufs und den Ausgaben für Holzkohle, so stimmt - zumindest auf der Ebene der Erhebungsgebiete - der gemessene Verbrauch recht gut mit dem erfragten überein (vgl. Tab. 12).

Tab. 12: Der Durchschnittsverbrauch (gewogen) und die durchschnittlichen Ausgaben für Holzkohle pro Tag, 1983

	Verbrauch in kg	Ausgaben in sh	
		Trockenzeit	Regenzeit
Cabdul Casiis	2,1	7,3	7,5
Wardhiigleey	2,4	7,5	10,0

Legt man den während des Untersuchungszeitraums gültigen Durchschnittspreis von 3,5 sh pro kg zugrunde, so ergeben sich für den gemessenen Verbrauch in Cabdul Casiis tägliche Holzkohleausgaben von 7,4 sh. Das entspricht fast genau den im Interview genannten durchschnittlichen Ausgaben für Holzkohle zwischen 7,3 und 7,5 sh. Auch in Wardhiigleey ergibt sich mit 8,4 sh ein Durchschnittswert für die Holzkohleausgaben anhand des gemessenen Verbrauchs, der angesichts der konkreten Versorgungssituation zum Erhebungszeitpunkt durchaus plausibel ist.[42] Da außerdem keine Anzeichen für eine systematische Verzerrung der gegebenen Antworten beobachtet wurden, läßt sich der Verbrauch auch mit einer Befragung hinreichend genau ermitteln, sofern es gelingt, parallel dazu die Brennholz- und Holzkohlepreise zu bestimmen. Damit läßt sich bei gleichem Zeitaufwand eine erheblich größere Zahl von Haushalten erfassen.

Trotz der verschieden hohen Holzkohlepreise in Trocken- und Regenzeit sind die getätigten Ausgaben für Holzkohle in Cabdul Casiis fast konstant. Das ist vor allem

---

41) Zur Verbrauchsmessung siehe Kap. 4.1.2.
   Im Gegensatz zur eigenen Untersuchung liegen die von VITA ermittelten Werte zwischen 4,7 kg in Wadajir und 5,6 kg in Hodan. Diese Werte sind unerklärlich hoch und stimmen auch mit den übrigen Untersuchungsergebnissen von VITA nicht überein. Daher werden bei den weiteren Auswertungen zum Verbrauch lediglich die eigenen Untersuchungen in Cabdul Casiis und Wardhiigleey herangezogen.
42) Einerseits liegt der Wert damit höher als die Ausgaben, die für die letzte Trockenzeit vor der Befragung genannt wurden, was angesichts der Preiserhöhungen für Holzkohle von August/September 1983 bis November 1983 auch erwartet werden konnte. Andererseits bleibt er deutlich unter den Angaben, die für die aktuelle Regenzeit während des Befragungszeitraums gemacht wurden. Das ist wohl zum größten Teil darauf zurückzuführen, daß von etlichen Befragten offensichtlich die für die Regenzeit erwartete, aber bis zum Erhebungszeitpunkt nicht eingetretene, Preiserhöhung vorweggenommen wurde.

auf die saisonal unterschiedlich sparsame Verwendung von Holzkohle zurückzuführen. In der Trockenzeit ist Holzkohle in ausreichenden Mengen vorhanden. Der Umgang erfolgt nicht übermäßig sparsam. Die meisten Haushalte lassen die Holzkohle nach Beendigung des Kochvorgangs einfach niederbrennen oder nutzen sie noch für andere Zwecke, z.B. um Insekten aus dem Haus fernzuhalten oder Wasser zum Putzen oder Waschen zu erhitzen. In der Regenzeit wird dagegen bei allen Haushalten in Cabdul Casiis mit der knappen Holzkohle sehr sparsam umgegangen. Die nicht mehr benötigte Glut wird teils durch einen auf den Ofen gelegten Deckel und teils durch Sand oder Erde erstickt, damit die verbliebene Holzkohle beim nächsten Kochvorgang erneut genutzt werden kann.

Solche Unterschiede zwischen Trocken- und Regenzeit konnten in Wardhiigleey nicht festgestellt werden. Nur zwei der 30 Haushalte gaben an, in der Regenzeit ökonomischer mit Holzkohle umzugehen.

Das gibt Anlaß zu der Vermutung, daß es gebietsspezifische Unterschiede in der Handhabung und im Verbrauch von Holzkohle gibt. Möglicherweise wirken sich hier Demonstrationseffekte in der Nachbarschaft so aus, daß die Handhabung von Holzkohle innerhalb eines Gebietes relativ gleichartig ist und sich in anderen, von der demographischen Zusammensetzung und den wirtschaftlichen Verhältnissen her vergleichbaren Stadtvierteln andere Verhaltensweisen durchgesetzt haben. Berücksichtigt man die Versorgungsmöglichkeiten in der Regenzeit, die mit der Lage beider Gebiete zusammenhängen, dann lassen sich die Unterschiede aber auch anders interpretieren: Die Haushalte sind durchaus in der Lage, sparsamer mit Holzkohle umzugehen, tun dies aber nur dann, wenn sie durch Verknappung, unvertretbar hohe Preise oder einen erhöhten Zeitaufwand bei der Beschaffung (lange Wege zur nächsten Verkaufsstelle bei kleinräumiger Knappheit) dazu gezwungen sind.

2. Holzkohleverbrauch 1985

Die Ergebnisse für 1985 (Tab. 13) untermauern, daß der tägliche Holzkohleverbrauch in einer Größenordnung von etwa 2 kg liegt. Deutlich zeigt sich auch die erwartete Tendenz, daß der Verbrauch in den einkommensstarken Gebieten mit durchschnittlich größeren Haushalten erheblich höher ist als in den ärmeren Vierteln mit kleinen Haushalten. Etwas aus dem Rahmen fallen lediglich der geringe Wert für Xamar Weyne und der hohe Verbrauch in Waaberi. Dies kann durchaus zufallsbedingt sein, denn der geschätzte Verbrauch für die jeweilige Grundgesamtheit liegt - bei einer Irrtumswahrscheinlichkeit von 5% - in Xamar Weyne zwischen 1,4 und 2,0 kg und in Waaberi zwischen 1,6 und 2,6 kg pro Tag und Haushalt.[43] Ebenfalls relativ hoch, aber noch im erwarteten Rahmen, ist der Verbrauch in Kaaraan 10.

Wie nach den vorangegangenen Ausführungen zu vermuten ist, sind die saisonalen Unterschiede im Verbrauch gering. Lediglich in Boondheere 1, Hodan 5 und mit Abstrichen in Wadajir 7 wurde für die Regenzeit ein merklich höherer Verbrauch als

---

43) Der geringe Verbrauch in Xamar Weyne könnte aber auch darauf hinmdeuten, daß die Bevölkerungsstruktur in dem ausgewählten Gebiet nicht ganz typisch für den gesamten Distrikt ist. Vgl. hierzu auch die Ausführungen zur Haushaltsgröße in Kap. 5.1.

für die Trockenzeit ermittelt. Das ist in den beiden erstgenannten Gebieten tatsächlich auf einen höheren Verbrauch in der Regenzeit zurückzuführen, während in Wadajir 7 einige Haushalte, die in der Regenzeit nur mit Holzkohle kochen, in der Trockenzeit aus Kostengründen gleichzeitig Holz und Holzkohle benutzen, so daß hier der gesamte Energieverbrauch über das Jahr hinweg konstant ist.

Tab. 13: Haushaltsgrößen, tägliche Durchschnittsausgaben und Holzkohleverbrauch nach Untersuchungsgebieten und Gebietskategorien, 1985

Gebiete/ Kategorien	Haushalts- größe	tägliche Ausgaben in sh	tägl. Holzkohleverbrauch in kg		
			Durchschnitt bei tatsächlicher Nutzung		Jahres- durchschn. aller Haushalte
			Trockenzeit	Regenzeit	
Boondheere 3	8,3	301	3,2	2,9	3,1
Hodan 5	7,3	290	2,4	3,1	2,6
Kategorie 1	7,8	296	2,8	3,0	2,8
Xamar Weyne, Kat.2	5,6	271	1,7	1,7	1,7
Boondheere 2	7,2	253	2,4	2,5	2,3
Hodan 4	6,1	246	2,5	2,4	2,3
Kategorie 3	6,6	250	2,4	2,4	2,3
Boondheere 1	7,0	238	1,8	2,1	1,9
Wadajir 6	5,6	213	1,7	1,7	1,7
Wadajir 8	5,2	213	2,1	2,1	1,9
Kategorie 4	5,9	221	1,9	2,0	1,8
Kaaraan 10, Kat.5	5,7	174	2,0	2,0	1,7
Waaberi 12, Kat.6	4,9	146	2,1	2,1	2,0
Kaaraan 11, Kat.7	4,4	131	1,7	1,7	1,5
Wadajir 7, Kat.8	6,7	117	1,5	1,6	1,1
Kategorien 5 - 8	5,4	142	1,8	1,9	1,6
Insgesamt	6,2	216	2,1	2,2	2,0

3. Brennholzverbrauch 1985

Der durchschnittliche tägliche Brennholzverbrauch liegt - bezogen auf die tatsächlichen Nutzungstage - bei etwa 2,8 kg (Tab. 14). Das sind trotz des fast um die Hälfte geringeren Brennwertes gewichtsmäßig nur 30% mehr als für Holzkohle. Dies ist jedoch nicht auf die Art der Holznutzung zurückzuführen, denn der Verbrauch zum Backen von Muufo, der ausschließlich zusätzlich zur Holzkohlenutzung erfolgt, ist im Jahresdurchschnitt fast genauso hoch wie die Holzmengen, die zum normalen Kochen benötigt werden. Es konnten auch keine signifikanten Verbrauchsunterschiede zwischen den Haushalten, die Holz ergänzend zu Holzkohle benutzen, und denen, die als Ersatz für Holzkohle auf Brennholz zurückgreifen, festgestellt werden. Die geringen Verbrauchswerte werden jedoch verständlich, wenn man berücksichtigt, daß Brennholz überwiegend in Wohngebieten am Stadtrand mit einem hohen Anteil armer Haushalte benutzt wird. In Wadajir 7, dem Gebiet mit der größten Holznutzung, ist der tägliche Holzverbrauch beispielsweise fast doppelt so hoch wie der durchschnittliche Holzkohleverbrauch - jeweils bezogen auf die tatsächlichen Nutzungstage.

Tab. 14: Durchschnittlicher Brennholzverbrauch in kg, 1985 (in Klammern: Zahl der Haushalte)

	Trockenzeit 215 Tage	Regenzeit 150 Tage	gesamtes Jahr
1. Gesamtverbrauch			
pro Verbrauchstag	2,77 (83)	2,90 (64)	2,83 (84)
Zahl der Verbrauchstage	161	123	253
Durchschnitt aller Tage	2,08	2,38	1,95
bezogen auf alle Haushalte	0,58	0,51	0,55
2. Jiko Muufo			
pro Verbrauchstag	2,80 (31)	2,68 (31)	2,74 (31)
Zahl der Verbrauchstage	185	130	315
Durchschnitt aller Tage	2,41	2,32	2,37
3. normales Kochen			
pro Verbrauchstag	2,76 (52)	3,11 (33)	2,90 (53)
Zahl der Verbrauchstage	146	118	217
Durchschnitt aller Tage	1,88	2,44	1,72
davon zusätzlich zu Holzkohle*			
pro Verbrauchstag	2,71 (18)	3,86 (10)	
Zahl der Verbrauchstage	190	135	
Durchschnitt aller Tage	2,39	3,47	
davon als Substitut für Holzkohle*			
pro Verbrauchstag	2,78 (34)	2,79 (23)	
Zahl der Verbrauchstage	124	107	
Durchschnitt aller Tage	1,60	2,00	

* Die Jahresdurchschnittswerte sagen hier nicht viel aus, da ein Teil der Haushalte in einer Jahreszeit Brennholz zusätzlich zu Holzkohle und in der anderen Jahreszeit als Substitut für Holzkohle benutzte.

Wie sich an der Nutzungshäufigkeit von Holz ablesen läßt, handelt es sich bei der Verwendung zum Backen von Muufo und beim Gebrauch von Brennholz zusätzlich zu Holzkohle um sehr regelmäßige Nutzungsarten. Im Gegensatz dazu wird auf Holz als vollständiges Substitut für Holzkohle von zahlreichen Haushalten eher sporadisch zurückgegriffen.

Der Brennholz- und Holzkohleverbrauch bei größeren Familienfesten wurde nur für 202 der 299 Haushalte erfaßt,[44] von denen 106 in der Regel ein- bis zweimal pro Jahr

---

44) Da der Holzverbrauch für Familienfeste während der Erhebung 1983 fast ausnahmslos ohne Zusatzfrage genannt wurde, wurde zu Beginn der Erhebung 1985 nicht gesondert nach dem Verbrauch für Familienfeste gefragt. Die sehr sporadischen Angaben hierzu in den ersten vier Untersuchungsgebieten waren jedoch Veranlassung, diese Frage in den übrigen acht Gebieten gesondert zu stellen.

ein Festessen veranstalten. Dabei wird überwiegend Brennholz verbraucht. Lediglich in neun Fällen wurden durchschnittlich 86 kg Holzkohle pro Jahr verbraucht. Dies ist nicht mehr als ein Prozent des gesamten Holzkohleverbrauchs und wird deswegen nicht gesondert behandelt. Sehr bedeutend ist dagegen der Brennholzverbrauch für Feste. Auf alle Haushalte umgerechnet, ergibt sich ein durchschnittlicher Jahresverbrauch von 72 kg. Erstaunlicherweise konnte hierfür jedoch weder gebiets- noch einkommensspezifisch ein statistisch signifikanter Zusammenhang festgestellt werden.

Der gesamte tägliche Verbrauch an Brennholz beläuft sich auf etwa 0,75 kg pro Haushalt. Das ist ungefähr ein Drittel des Holzkohleverbrauchs. Davon entfallen durchschnittlich 0,25 kg auf das Backen von Muufo, 0,3 kg auf normales Kochen und 0,2 kg auf größere Familienfeste. Auf eine weitergehende Interpretation soll an dieser Stelle verzichtet werden, da sich alle bisher genannten Werte nur auf die befragten Haushalte selbst beziehen.

5.2.4 Einflußfaktoren auf den Verbrauch

Wie stark werden nun die Verbrauchsmengen an Brennholz und Holzkohle durch die Haushaltsgröße und die täglichen Ausgaben bestimmt? Gesicherte Zusammenhänge lassen sich nur für den Holzkohleverbrauch bestimmen, während der Brennholzverbrauch zu viele Besonderheiten aufweist und bezüglich der Art der Nutzung zu heterogen ist. Um sicherzugehen, daß es sich dabei um durchgängige Zusammenhänge handelt und nicht durch gebietsspezifische Besonderheiten Zusammenhänge vorgetäuscht werden, die in dieser Höhe für sämtliche Untersuchungsgebiete überhaupt nicht vorhanden sind, wurden die gleichen Berechnungen auch gesondert für Standorte mit überdurchschnittlichen, durchschnittlichen und unterdurchschnittlichen täglichen Ausgaben durchgeführt (Tab. 15). Dabei zeigen sich keine wesentlichen Unterschiede, so daß die errechneten Werte tatsächlich die genannten Zusammenhänge ausdrücken.

Erwartungsgemäß läßt sich ein deutlicher positiver Zusammenhang sowohl zwischen den täglichen Ausgaben und dem Holzkohleverbrauch, als auch der Haushaltsgröße und dem Verbrauch feststellen. Läßt man die jeweils andere Variable unberücksichtigt, dann ließen sich 29% der gesamten Streuung (Varianz) des Holzkohleverbrauchs auf die unterschiedlichen täglichen Ausgaben bzw. 27% auf die Unterschiede in der Haushaltsgröße zurückführen. Beide Variablen hängen jedoch ihrerseits eng miteinander zusammen, so daß sie gemeinsam nur etwa 36% der Verbrauchsschwankungen bestimmen. Die verbleibenden 64% der Varianz sind wohl nicht nur auf eine Vielzahl anderer Faktoren zurückzuführen, sondern auch auf Ungenauigkeiten bei der Befragung, die sich zwar im Durchschnitt ausgleichen, aber im Einzelfall durchaus bedeutsam sein können. Daher ist der tatsächliche Einfluß der Haushaltsgröße und der täglichen Ausgaben auf den Verbrauch von der Tendenz her deutlich höher anzusetzen, als es der rein rechnerische Zusammenhang ausdrückt.

Die Regressionsrechnung ist hier vor allem in folgender Hinsicht von Bedeutung.

1. Bei allen bisherigen Ergebnissen blieb die Verzerrung in der durchschnittlichen Haushaltsgröße unberücksichtigt, die sich durch die nicht angetroffenen Haushalte

Tab. 15: Der Zusammenhang des Holzkohleverbrauchs mit der Haushaltsgröße und den
täglichen Ausgaben, 1985 (in Klammern: Bestimmtheitsmaß)

	alle Unter-suchungs-gebiete	Gebiete mit ... täglichen Ausgaben		
		überdurch-schnitt-lichen	durch schnitt-lichen	unterdurch-schnitt-lichen
einfache Korrelation				
tägliche Ausgaben	0,54 (0,29)	0,48 (0,23)	0,55 (0,30)	0,47 (0,22)
Haushaltsgröße	0,52 (0,27)	0,51 (0,26)	0,48 (0,23)	0,48 (0,23)
multiple Korrelation				
tägl. Ausg. u. Haush.größe	0,60 (0,36)	0,56 (0,31)	0,58 (0,34)	0,57 (0,32)
einfache Regression				
Konstante	1,03	1,35	1,09	0,88
Änderung für Haushaltsgröße	0,176	0,166	0,135	0,166
multiple Regression				
Konstante	0,84	1,03	1,01	0,63
Änderung für tägl. Ausgaben	0,00279	0,00235	0,0028	0,00347
Änderung für Haushaltsgröße	0,109	0,119	0,0558	0,121

ergab (s. Kap. 4.3 und Anh. 2). Damit konnten diese Resultate zunächst nur auf
die befragten Haushalte bezogen werden. Zur Verallgemeinerung der Ergebnisse
läßt sich nun mit Hilfe der einfachen Regressionsgleichung, die den Einfluß der
Haushaltsgröße auf den Verbrauch ausdrückt, eine entsprechende Korrektur vornehmen. Der so korrigierte Verbrauch ist in den einzelnen Untersuchungsgebieten um maximal 0,1 kg niedriger als der Verbrauch der interviewten Haushalte.

2. Insbesondere im Hinblick auf den künftig zu erwartenden Holzkohleverbrauch ist
es wichtig zu wissen, um welchen Betrag sich der Holzkohleverbauch in Abhängigkeit von den täglichen Ausgaben und/oder der Haushaltsgröße verändert. Aussagen darüber läßt die multiple Regression zu. Demnach wird - unabhängig von
den Einkommensverhältnissen und der Haushaltsgröße - ein Grundverbrauch von
durchschnittlich 0,84 kg zur Aufbereitung der täglichen Nahrung benötigt. Er
umfaßt z.B. die notwendige Energie, um den Ofen anzuheizen, und den Teil der
Energieverluste, der relativ unabhängig von der Größe des Ofens, der Größe des
Topfes und der Menge des zubereiteten Essens entsteht. Man kann annehmen,
daß diese Verluste anteilsmäßig umso höher sind, je kleiner die benutzten Utensi-
lien und die gekochten Mengen sind, so daß die Angabe eines konstanten Wertes
hierfür die tatsächlichen Verhältnisse innerhalb bestimmter Grenzen recht gut
widerspiegelt. Dieser Grundverbrauch erhöht sich im Durchschnitt mit jeder
Person, für die gekocht wird, um 0,11 kg pro Tag und mit jeweils 100 sh an zusätzlichen täglichen Ausgaben um 0,28 kg pro Tag.

Daraus lassen sich wichtige Aussagen für die Schätzung des künftig zu erwartenden Verbrauchs ableiten. Insbesondere läßt sich abschätzen, in welcher Größenordnung sich die Änderungen des Holzkohleverbrauchs bewegen würden, wenn
das Realeinkommen in Mogadishu um einen bestimmten Prozentsatz steigen oder
sinken würde. So wäre beispielsweise bei einer Erhöhung der durchschnittlichen
täglichen Ausgaben um 15% mit einem Anstieg des Holzkohleverbrauchs um

weniger als 0,1 kg bzw. 5% zu rechnen. Berücksichtigt man weiterhin, daß die Steigerung der täglichen Ausgaben vermutlich geringer ausfällt als die tatsächliche Einkommenssteigerung, dann sind die zukünftig zu erwartenden Änderungen im Holzkohleverbrauch aufgrund realistischer Annahmen über die Steigerung des Realeinkommens als relativ gering anzusehen.[45]

5.2.5 Wirtschaftliche Belastung durch den Brennholz- und Holzkohleverbrauch

Wie stark wird nun das Budget eines Haushalts durch die Ausgaben für Brennholz und Holzkohle belastet? Als Indikator hierfür soll der Anteil der Ausgaben für Brennmaterial an den gesamten täglichen Ausgaben herangezogen werden. Dieser Anteil lag 1983 - die Untersuchungsgebiete von VITA mit einbezogen - bei etwa 10% und 1985 bei 12,5%. Das kann jedoch noch nicht als entsprechende Steigerung der Aufwendungen für Brennholz und Holzkohle interpretiert werden, weil 1983 die Gebiete mit gehobenen Einkommensverhältnissen überrepräsentiert waren.

Tab. 16: Anteil der Aufwendungen für Brennholz und Holzkohle an den täglichen Ausgaben, differenziert nach der Höhe der täglichen Ausgaben, 1985, Anteilswerte in Prozent

tägliche Ausgaben	Trockenzeit	Regenzeit	gesamtes Jahr	Zahl der Haushalte
bis 75 sh	26,9	26,6	26,8	26
76 - 125 sh	15,0	16,1	15,5	62
126 - 175 sh	13,5	14,3	13,9	33
176 - 225 sh	10,1	10,7	10,4	59
226 - 275 sh	9,0	9,1	9,0	22
276 - 325 sh	8,9	8,5	8,7	36
über 325 sh	6,7	6,7	6,7	45
insgesamt	12,3	12,7	12,5	283

Betrachtet man die Angaben für 1985 differenziert nach den täglichen Ausgaben, so ist eine starke prozentuale Zunahme der Aufwendungen für Brennmaterialien bei den Haushalten mit geringeren täglichen Ausgaben zu beobachten (Tab. 16). Der Anteil der Aufwendungen für Brennholz und Holzkohle an den gesamten täglichen Ausgaben ist für die ärmsten Haushalte etwa zweieinhalbmal so hoch wie für Haushalte mit durchschnittlichem Einkommen und viermal so hoch wie für die reichsten Haushalte. Demnach können die Kosten für Brennmaterial noch weniger beeinflußt werden als beispielsweise für Nahrungsmittel. Der geringere Verbrauch der ärmeren Haushalte reicht bei weitem nicht aus, um den Anteil, der für Brennmaterial ausgegeben werden muß, genauso gering zu halten wie bei besser verdienenden Haushalten.

---

45) Es erübrigt sich an dieser Stelle, auf methodische Detailprobleme und Ungewißheiten einer solchen Berechnung einzugehen, da diese an der Grundaussage nichts ändern würden.

Sehr aufschlußreich sind hier auch die saisonalen Unterschiede. Für die Haushalte mit täglichen Ausgaben über 225 sh zeigen sich nur unerhebliche Schwankungen zwischen Regen- und Trockenzeit. Das ist durchaus als Zeichen dafür zu werten, daß die Ausgaben für Brennmaterial diese Gruppe vor keine nennenswerten Probleme stellen, so daß sie sich in ihren Verbrauchsgewohnheiten zwischen Trocken- und Regenzeit nicht unterscheiden. Bei den Haushalten mit täglichen Ausgaben von 76 bis 225 sh liegt der Ausgabenanteil für Brennmaterial dagegen in der Regenzeit merklich höher als in der Trockenzeit. Dies ist - da die Preisschwankungen inzwischen als unbedeutend angesehen werden können - vor allem auf Einsparmaßnahmen zurückzuführen, die in der Trockenzeit leichter fallen. So wird z.B. in der Trockenzeit aus finanziellen Gründen sehr häufig auf Brennholz zurückgegriffen, weil dann ohne Bedenken im Freien gekocht werden kann. Außerdem läßt sich in der Trockenzeit eher auf angewärmtes Wasser zum Waschen verzichten als in der etwas kühleren Regenzeit.

Da bei den ärmsten Haushalten kein vergleichbarer saisonaler Unterschied zu beobachten ist, muß daraus geschlossen werden, daß die finanzielle Belastung durch Brennmaterial bei ihnen zu hoch ist, um auf die unangenehmeren Bedingungen während der Regenzeit durch eine Änderung ihrer Verbrauchsgewohnheiten reagieren zu können. Sie befinden sich offensichtlich an der Grenze ihrer finanziellen Belastbarkeit, und jede weitere überproportionale Verteuerung von Brennholz und Holzkohle würde mit hoher Wahrscheinlichkeit zu einer Verelendung dieser Bevölkerungsgruppen beitragen.

5.3 Verbrauchsschätzung für Mogadishu

Alle bisherigen Ergebnisse beziehen sich ausschließlich auf die interviewten Haushalte. Wie hoch ist nun aber der gesamte Brennholz- und Holzkohleverbrauch privater Haushalte in Mogadishu? Die Schätzung dieses Verbrauchs setzt sich aus zwei Teilkomponenten zusammen. Zum einen muß die Gesamtzahl der Haushalte geschätzt werden, die auf Holz oder Holzkohle als Brennmaterial zurückgreifen. Und zum anderen müssen die Verbrauchswerte an Brennholz und Holzkohle pro Haushalt ermittelt werden. Beide Berechnungen werden für die acht Gebietskategorien der wirtschaftsräumlichen Differenzierung Mogadishus gesondert vorgenommen.

5.3.1 Verbrauchsziffern

Der gesamte Holzkohleverbrauch privater Haushalte in Mogadishu lag 1985 bei etwa 77 000 t (Tab. 17). Das entspricht einem Jahresdurchschnitt von knapp 680 kg pro Haushalt oder 1,9 kg pro Tag und Haushalt bzw. 2,0 kg, wenn man nur die tatsächlichen Nutzungstage berücksichtigt. Dabei entfallen auf die Viertel mit überdurchschnittlichem Einkommen, die etwa ein Drittel der gesamten Haushalte ausmachen, knapp über 40% des Verbrauchs, während auch die knapp 18% der Haushalte in den Gebietskategorien 7 und 8 noch mehr als 13% der gesamten Holzkohle verbrauchen.

Gebiets-kategorie	Zahl der Haushalte	Holzkohleverbrauch pro Haush. in kg	insgesamt in t	Brennholzverbrauch regelmäig in t	für Feste in t
1	8 484	1 014,0	8 603,0	1 606,0	609,7
2	2 902	607,0	1 761,5	0,0	208,6
3	25 968	819,7	21 286,2	1 862,2	1 866,3
4	36 876	623,1	22 977,2	5 774,8	2 650,2
5	12 346	615,2	7 595,0	7 652,4	887,2
6	6 833	679,4	4 642,3	132,6	491,1
7	12 697	553,3	7 025,2	2 781,8	912,5
8	7 629	410,4	3 130,8	4 286,4	548,2
Mogadishu	113 734	677,2	77 021,2	24 096,2	8 173,8

Es ist nicht sinnvoll, diese Ergebnisse mit früheren Schätzungen für Mogadishu zu vergleichen, weil sich einerseits die Versorgungssituation für Holzkohle in den letzten Jahren grundlegend geändert hat und andererseits alle bisherigen Schätzungen entweder aus dem offiziell verfügbaren Holzkohleangebot abgeleitet wurden (ROBINSON/SMITH, 1984) oder dabei die Erfahrungswerte aus anderen Ländern ungeprüft auf Somalia übertragen wurden. (OPENSHAW, 1982; ENERGY/ DEVELOPMENT INTERNATIONAL, 1982). Eine detaillierte Erfassung des tatsächlichen Verbrauchs lag bisher nicht vor.

Trotz der starken Holzkohlenutzung ist der Brennholzverbrauch mit ca. 32 000 t bzw. durchschnittlich 280 kg pro Haushalt und Jahr noch sehr hoch. Dies ist zum einen auf die beträchtliche Holznutzung bei Familienfesten zurückzuführen. Hierfür wird allein ein Viertel des gesamten Holzverbrauchs privater Haushalte benötigt. Zum anderen entfallen auch auf die Wohngebiete durchschnittlichen oder überdurchschnittlichen Einkommens knapp 40% des gesamten regelmäßigen Brennholzverbrauchs. Das ist erheblich mehr als vermutet, wobei das Betreiben des Jiko Muufo die Hauptnutzung darstellt. Holz als Substitut für Holzkohle ist hier dagegen nur von untergeordneter Bedeutung. Ein knappes Drittel des regelmäßigen Verbrauchs findet in den Gebieten der Kategorie 5 statt, während auf die ärmsten Wohngebiete der Kategorien 7 und 8, in denen Brennholz sehr häufig als Hauptbrennmaterial benutzt wird, weniger als 30% des gesamten regelmäßigen Holzverbrauchs entfallen.

Der hohe Brennholzverbrauch darf jedoch nicht darüber hinwegtäuschen, daß Holzkohle das dominierende Brennmaterial ist. Berücksichtigt man nicht nur die verbrauchten Mengen, sondern ihren Energiewert (Tab. 18), dann werden etwa 85% bis 90% des gesamten regelmäßig anfallenden Energiebedarfs zum Kochen und Backen durch Holzkohle gedeckt. In den Gebieten der Kategorien 1-3 sind dies mehr als 95% und in den Vierteln mit durchschnittlichem Einkommen immer noch nahezu 90%, während in den Stadtrandgebieten der Kategorie 8 fast 40% des Bedarfs durch Brennholz gedeckt werden. Tatsächlich ist die Bedeutung von Holzkohle noch etwas größer, weil in diesen Zahlen die unterschiedliche Energieausnutzung nicht berücksichtigt ist,[46] die bei Holzkohle für die benutzten Öfen deutlich über der Energieausnutzung von Holz liegen dürfte.

Tab. 18: Der regelmäßig anfallende Brennholz- und Holzkohleverbrauch Mogadishus nach Gebietskategorien, 1985

Gebiets-kategorie	pro Haushalt in GJ			insgesamt in TJ		
	Holz-kohle	Brenn-holz	beides	Holz-kohle	Brenn-holz	beides
1	30,5	2,9	33,4	259,0	24,9	283,9
2	18,2	0	18,2	53,0	0	53,0
3	24,7	1,1	25,8	640,7	28,9	669,6
4	18,6	2,4	21,0	691,6	89,5	781,1
5	18,5	9,6	28,1	228,6	118,6	347,2
6	20,4	0,3	20,7	139,7	2,1	141,8
7	16,7	3,4	20,1	211,5	43,1	254,6
8	12,4	8,7	21,1	94,2	66,4	160,6
Mogadishu	20,4	3,3	23,7	2 318,3	373,5	2 691,8

Umrechnungsfaktoren: Holzkohle: 30,1 MJ/kg (ROBINSON/SMITH, 1984, S.51)
Brennholz: 15,5 MJ/kg (Mittelwert der bei SMIL/KNOWLAND (1980, S.369) angegebene Spanne)

TJ: Terajoule, 1 TJ=10^{12} J   GJ: Gigajoule, 1 GJ=10^{9} J   MJ: Megajoule, 1 MJ=10^{6} J

Diese Zahlen zeigen auch, daß der Energieverbrauch bei weitem nicht so unterschiedlich ist, wie es ausschließlich durch den Holzkohleverbrauch erscheinen mag. Tatsächlich liegt der durchschnittliche Verbrauch selbst in den Vierteln der Kategorie 1 nur etwa eineinhalbmal so hoch wie in den Stadtrandgebieten mit dem geringsten Verbrauch.

Berechnet man für Vergleichszwecke auch den Pro-Kopf-Verbrauch an Holz und Holzkohle, so ergibt sich ein Wert von etwa 110 kg pro Jahr für Holzkohle und ca. 45 kg für Brennholz. Damit ist der Verbrauch auch im internationalen Vergleich recht gering. Das kann sicher zu einem Großteil auf die effizienten Öfen (buurjikos), die die Mehrzahl der Familien zum Kochen benutzt, und auf Einsparmaßnahmen zurückzuführen sein, die durch die weit überdurchschnittlichen Preiserhöhungen für Holzkohle während der letzten Jahre ausgelöst wurden. Dabei könnte es jedoch auch eine Rolle spielen, daß die Verbrauchswerte in der Vergangenheit offensichtlich in vielen Fällen zu hoch eingeschätzt wurden (FORSTER/ZÖHRER 1982). Aus diesem Grund soll hier auch auf einen genaueren Vergleich mit vorliegenden Verbrauchswerten verzichtet werden.

---

46) Aus diesem Grund fallen die ohnehin von der normalen Tendenz abweichenden Werte für die Kategorien 2 und 5 hier so deutlich aus dem Rahmen.

5.3.2 Schwankungsbereich der Schätzungen

Bei den vorliegenden Werten für den Brennholz- und Holzkohleverbrauch in Mogadishu handelt es sich zwar um die statistisch wahrscheinlichste Schätzung. Sie basiert jedoch - mit Ausnahme der Häuser- und Parzellenzählung - auf stichproben-artigen Erhebungen. Daher muß ein gewisser Stichprobenfehler einkalkuliert werden, d.h. die tatsächlichen Verbrauchswerte lassen sich nicht exakt bestimmen, sondern weisen einen mehr oder minder großen Schwankungsbereich auf. Dieser läßt sich im vorliegenden Fall wegen der komplizierten Berechnungsmethode des Verbrauchs zwar nicht exakt ermitteln, ist aber mit Hilfe einfacher Modellrechnungen zumindest in seiner Größenordnung bestimmbar (vgl. Anhang 3).

Tab. 19: Schwankungsbereiche für den Brennholz- und Holzkohleverbrauch privater Haushalte in Mogadishu

		Holzkohle	Brennholz	
			regelmäßig	Feste
Standardfehler in % des Mittelwerts für:	Belegungsdichte	3,6	3,6	3,6
	Preis	2,8	4,4	5,6
	Verbrauch	2,7	13,8	12,5
Schwankungsbereiche (95 % Wahrscheinlichkeit) Abweichungen in % des Mittelwertes:	Untergrenze	-9,7	-27,0	-25,3
	Obergrenze	+10,5	+29,4	+28,4
Verbrauch in t	Untergrenze	69 542	17 599	6 105
	Mittelwert	77 021	24 096	8 174
	Obergrenze	85 135	31 182	10 493

Die in der Tabelle dargestellten Prozentwerte sind gerundet; die Berechnungen wurden mit den exakten Werten durchgeführt.

Die Ergebnisse der Berechungen (Tab. 19) sollen am Beispiel des Schwankungsbereichs für Holzkohle kurz erläutert werden. Zunächst wurden die Schwankungen der einzelnen erfaßten Komponenten berechnet. Bei der Belegungsdichte muß mit einem Standardfehler von etwa 3,6% des Mittelwertes, bei der Preisbestimmung von ca. 3% und beim Verbrauch von ca. 2,7% des Mittelwertes gerechnet werden. Berücksichtigt man alle drei Werte gleichzeitig, so kann daß der tatsächliche Wert für den Holzkohleverbrauch privater Haushalte mit einer Sicherheit von 95% rund 10% um den errechneten Verbrauch schwanken. Der tatsächliche Verbrauch für 1985 würde demnach in einer Größenordnung zwischen knapp 70 000 t und etwas mehr als 85 000 t liegen.

Deutlich größer ist der Schwankungsbereich für Brennholz, weil die Preise nach der Qualität des Holzes stärker variieren und die Schwankungen im individuellen Verbrauch der Haushalte erheblich größer sind als bei Holzkohle. Mit einer Sicherheit von 95% ist sowohl für den regelmäßigen Brennholzverbrauch, als auch für den Holzverbrauch bei Festen mit einem Schwankungsbereich von 25% bis 30% zu rechnen. Der tatsächliche regelmäßige Verbrauch läge demnach etwa zwischen 17 600 t und 31 200 t pro Jahr, und der Verbrauch für Feste läge zwischen 6 100 t und 10 500 t pro Jahr. Wollte man den Brennholzverbrauch ebenso zuverlässig schätzen wie den Holzkohleverbrauch, so müßten anstatt der 300 befragten Haushalte mehrere Tausend Interviews durchgeführt werden.

Wie wird nun der Verbrauch privater Haushalte an Brennholz und Holzkohle gedeckt?

6. PRODUKTION VON BRENNHOLZ UND HOLZKOHLE

Sowohl Brennholz als auch Holzkohle dürfen zu kommerziellen Zwecken nur auf Lizenz gesammelt bzw. produziert werden.[47] Für die Regionen, aus denen Mogadishu mit Brennholz und Holzkohle versorgt wird, werden Lizenzen nur an die Mitglieder zweier Kooperativen vergeben, und zwar an Cadceed für die Holzkohle- und an Golol für die Brennholzproduktion. Die Produktion ist dabei an folgende Auflagen gebunden: Zum einen dürfen nur Bäume genutzt werden, die bereits abgestorben, überaltert oder krank sind, zum anderen sind die Produzenten dazu verpflichtet, sich nicht nur auf die am besten geeigneten Baumarten zu beschränken, sondern die kranken oder abgestorbenen Bäume aller Arten zu benutzen.

Bei der Bereitstellung von Holz oder Holzkohle über die beiden Kooperativen hinaus handelt es sich um nicht legale Produktion. Daher ist es nicht verwunderlich, daß die Kooperative Cadceed auch den mit Abstand wichtigsten Beitrag zur Versorgung Mogadishus mit Holzkohle leistet.

6.1 Die Holzkohle-Produktions-Kooperative CADCEED

Die Kooperative Cadceed entstand im Rahmen der allgemeinen Genossenschaftsgründungen in Somalia am 17.3.73 als Zusammenschluß der Hofzkohleproduzenten in den Regionen Banaadir, mittlerer und unterer Shebelle, Hiiraan, Bay und später Baqol. Ihre Mitgliederzahl betrug bei der Gründung 126 und stieg bis zum Oktober 1985 auf 228 an.[48] Die Produktion fand 1985 in insgesamt 114 Produktionseinheiten, den "Holzkohle-Camps", statt.

---

47) Law No. 15 of 25 Jan. 1969, Artikel 59.
48) Angaben der Kooperative Cadceed.

6.1.1 Produktionsmengen

Die Hauptproduktionsgebiete der Kooperative Cadceed liegen in den Regionen Bay (66 Camps) und Baqol (21). Die übrigen Camps verteilen sich auf die Regionen Hiiraan (16), unterer (10) und mittlerer Shebelle (1).[49] Die prodzierten Mengen, differenziert nach den Verbrauchsdistrikten (Tab. 20), zeigen, wie stark der gesamte Holzkohleverbrauch dieses Großraums durch den Bedarf in Mogadishu dominiert wird. Die Produktion für Mogadishu erfolgt ausschließlich in den Distrikten Baydhabo und Qansaxdheere (Bay Region) sowie Waajid (Baqol Region). Demnach ist das Übergewicht der Produktion in den Regionen Bay und Baqol noch stärker, als es die Verteilung der Produktionscamps vermuten läßt. Da sich die Distrikte Merka und Jowhar weitgehend selbst oder aus den Nachbardistrikten versorgen, ergibt sich aus der Summe des Verbrauchs in Mogadishu und Baydhabo während des gesamten Zeitraums von 1973 bis 1983 (mit Ausnahme von 1976) für die Regionen Bay und Baqol eine Produktion, die um 30 000 Tonnen pro Jahr oder deutlich darüber liegt. Während sich in den Regionen Bay und Baqol etwa drei Viertel aller Holzkohle-Camps befinden, wird hier zwischen 80% und 90% der registrierten Holzkohle hergestellt.

Die Zahlen in Tab. 20 müssen aus zwei Gründen sehr verwundern. Zum einen war die durchschnittliche Zunahme der offiziellen Produktion für Mogadishu bis 1982 erstaunlich gering. Ein deutlicher Produktionsanstieg fand erst seit 1983 statt. So lag die Produktion im Jahr 1982 nur um 15,4% über dem Wert von 1973, die Produktionssteigerung von 1977 bis 1982 betrug lediglich 7,6%, und auch der Durchschnittswert von 1977-82 war nur um 10,4% höher als für die Jahre 1973-77. Damit bleibt der Anstieg der Holzkohleproduktion bis 1982 weit hinter dem Bevölkerungswachstum Mogadishus zurück, das von 1973 bis 1982 ca. 70% betrug.[50] Selbst wenn man ein gewisses Maß an Einsparungen im Holzkohleverbrauch unterstellt, liegt der Bedarf für das Jahr 1982 mindestens um 50% über dem Verbrauch von 1973. Somit hätten sich in diesem Zeitraum entweder die Versorgungsprobleme drastisch verschärfen müssen oder - was wahrscheinlicher ist - ein zunehmender Teil der Produktion wurde über inoffizielle Kanäle vermarktet. Darauf deutet auch die eingangs erwähnte Zunahme der Holzkohlecamps von 1973 bis 1982 um 80% hin[51].

Zum anderen liegt die offizielle Produktion auch für die Jahre 1984 und 1985 deutlich unter dem tatsächlichen Verbrauch in Mogadishu. Die möglichen Gründe für diese Diskrepanz lassen sich erst aus den ausführlichen Darstellungen des gesamten Produktionssektors und des Vermarktungssystems ableiten.

---

49) Angaben der Kooperative Cadceed.
50) Siehe jährliche Wachstumsraten im Anhang 2.
51) Die für das Jahr 1985 angegebenen 114 Camps waren bereits 1982 vorhanden.

Tab. 20: Holzkohleproduktion durch CADCEED, differenziert nach
Verbrauchsdistrikten, 1973 - 1985 in Tonnen

Jahr	Banadiir (Mogadishu)	Bay	Merka	Jowhar	Summe
1973	26 072.5	721.6	2 360.75	292.75	29 447.6
1974	36 599.8	811.2	3 638.7	1 410.35	42 460.05
1975	38 648.0	811.2	3 844.7	1 821.1	45.125.0
1976*	5 778.0	1 426.95	3 505.3	907.85	11 618.1
1977	27 965.4	...	...	...	...
1978	36 436.85	2 348.15	3 256.25	3 745.7	45.786.95
1979	25 624.25	2 223.15	2 472.3	3 028.4	33 348.1
1980	27 993.5	2 944.45	2 498.8	3 377.45	36 814.2
1981	28 845.45	2 166.55	3 171.75	4 665.3	38 849.05
1982	30 097.45	...	...	...	...
1983	42 162.55	...	...	...	...
1984	54 736.4	...	...	...	...
1985**	34 523.9	...	...	...	...

* Die geringen Transportmengen für Mogadishu im Jahr 1976 sind auf
Transportprobleme wegen sehr starker Regenfälle zurückzuführen.
** Angaben für 1985 nur bis August
... keine oder unvollständige Angaben

6.1.2 Organisationsstruktur der Kooperative und Aufgabenverteilung innerhalb eines Camps

Sämtliche repräsentativen und administrativen Aufgaben der Kooperative werden von einem zwölfköpfigen Vorstand mit Sitz in Mogadishu wahrgenommen. Dieser wird auf einer Mitgliederversammlung jeweils für zwei Jahre gewählt.

Aufgrund zunehmender organisatorischer Aufgaben in den Produktionsregionen selbst wurden neben dem nationalen Vorstand auch regionale Vorstände gewählt. So besteht beispielsweise seit Juli 1976 in Baydhabo ein regionaler Vorstand aus sieben Personen. Dessen Wahl erfolgt ebenfalls für zwei Jahre durch die Mitglieder der betreffenden Region. Sie wird jeweils unter Leitung des nationalen Vorstands durchgeführt.

Die Produktion selbst erfolgt in sogenannten Holzkohle-Camps, den nach einem festen Muster strukturierten Produktionseinheiten. Sie werden von einem Camp-Besitzer geleitet, der durch einen Vorarbeiter unterstützt wird. Diese beiden - Camp-Besitzer und Vorarbeiter - sind auch Mitglieder der Kooperative. Demnach lag die Zahl der Camps im Jahr 1973 bei 63 und stieg bis 1985 auf 114 an.

Der Erwerb der Mitgliedschaft bei Cadceed ist ein formal recht komplizierter Vorgang. Mitglied kann nur werden, wer eine Lizenz zur Holzkohleproduktion erhält (und damit zum "Camp-Besitzer" wird) oder von einem Camp-Besitzer zum Vorarbeiter ernannt wird. Verantwortlich für die Lizenzvergabe ist das Forest Department der NRA. Es vergibt eine festgelegte Zahl von Lizenzen an die Kooperative, die ihrerseits für die Weitervergabe zuständig ist.

Interessenten an einer Lizenz zur Holzkohleproduktion müssen an den Vorstand von Cadceed einen Antrag auf Mitgliedschaft in der Kooperative stellen. Der Vorstand selbst muß zunächst beim Forest Department der NRA eine Erhöhung der Mitgliederzahl (= Erhöhung der vergebenen Lizenzen) beantragen. Wird diese gemehmigt, muß sie auch von der Dachorganisation der Genossenschaften in Somalia, der USCM (Union of Somali Cooperative Movements) bestätigt werden. Erst danach kann der Vorstand von Cadceed unter den Interessenten die entsprechende Zahl neuer Mitglieder auswählen. Diese Auswahl muß, um endgültig zu sein, auf der nächsten Mitgliederversammlung bestätigt werden.

Damit steht der Zugang zur Holzkohleproduktion nicht jeder interessierten Person offen, sondern in der Realität werden nur solche Personen als neue Camp-Besitzer in die Kooperative aufgenommen, die den etablierten Kooperativenmitgliedern genehm sind. Da die Lizenzvergabe von seiten des Forest Departments dauerhaft ist und man die einmal erworbene und vererbbare Mitgliedschaft in der Kooperative nur bei Verstößen gegen das Gesetz der Kooperative verlieren kann, verfügen die lizensierten Camp-Besitzer über eine mehrfach abgesicherte Monopolstellung: Sie sind die einzigen, die offiziell Holzkohle produzieren dürfen. Sie brauchen nicht zu fürchten, diese Berechtigung eines Tages zu verlieren, und sie bestimmen im Falle der Vergabe zusätzlicher Lizenzen, wer diese erhält.

Mit der Erteilung der Lizenzen sind keine Auflagen hinsichtlich der Produktionsmengen oder der Anzahl der beschäftigten Arbeiter verbunden, sondern es steht jedem Produzenten frei, unter Beachtung der o.g. Auflagen jede beliebige Menge an Holzkohle herzustellen.

Wie ist nun die Aufgabenverteilung eines Holzkohlecamps geregelt? Der Camp-Besitzer ist für alle organisatorischen Aufgaben außerhalb des Camps verantwortlich. Er ist Ansprechpartner für den nationalen bzw. regionalen Vorstand von Cadceed und regelt den Verkauf der Holzkohle sowie den Ankauf des zur Produktion benötigten Materials und der Nahrung für die Arbeiter im Camp.

Der Vorarbeiter ist für die Organisation innerhalb des Camps verantwortlich. Wichtigste Aufgabenbereiche hierbei sind

- die Verteilung und Abrechnung der Lebensmittel,
- die Organisation der gemeinschaftlichen Arbeiten bei der Produktion, vor allem Zuteilung von Arbeitern für den Aufbau eines Meilers, für das Öffnen desselben, nachdem der Karbonisierungsprozeß abgeschlossen und der Meiler abgekühlt ist, und für das Beladen der LKWs zum Abtransport der Holzkohle,
- die Auszahlung der Arbeiter sowie
- das Anfordern eines Lastzuges für den Abtransport, wenn eine ausreichende Menge an Holzkohle produziert wurde.

Die Holzkohleproduktion geschieht durch Arbeiter, meist zwischen 15 und 40 pro Camp. Jeder von ihnen sucht sich selbständig ein geeignetes Teilgebiet innerhalb der gesamten Produktionsfläche. Wenn dieses vom Vorarbeiter begutachtet und akzeptiert wurde, beginnt er, alleine eine ausreichende Zahl von Bäumen für einen Meiler zu fällen und zu zerlegen. Erst wenn er genug Holz beisammen hat, wird er von zwei bis vier weiteren Arbeitern beim Transport zum Standort des Meilers und beim Aufbau des Meilers unterstützt. Auf diese Weise produziert jeder Arbeiter seine eigene Holzkohle und wird nach dem Verkauf auch für die von ihm selbst hergestellte Menge ausgezahlt.

Die Holzkohle wird in Lastzügen (LKW und Anhänger) abtransportiert. Jeder Meiler bildet in der Regel die komplette Ladung eines LKWs oder Anhängers (ca. 10-15 Tonnen), und jede dieser Ladungen wird an einen einzelnen Händler in Mogadishu verkauft. Dadurch ist sowohl die Abrechnung als auch eine gezielte Qualitätskontrolle der Holzkohle leicht möglich. Diese an der tatsächlichen Leistung und der Qualität der Holzkohle orientierte Bezahlung[52] bildet einen der Hauptgründe dafür, daß die Produzenten sehr hart und sehr sorgsam arbeiten und die gesamte Produktion nach wirtschaftlichen Gesichtspunkten gut funktioniert und mit hoher Effizienz durchgeführt wird.

Die Arbeiterschaft eines Camps läßt sich in eine Stammbesetzung aufteilen, die ganzjährig Holzkohle produziert - z.T. schon seit 20 Jahren oder mehr - und saisonale Arbeiter, die vor allem in der Trockenzeit Holzkohle herstellen und während der Regenzeit ihrer Beschäftigung als Farmer oder Viehhalter nachgehen. Insbesondere aufgrund der beiden sehr dürftig ausgefallenen Regenzeiten im Jahr 1983 läßt sich jedoch für die meisten Arbeiter nicht sagen, welches tatsächlich ihr Hauptberuf ist. Ebenfalls bedingt durch die schlechten Regenzeiten zeichnet sich sowohl ein starker Neuzulauf an Holzkohlearbeitern als auch eine deutliche Tendenz unter den bisherigen saisonalen Arbeitern ab, ganzjährig Holzkohle zu produzieren.

Die Arbeiter sind nicht Mitglieder von Cadceed. Nach Aussagen eines Camp-Besitzers sind sie jedoch häufig innerhalb eines Camps zu einer eigenen Kooperative nach dem Vorbild von Cadceed zusammmengeschlossen.

6.1.3 Produktionstechnik und Effizienz der Produktion

Zum Themenbereich Produktionstechnik und Effizienz der Produktion liegt eine umfassende neuere Studie (ROBINSON/SMITH 1984) vor, so daß dieser Teil mit Verweis auf die genannte Studie sehr knapp abgehandelt werden kann.

Die heute angewandte Produktionstechnik wurde vermutlich in den 20er Jahren von den Italienern übernommen und in der Gegend von Kisimayo weiter verbessert. Von dort breitete sie sich in den 50er Jahren auch auf die Produktionsgebiete für Mogadishu aus. Die wesentlichen Charakteristika dieser Technik sind (ROBINSON/SMITH 1984, S.10ff):

- Der Meiler wird auf ebener Erde und nicht, wie dies früher häufig üblich war, in einem Loch errichtet.

- Das verwendete Holz wird in Stücke von etwa 1 1/4 m Länge geschlagen. Beim Errichten des Meilers wird es aufrecht hingestellt, und zwar in der Mitte in zwei, zum Rand hin in einer Lage.

---

52) Bei Holzkohle minderer Qualität, z.B. nicht vollständig karbonisierter Holzkohle oder zu hohen Anteil minderwertiger Holzbestandteile, kann ein Teil des Erlöses abgezogen werden.

- Das fertig gestapelte Holz wird im oberen Bereich (ab etwa 1 1/4 m Höhe) mit Blechen abgedeckt, die aus alten Öltonnen zurechtgeschnitten werden. Unterhalb der Blechabdeckung wird der Meiler mit Dorngestrüpp umgeben.
- Anschließend wird der gesamte Meiler mit einer ca. 5 cm dicken Erdschicht luftdicht abgedeckt. Unterhalb der Bleche werden Löcher für die Luftzufuhr und den Rauchabzug in der Abdeckung belassen, die zur Regulierung des Karbonisierungsprozesses geöffnet oder geschlossen werden können.
- Der Meiler wird oben in der Mitte angezündet. Er brennt von oben nach unten und von innen nach außen.
- Der Karbonisierungsprozeß ist abgeschlossen, wenn der Ring aus Dorngestrüpp, der den Meiler im unteren Teil umgibt, brennt und infolgedessen in sich zusammenstürzt. Dies ist das Zeichen, den Meiler völlig luftdicht abzuschließen, um die Sauerstoffzufuhr zu unterbinden und den Meiler abkühlen zu lassen.

Die Karbonisierung selbst benötigt - je nach Größe des Meilers und Beschaffenheit des Holzes - zwischen 4 und 10 Tagen. Anschließend läßt man den Meiler weitere 10 Tage abkühlen, bevor er geöffnet und die Holzkohle zum endgültigen Auskühlen ausgebreitet wird. Eventuell entstandene "brands" (nur zum Teil verkohlte Holzstücke) werden zusammengesammelt und in einem kleineren Meiler gleicher Bauart vollständig karbonisiert.

Durch die spezielle Meilertechnik werden die Vorteile verschiedener Verfahren miteinander verbunden. Mit Hilfe der Bleche wird der Meiler in gleicher Weise luftdicht abgeschlossen wie ein Metallmeiler, während die Erdschicht zusätzlich eine ähnlich gute Wärmeisolierung bildet wie bei einem gemauerten Meiler. Darüber hinaus ist die Regulierung des Karbonisierungsprozesses durch die Luftlöcher im unteren Teil des Meilers erheblich leichter als bei anderen Modellen. Von daher kann dies durchaus als positives Beispiel einer kostengünstigen, angepaßten Technologie bezeichnet werden. Entgegen früherer Schätzungen wird mit den benutzten Meilern eine sehr hohe, nicht mehr zu verbessernde Effizienz erreicht. Nach Messungen von ROBINSON (ROBINSON/SMITH 1984, S.13 u. 48) lassen sich bei den verwendeten harten Holzarten aus 100 kg Trockenholz etwa 40 kg Holzkohle gewinnen.

Die produzierte Holzkohle ist, bedingt durch das harte Holz von Acacia bussei und den relativ langsam ablaufenden Karbonisierungsprozeß, sehr fest und schwer. Sie liegt daher in ihrem Energiegehalt etwas unter den üblicherweise für Holzkohle angegebenen Werten. ROBINSON/SMITH (1984, S.51) errechneten einen durchschnittlichen Energiegehalt von 30,1 Megajoule pro kg. Schwere Holzkohle wird von den somalischen Frauen bevorzugt. Sie zeichnet sich zwar durch eine etwas geringere, aber dafür länger anhaltende Hitze aus als leichtere Holzkohle - eine Eigenschaft, die den in Somalia bevorzugten Gerichten entgegenkommt.

6.1.4 Produktions- und Transportkosten

Die Holzkohle wird in Mogadishu nicht nur zu einem offiziell festgesetzten Preis an die Händler verkauft, sondern auch die Aufteilung des Erlöses auf die einzelnen Kostenfaktoren und die Abgaben an die verschiedenen genossenschaftlichen und staatlichen Stellen sind festgeschrieben und werden bei der offiziell vermarkteten Holzkohle genau eingehalten.

Der offizielle Preis beträgt seit 1984 240 sh pro 100 kg (Kiintaal) Holzkohle. Davon erhält der betreffende Holzkohlearbeiter 50 sh. Jeweils 11 sh entfallen auf den Camp-Besitzer und den Vorarbeiter. Weitere 37 sh werden als Materialkosten veranschlagt und ebenfalls dem Camp-Besitzer ausgehändigt, der für die Materialbeschaffung verantwortlich ist. Die eigentlichen Produktionskosten belaufen sich somit auf 109 sh und machen etwa 45% des Verkaufspreises an die Händler aus. Weitere 38% entfallen auf den Transport, während sich die übrigen 17% auf verschiedene Abgaben und auf Kapitalrücklagen der Kooperative verteilen.

Tab. 21: Zusammensetzung der Produktions- und Transportkosten von 1973-1985

| Zeitraum von | 73 | 75 | 76 | 1/78 | 5/80 | 3/82 | 3/83 | 6/83 | /84 |
bis	75	76	12/77	4/80	2/82	2/83	5/83	/84	-
Holzkohlearbeiter	4	4,5	6	7	12	16	22	35	50
Material	2	2	2	2	5	8	14,5	22,5	37
Vorarbeiter	0,5	0,5	1	1	2	2,5	4,5	7	11
Camp-Besitzer	0,5	0,5	1	1	2	2,5	4,5	7	11
gesamte Produktion	7	7,5	10	11	21	29	45,5	71	99
Transport	6	8	8	10	12	22	34	50	90
Kooperative USCM	0,5	0,5	1	1,5	3	3	?	5	6
Local Government	0,5	0,5	1	1	1	1	1	2	1
NRA	0,5	-	1	1	1	1	1	1	1
Rücklagen Cadceed	-	-	0,5	0,5	1	10	?	12	13
Koop. Banaadir	-	-	-	-	-	-	-	-	2
Koop. sonst. Regionen	-	-	-	-	-	-	-	-	2
Administration	-	-	-	-	-	-	-	-	7
sonstiges	-	-	-	1	4	4	?	3	8
insgesamt	14,5	16,5	21,5	26	45	70	90	144	240

Durch die offizielle Festlegung der Preise läßt sich auch ihre Entwicklung im Zeitablauf verfolgen (s. Tab. 21). Der Gesamtpreis, der für 100 kg Holzkohle von den Händlern bezahlt wird, ist von 1973 bis 1985 auf mehr als das Sechzehnfache und seit 1977 etwa auf das Elffache gestiegen. Damit liegt die offizielle Erhöhung der gesamten Herstellungskosten (einschließlich aller Steuern und sonstigen Abgaben) von 1977 bis 1985 nicht nur deutlich unter dem tatsächlichen Anstieg der Verkaufspreise in Mogadishu, der im gleichen Zeitraum mehr als dreieinhalbmal so hoch war, sondern sogar unter der durchschnittlichen Erhöhung der Lebenshaltungskosten. Der stark überproportionale Anstieg der Holzkohlepreise ist demnach nicht durch eine akute Verknappung der Holzvorräte bedingt, was sich in höheren Produktions- und/oder Transportkosten auswirken müßte, sondern ist wohl in erster Linie auf die speziellen Strukturen und Machtverhältnisse innerhalb des Vermarktungssystems zurückzuführen (s. Kap. 7.5).

Wie hat sich nun die Aufteilung des Erlöses aus der Holzkohleproduktion seit 1973 entwickelt? Während die Arbeiter selbst bis 1980 noch etwa 60% des gesamten Produktionskostenanteils erhielten, ist ihre Entlohnung bis heute auf ca. 45% des Produktionskostenanteils gesunken. Im Gegensatz dazu stiegen die Anteile des Camp-Besitzers und des Vorarbeiters von je 7% für 1973 auf mehr als 10% des Produktionskostenanteils für 1985. Der für Materialkosten veranschlagte Kostenanteil nahm bis 1980 deutlich ab und schnellte seitdem von weniger als 20% auf nunmehr über ein Drittel des gesamten Produktionskostenanteils in die Höhe. Auch über den gesamten Zeitraum von 1973 bis 1985 erhöhte sich dieser Anteil um mehr als 5% des gesamten Produktionskostenanteils. Die Tendenz, daß die Anteile für Camp-Besitzer und Vorarbeiter auf Kosten der Arbeiter überproportional angehoben wurden, ist unverkennbar. Da der Vorstand der Kooperative, dem ausschließlich Camp-Besitzer angehören, an der Aushandlung neuer Preise und ihrer Zusammensetzung beteiligt ist, kann man auch davon ausgehen, daß die Materialkosten in keinem Fall zu knapp kalkuliert sind, so daß hieraus ebenfalls ein Gewinn für den Camp-Besitzer resultieren wird.

Der Transportkostenanteil hat sich von 1973 auf 1985 sogar geringfügig vermindet. Allerdings zeichnet sich seit 1982 ein weit überproportionaler Anstieg der Transportkosten ab. Während ihr Anteil am Gesamterlös zwischen 1973 und 1980 von über 40% auf etwas mehr als ein Viertel zurückgegangen war, stieg er bis 1984 wieder auf 37,5% an.

Die neben den reinen Produktions- und Transportkosten anfallenden Abgaben nahmen während des gesamten Zeitraums allmählich zu. Das ist jedoch nicht durch den überproportionalen Anstieg einzelner Posten bedingt, sondern kommt vor allem durch zusätzliche Kosten für die Administration und die Bildung von Rücklagen durch die Kooperative Cadceed zustande. Die Anteile, die sich als Steuerabgaben interpretieren lassen (Local Government und NRA), gingen jedoch ständig weiter zurück. Während der absolute Preis von 1977 bis 1985 auf das Elffache anstieg, blieb beispielsweise die Abgabe an die NRA mit 1 sh pro 100 kg konstant. Da gerade dieser Posten auch für Schutz- und Aufforstungsmaßnahmen in den Produktionsgebieten und für die Kontrolle der Holzkohleproduzenten eingesetzt werden könnte, ist die Stagnation als Indiz dafür zu werten, welcher geringe Stellenwert einer langfristigen Sicherung der Holzbestände und damit auch der Holzversorgung in Somalia beigemessen wird.

6.2 Private Holzkohleproduktion

Neben der offiziellen Holzkohleproduktion durch Cadceed gibt es eine große Zahl nichtlizensierter, privater Holzkohleproduzenten. Sie sind vor allem entlang der Verbindungsstraßen von Mogadishu nach Norden und Westen zu finden. Die Hauptproduktionsgebiete befanden sich im Jahr 1983 in Richtung Belet Weyne zwischen Jowhar und Buulo Buurti sowie in Richtung Baydhabo zwischen Afgooye und Bur Hakabar. Deutlich sichtbares Zeichen der privaten Produktion sind die entlang der

Straße zum Verkauf angebotenen Säcke mit Holzkohle. Ihre wichtigsten Charakteristika sollen am Beispiel der Produktionsgebiete zwischen Afgooye und Bur Hakabar aufgezeigt werden.

Die Produktion fand in der Umgebung von insgesamt sieben Dörfern statt und war nach übereinstimmenden Aussagen der interviewten Produzenten lediglich auf einen wenige km breiten Streifen entlang der Straße beschränkt. Als Hauptgrund für diese Beschränkung wurden Transportprobleme bei weiter von der Staße entfernten Standorten genannt.

Obwohl der gesamte Raum bis auf wenige Ausnahmen niemals von einem so geschlossenen Waldbestand bedeckt war wie große Teile der Bay-Region, wurde er bis vor zwei bis drei Jahrzehnten zur Holzkohleproduktion in größerem Maßstab durch die heutigen Mitglieder der Kooperative Cadceed genutzt. Das führte zu einer Degradierung der Vegetation, so daß das Gebiet inzwischen in großen Teilen eine recht spärliche, nur mit vereinzelten Bäumen durchsetzte, Buschvegetation aufweist und lediglich zur Holzkohleproduktion in kleinerem Maßstab verwendet werden kann. Nach Einschätzung eines Mitglieds der Kooperative Cadceed, das bis 1963 selbst in dieser Gegend produzierte, wird hier auch in Zukunft Holzkohleproduktion im früheren Ausmaß nicht mehr möglich sein. Diese Bewertung kann man zumindest aufgrund der permanenten Weiternutzung teilen. Inwiefern es bereits zu einer Beeinträchtigung der Böden durch Erosion und Denudation sowie zu einer nachhaltigen Veränderung in der Zusammensetzung der Vegetation gekommen ist, bedürfte jedoch gründlicherer Untersuchungen.

Offiziell ist die Holzkohleproduktion in diesem Gebiet nicht erlaubt, wird jedoch - abgesehen von seltenen Kontrollen der NRA, bei denen die gesamte produzierte Holzkohle eingezogen werden kann - stillschweigend toleriert. Ein Grund hierfür ist sicherlich, daß die Holzkohle zur Bedarfsdeckung in Mogadishu bis vor wenigen Jahren dringend erforderlich war. Insbesondere in der Regenzeit, als der Transport aus der Bay-Region teilweise über Wochen hinweg nicht oder nur in sehr beschränktem Umfang möglich war, trug die private Produktion dazu bei, daß die Versorgungsengpässe in Mogadishu nicht noch größer wurden.

Die Anzahl der Produzenten kann für 1983 auf knapp über 100 geschätzt werden und teilte sich auf sieben Standorte auf (vgl. Anhang 4). Der Raum zwischen Leego (ca. 40 km von Wanle Weyne) und Jiirogulu (ca. 70 km von Wanle Weyne) bildete den Kern der Produktion. Die meisten der interviewten Produzenten begannen vor 10-20 Jahren mit der Holzkohleerzeugung. Allerdings steigerten sie die produzierten Mengen zu Beginn der 80er Jahre aufgrund der stark gestiegenen Verkaufspreise. Für einen Großteil der Produzenten war die Holzkohleherstellung bis 1983 zum Hauptberuf geworden. Sie produzierten in der Regel jeder für sich und schlossen sich nur selten zu kleinen Gruppen zusammen.

Die Produktionstechniken der privaten Hersteller unterscheiden sich nicht von den bei Cadceed angewandten. Allerdings sind die Meiler zumeist erheblich kleiner. Dadurch sind die Zeiten vom Produktionsbeginn bis zum Verkauf der Holzkohle nicht so lang, es wird nicht so viel Material (z.B. Abdeckbleche, Säcke zum Abfüllen) auf einmal benötigt. Und da es sich um nicht erlaubte Produktion handelt, wird auf diese Weise das Risiko verringert, bei einer möglichen Kontrolle durch die NRA sehr viel Holzkohle zu verlieren.

Die fertige Holzkohle wird in Säcke abgefüllt, die 1983 ein Durchschnittsgewicht von ca. 50 kg hatten. Nach Messungen, die auf den Märkten in Mogadishu durchgeführt wurden, gab es jedoch im Jahr 1985 Säcke sehr unterschiedlicher Größe. Sie variierten etwa zwischen 30 und 50 kg. Entgegen früherer Annahmen (z.B. UHART, 1976, S.7) war der Verkauf entlang der Straßen an private Kunden in der Regel von untergeordneter Bedeutung. Vor allem in den Gebieten von Garas-Bandeere bis Jiirogulu wurde der überwiegende Teil vom Produktionsstandort aus direkt an Händler verkauft, zu denen häufig feste Lieferverbindungen bestanden. Der Straßenverkauf hatte hier ausschließlich ergänzende Funktion und dürfte 20% der Produktion kaum überschritten haben. Lediglich in Jamaca wurden die ohnehin geringen Produktionsmengen überwiegend an der Straße verkauft.

Mit zunehmender Distanz zu Mogadishu nehmen die Verkaufspreise der Produzenten aufgrund der steigenden Transportkosten ab. Während ein an der Straße verkaufter Sack Holzkohle 1983 in Garas-Bandeere in der Trockenzeit zwischen 110 und 130 sh und in der Regenzeit 130 bis 150 sh kostete, schwankte der Preis in den Orten Leego, Eeqe Xole, Yaasiin und Jiirogulu je nach Standort und Saison zwischen 100 und 130 sh und betrug in Qardhow noch 80 bis 100 sh. Dabei entfielen jeweils 20 sh auf den Sack selbst. Die Verkaufspreise an Großabnehmer vom Produktionsstandort selbst lagen je nach Abnahmemenge um 20 bis 30 sh unter den Preisen des Straßenverkaufs. Demnach lagen die für 1983 angegebenen Erlöse pro 100 kg Holzkohle je nach Standort zwischen 100 und 200 sh.

Im Vergleich dazu betrug der Gesamterlös pro 100 kg für die Produzenten von Cadceed bis zum Februar 1983 lediglich 29 sh, von März bis Mai 1983 45,5 sh und wurde ab Juni 1983 auf 71 sh angehoben. Selbst wenn man die im Durchschnitt erheblich größeren Transportstrecken der genossenschaftlich produzierten Holzkohle berücksichtigt, lagen die offiziell gezahlten Erlöse bis Mai 1983 deutlich unter den auf dem Schwarzmarkt erzielbaren. Dies kann zweifelsohne als Indiz dafür gewertet werden, daß der Anreiz für die Produzenten von Cadceed sehr groß war, einen Teil ihrer Produktion an private Händler abzusetzen.

Eine Schätzung der privat produzierten Mengen ist nur sehr lückenhaft möglich und basiert lediglich auf einer kleinen Zahl von Einzelinterviews. Die gesamte Produktion in diesem Gebiet könnte demnach für das Jahr 1983 auf einen Wert zwischen 3500 und knapp 7000 Tonnen geschätzt werden. Das wären zwischen 8 und 16% der offizellen Produktion für 1983 (s. Anhang 4).

6.3 Die Brennholzkooperative GOLOL

Die Kooperative Golol wurde ebenfalls im Jahr 1973 gegründet und ist von ihrer internen Struktur her ähnlich aufgebaut wie Cadceed. In ihr sind sämtliche lizensierten Holzsammler für Mogadishu zusammengeschlossen. Anders als bei Cadceed erfolgt die Lizenzvergabe durch das Forest Department der NRA direkt an die Holzsammler. Die Lizenz ist auf 3 Monate und eine maximale Fördermenge von 125 Tonnen beschränkt und muß danach erneuert werden. Sie wird jeweils für einen Distrikt vergeben; dabei bleibt es dem Lizenzempfänger selbst überlassen, sich ein geeignetes Gebiet zu Holzgewinnung zu suchen. Grundsätzlich dürfen nur alle alten, bereits abgestorbenen Bäume zur Holzgewinnung genutzt werden. Die Kontrolle über die Einhaltung der Vorschriften erfolgt bei der Anlieferung des Brennholzes an der Autowaage (21.Oktober-Str.). Allerdings sind die Kontrollmöglichkeiten stark eingeschränkt. Insbesondere wenn die Produzenten das Holz noch lebender Bäume benutzen und dieses vor dem Abtransport eine Zeitlang trocknen lassen, ist eine Kontrolle kaum noch möglich.

Die Hauptherkunftsgebiete für Brennholz liegen in den Distrikten Afgooye und Balcad. Darüber hinaus werden auch Lizenzen für die Distrikte Bur Hakabar, Wanle Weyne und Jowhar vergeben. Die relative Nähe der Herkunftsgebiete zu Mogadishu ist vor allem auf die - im Vergleich zu Holzkohle - sehr hohen Transportkosten zurückzuführen. Jeder Lizenzinhaber beschäftigt in der Regel etwa 6-10 Arbeiter, die mit dem eigentlichen Fällen und Zerkleinern der Bäume betraut sind. Sie sind - ähnlich wie bei Cadceed - in einem kleinen Camp untergebracht.

Die monatlichen Transportmengen für die Jahre 1981 bis 1985 sind in der folgenden Tabelle zusammengestellt. Wie bei Holzkohle zeigen sich auch hier sehr deutliche saisonale Schwankungen, die ebenfalls vor allem auf die Transportprobleme während der Regenzeiten zurückzuführen sind.

Tab. 22: Monatliche Transportmengen an Brennholz nach Mogadishu durch die Kooperative GOLOL, 1981-85 (in Tonnen)

Monat	1981	1982	1983	1984	1985
J	1 346,05	3 345,1	1 105,9	2 388,4	694,6
F	888,6	2 383,85	2 426,7	1 970,7	2 143,4
M	1 813,7	2 633,9	3 471,2	3 041,7	1 932,7
A	292,25	879,7	3 197,8	2 057,3	671,6
M	201,9	503,2	607,1	1 252,9	261,3
J	0	1 889,2	2 334,0	1 596	2 131,4
J	2 292,05	2 925,7	3 371,7	2 219,1	1 883,8
A	2 495,8	2 538,3	2 695,1	2 557,1	1 204,7
S	3 767,7	2 056,3	3 275,1	2 124,1	
O	2 791,3	1 109,9	2 431,1	1 406,3	
N	1 120,8	144,4	1 319,3	746	
D	2 017	1 072,6	2 933,7	2 022	
gesamt	18 327,15	21 482,15	29 168,7	23 381,6	10 923,5 (bis August)

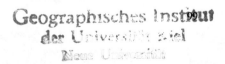

Der festgelegte Verkaufspreis für Brennholz in Mogadishu belief sich Ende 1983 auf 30 sh. Davon entfielen als Abgaben

	1981	ab 1982
an die NRA für Wiederaufforstung	1 sh	1 sh
an die USCM (Union of Somali Cooperative Movements)	1 sh	1,8 sh
an die Kooperative Golol	0,5 sh	1,5 sh

Ähnlich wie bei Holzkohle deutet sich auch hier an, daß die Abgaben an die NRA unterbewertet und nicht in gleicher Weise angehoben werden wie die übrigen Abgaben.

Im Gegensatz zur Holzkohle ist der verbleibende Erlös bei Brennholz nicht weiter nach Material-, Arbeits- und Transportkosten aufgeschlüsselt, vermutlich, weil diese Kosten je nach Standort und Produktionsbedingungen stärker variieren können als dies bei der Holzkohleproduktion der Fall ist.

6.4 Das Problem der Übernutzung der Produktionsgebiete

Die bisherigen Informationen, insbesondere die Entwicklung der Produktionsmengen für Brennholz und Holzkohle sowie der Produktions- und Transportkosten für Holzkohle, lassen zwar nicht auf eine akute Verknappung von Holz schließen. Damit ist jedoch keinesfalls sichergestellt, daß auch längerfristig Holz in ausreichenden Mengen für die Versorgung Mogadishus zur Verfügung steht. Hinweise auf eine bevorstehende Verknappung ließen sich vor allem aus einer systematischen Wegverlagerung der Produktionsstandorte von Mogadishu sowie aus Beobachtungen zu ökologischen Veränderungen in den Produktionsgebieten gewinnen. Am Beispiel der Holzkohleproduktion durch die Kooperative Cadceed soll diesen Aspekten nachgegangen werden.

6.4.1 Verlagerung der Produktionsstandorte im Zeitablauf

Bei der Standortwahl für die Holzkohleproduktion spielen neben der geeigneten Vegetation vor allem die Erreichbarkeit von den Verbrauchszentren und die Wasserverfügbarkeit (Nähe eines Brunnens) eine Rolle. Da der Erreichbarkeit bei sonst gleichwertigen Bedingungen wohl die entscheidende Rolle für die Standortwahl zukommt, könnte eine längerfristig anhaltende Wegverlagerung vom Hauptverbrauchszentrum Mogadishu als Indiz für die Erschöpfung der Holzvorräte in den verkehrsmäßig am günstigsten gelagerten Produktionsgebieten gelten. Am Beispiel der Regionen Bay und Baqol läßt sich diese Tendenz für die vergangenen zwei bis drei Jahrzehnte belegen (Abb. 11).[53]

---

53) Nach Angaben von Haji Husein Alasow Siyaad und Cilmi Afrax Cigalle, zwei Mitgliedern des Regionalen Vorstandes von Cadceed in Baydhabo.

Abb. 11: Die Verlagerung der Holzkohleproduktionsgebiete in den
Regionen Bay und Baqol

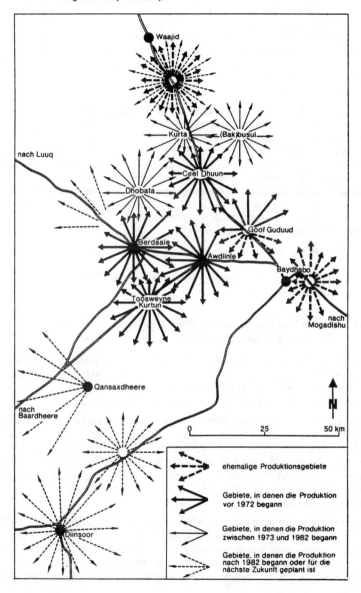

Die früheren Standorte in der Bay-Region (die Gegend nahe Baydhabo und Teile des Gebietes um Goof Guduud) waren verkehrsmäßig recht gut erschlossen. Das gilt auch für die älteren der heute noch genutzten Flächen in Goof Guduud, Awdiinle, Berdaale, Kurtun, Toosweyne und Ceel Dhuun, die seit 12-20 Jahren unter Produktion stehen. Die Distanzen nach Mogadishu belaufen sich für diese Standorte zwischen 230 km für die Gegend nahe Baydhabo und knapp über 300 km für die Gebiete bei Berdaale, Kurtun, Toosweyne und Ceel Dhuun. Einzig ein bis vor zehn Jahren genutzter Standort bei Waajid (Baqol Region) war deutlich über 300 km von Mogadishu entfernt.

Dagegen sind die Produktionsgebiete im Distrikt Waajid, die erst seit etwa 1980 genutzt werden, (Dhobata, Kurta, (Bak)busul) verkehrsmäßig schlechter erschlossen und ca. 320-350 km von Mogadishu entfernt. Seit 1983 mußte die Produktion auf den ältesten noch genutzten Flächen drastisch reduziert werden. Ein Großteil der Produzenten mußte bereits in noch weiter von Mogadishu entfernte Gegenden Richtung Diinsoor, von Qansaxdheere in Richtung Baardheere und von Berdaale in Richtung Luuq ausweichen, und auch die verbleibenden Produzenten können höchstens noch ein oder zwei Jahre in diesem Raum bleiben. Die neu genutzten Standorte sind - ebenso wie die für die nahe Zukunft geplante Produktion um Diinsoor - durchweg um 350 km oder weiter von Mogadishu entfernt.

Diese Verlagerungen der Produktionsstandorte deuten zwar auf eine Übernutzung durch die Holzkohleproduktion hin, sind aber noch kein sicherer Indikator. Ein klareres Bild geben die Beobachtungen zu ökologischen Veränderungen im Zusammenhang mit der Holzkohleproduktion.

6.4.2 Beobachtungen zu ökologischen Veränderungen in den Holzkohleproduktionsgebieten

Eines der am längsten genutzten Produktionsgebiete in der Bay-Region befindet sich in der Gegend zwischen Awdiinle, Berdaale und Kurtun (s. Abb. 11). Hier finden sich auf engem Raum nicht nur Flächen, die gerade unter Nutzung stehen, sondern auch ehemalige Standorte, in denen die Nutzung bis zu 20 Jahre zurückliegt.

Im Dezember 1983 und Januar 1984 wurde diese Gegend zweimal in Begeitung von Cilmi Afrax Cigalle besucht. Er ist Mitglied des regionalen Vorstands von Cadceed in Baydhabo, produziert selbst seit etwa zwei Jahrzehnten in dieser Gegend Holzkohle und weiß sehr genau, zu welchem Zeitpunkt die einzelnen Flächen genutzt wurden. Durch den Vergleich benachbarter Gebiete, deren Nutzung unterschiedlich lange zurück liegt, lassen sich erste Rückschlüsse ziehen, ob und wie schnell sich die Vegetation nach Abschluß der Holzkohleproduktion regeneriert.

Dabei wurden in fast allen Gebieten schwerwiegende ökologische Schäden beobachtet. Für die Holzkohleproduktion wurden zumeist nicht nur die ältesten, sondern alle größeren Acacia bussei-Bäume verwendet. Obwohl nach ROBINSON/SMITH (1984, S.10) selten Bäume mit einem Durchmesser von weniger als 15 cm verwendet werden, wurde in zahlreichen ehemaligen Produktionsgebieten eine fast flächenhafte Abholzung beobachtet, die sich mit dieser Aussage nur schwer deckt. Eine Erklärung hierfür ist, daß die Holzkohleproduzenten offensichtlich nur ungern in eine völlig neue Gegend wechseln und stattdessen Gebiete, die sie bereits vor Jahren unter Produktion genommen hatten und die sich nur unzureichend erholt haben, ein zweites Mal nutzen. Dabei sind sie nach Aussagen Cilmis gezwungen, fast jeden Baum zu fällen.

Anhand konkreter Beispiele seien nun die im Anschluß an die Holzkohleproduktion ablaufenden Veränderungen aufgezeigt. In einem drei Jahre zuvor verlassenen Produktionsgebiet 5 km südlich von Kurtun zeigen sich zumindest Ansätze eines Grasbewuchses und junger, nachwachsender Baum- und Buschvegetation - eine Veränderung, wie sie als typisch für die erste Periode nach der Holzkohleproduktion angesehen werden kann. In diesem Stadium läßt sich trotz der starken Abholzung nicht von einer ökologischen Schädigung sprechen. Mitunter kann es sich im Hinblick auf die gesamten Nutzungsmöglichkeiten sogar um eine Aufwertung handeln, weil auf diese Weise Räume, die zuvor aufgrund ihrer geringen Zugängigkeit nur sehr beschränkt nutzbar waren, intensiver beweidet werden können.

Völlig anders ist die Situation dagegen auf Flächen, bei denen die Produktion einen längeren Zeitraum zurückliegt, so daß berechtigte Zweifel geäußert werden können, ob es sich dabei tatsächlich um eine langfristige Erhöhung der Nutzungsmöglichkeiten handelt. Während sich in einem ehemaligen Produktionsgebiet etwa 15 km westlich von Baydhabo, das heute als eines der wenigen Schutzgebiete ausgewiesen ist, eine lockere Waldbedeckung entwickelte, konnte selbst nach einem Zeitraum von 15 bis 20 Jahren bei keinem der Standorte im Raum Awdiinle-Berdaale-Kurtun ein auch nur annährend vergleichbarer Baumbestand beobachtet werden. Im Gegensatz zu den jüngeren Produktionsgebieten, bei denen nur ein Rückgang in der Vegetationsdichte erkennbar war, zeigten sich hier Bodenabtragungen beträchtlichen Ausmaßes.

In mehreren Produktionsgebieten nahe Kurtun war der ursprüngliche Boden weitgehend abgetragen und das darunterliegende Gestein trat offen zutage. Diese Erosion trat häufig in zusammenhängenden Flächen mit einer geschätzten Größe zwischen 0,1 und 0,5 ha auf. An einem anderen Standort, etwa 1,5 km südlich von Berdaale, an dem die Produktion erst vor fünf Jahren eingestellt wurde, finden sich große Mengen von Steinen an der Oberfläche. Ein Vergleich mit noch vereinzelt vorhandenen dichter bewachsenen Stellen macht deutlich, daß die steinige Untergrund bei der ursprünglich geschlossenen Vegetationsdecke durch die Bodenbildung völlig bedeckt wurde. Demnach läßt sich aus der Höhe der herausragenden Steine schließen, daß hier innerhalb von fünf Jahren durch flächenhafte Erosion mindestens 15 bis 20 cm des Bodens abgetragen wurden.

Die Folgen der Erosion sind verheerend. Eine natürliche Regeneration des Waldes wird zumindest über Jahrzehnte hinweg, wenn nicht sogar auf Dauer unmöglich gemacht. Anstelle der ursprünglichen Baumarten breiten sich trockenheitsresistentere Pflanzen wie Aloe perryi (Dacar) aus, die normalerweise nur auf unfruchtbarerem Untergrund vorkommen.

Diese Beobachtungen lassen sich jedoch nicht verallgemeinern, da die besuchten Gebiete durchweg verkehrsmäßig gut erschlossen waren und länger und intensiver zur

Holzkohleherstellung genutzt wurden als weiter von den Straßen entfernte Flächen. Man könnte also vermuten, daß die ökologischen Schäden in schwerer erreichbaren Gebieten der Bay-Region nicht so schwerwiegend sind. Dennoch bleibt das Kernproblem unverändert bestehen. Die am besten gelegenen Standorte werden überbeansprucht und gehen damit für die Holzkohleproduktion zumeist auf Dauer verloren.

Der Vergleich zwischen Räumen, in denen die Produktion unterschiedlich lange zurückliegt, läßt vermuten, daß die beobachteten Schäden nicht den Holzkohleproduzenten allein anzulasten sind. Die erholungsbedürftigen Flächen werden nach Beendigung der Produktion von der örtlichen Bevölkerung verstärkt als Viehweiden benutzt und dadurch erneut aufs stärkste belastet. Diese Beobachtung wurde auch von ROBINSON/SMITH (1984, S.5) gemacht: "In the Bay region where live trees are felled for charcoal, A. bussei and A. senegal coppice well. However, all regrowth is effectively destroyed by browsing animals. The regrowth is kept constantly cropped by camels and other livestock and rarely stands more than 5 cm high." Ernsthafte Auswirkungen auf die Regenerationsfähigkeit des Baum- und Buschbestands kann auch die in manchen Gebieten nachfolgende ackerbauliche Nutzung haben. Vor allem beim Hirseanbau kommt es leicht zu flächenhafter Erosion.

Dieses Zusammenspiel zwischen Holzkohleproduktion und nachfolgender landwirtschaftlicher Nutzung wirkt sich verheerend auf die Regenerationschancen des Baumbestandes aus. Durch die Holzkohleproduktion werden zwar ursprünglich nur schwer zugängliche Gebiete für landwirtschaftliche Nachfolgenutzungen inwertgesetzt. Allerdings entstehen häufig zu große zusammenhängende Freiflächen, auf denen sich eine geschlossene, den Boden schützende Vegetationsdecke offensichtlich nur allmählich entwickeln kann. Da gerade diese schutzbedürftigen Stellen am leichtesten zugänglich sind, sind sie auch der Gefahr einer nachfolgenden Überweidung oder Übernutzung durch Ackerbau besonders ausgesetzt.

Die Konsequenzen für die Holzkohleproduktion wurden bereits angedeutet. Zum einen ist es kaum noch möglich, in den derzeitigen, verkehrsmäßig günstig gelegenen Produktionsgebieten neue, bisher ungenutzte Flächen zu finden. Zum anderen werden die Regenerationschancen der einmal zur Holzkohleproduktion genutzten Gebiete durch das Zusammenwirken der zu starken Abholzung und der nachfolgenden landwirtschaftlichen Nutzung drastisch reduziert. Gleichzeitig schrecken die Produzenten davor zurück, freiwillig in weiter entfernte, schlechter erreichbare Gebiete Richtung Baardheere oder Diinsoor auszuweichen. Sie fangen stattdessen an, die früher genutzten Flächen, auf denen sich die Vegetation nur sehr unzureichend erholt hat, erneut unter Produktion zu nehmen. Unter diesen Umständen sind sie nach eigenen Aussagen gezwungen, praktisch jeden mehr als buschhohen Baum zu nutzen, um überhaupt noch rentabel produzieren zu können.

Damit sind die möglichen ökologischen Probleme jedoch nur angerissen. Für eine fundierte Beurteilung tatsächlich auftretender ökologischer Schäden ist eine gründliche Langzeituntersuchung erforderlich. WATSON und NIMMO (1985, S.176) weisen in diesem Zusammenhang zu recht darauf hin, daß man hier nicht nur einseitig die Holzkohleproduktion im Auge haben darf, denn die Inwertsetzung vorher unzugänglichen Busch- oder Waldlands als Viehweide kann gesamtwirtschaftlich durchaus einen größeren Nutzen haben als die Holzkohleproduktion, die seiner Meinung nach auch langfristig auf weiter von Mogadishu entfernte Flächen beschränkt bleiben könnte. Seine Aussage, "that the increased production from livestock following partial clearing of Acacia bussei and Acacia senegal may more than offset any gains to be had from speeding up tree regrowth" (WATSON/NIMMO, 1985, S.176) hätte aber nur dann einen praktischen Nutzen, wenn bekannt wäre, bis zu welchem Ausmaß des Holzeinschlags die nachfolgende Weidenutzung tatsächlich ohne Erosionsgefahr möglich ist. Offensichtlich wurde die Abholzung in den besuchten Produktionsgebieten jedoch zu flächenhaft betrieben, um eine unmittelbar anschließende Nutzung noch zu erlauben. Solange die Holzkohleproduktion nicht auf einen vertretbaren Holzeinschlag beschränkt wird, wäre es dagegen dringend notwendig, alle nachfolgenden Nutzungen für einen Zeitraum von mehreren Jahren zu unterbinden.

6.5 Der Stellenwert einer langfristigen Sicherung der Brennholz- und Holzkohleversorgung in Somalia

Angesichts dieser Probleme muß zwangsläufig gefragt werden, was von Seiten der Holzkohleproduzenten und der zuständigen Behörden getan wird, um einer flächenhaften, häufig irreversiblen Abholzung bei der Holzkohleproduktion zu begegnen und nachfolgende Schädigungen der Produktionsstandorte durch die unterschiedlichen landwirtschaftlichen Nutzungsformen zu verhindern. Konkrete, in der Praxis auch wirksame Schutz- und Aufforstungsmaßnahmen wurden bisher nur in sehr beschränktem Umfang durchgeführt. Sucht man nach den Gründen dafür, so bleibt vor allem zu klären, welcher Stellenwert dem Schutz der betroffenen Flächen und damit auch einer langfristigen Sicherung der Brennholz- und Holzkohleversorgung von den zuständigen Stellen tatsächlich beigemessen wird. In diesem Zusammenhang seien zunächst die staatlichen Rahmenbedingungen für die Holzkohleproduktion und deren Umsetzung in die Praxis diskutiert, bevor die Verankerung entsprechender Maßnahmen im Rahmen der Entwicklungsplanung Somalias und in den Statuten der Kooperative Cadceed untersucht wird.

6.5.1 Die staatlichen Rahmenbedingungen für die Produktion

Wie erwähnt, dürfen Brennholz und Holzkohle zu kommerziellen Zwecken nur auf Lizenz gesammelt bzw. produziert werden, um die ökologische Gefährdung von Wäldern und Waldland durch unkontrollierte Nutzung zu verhindern. Lizenzen werden nur durch das Forest Department der National Range Agency (NRA) und nur an die Mitglieder der genannten Kooperativen vergeben. Zur Produktion dürfen grundsätzlich nur die abgestorbenen, überalterten oder kranken Bäume aller Arten genutzt werden. Damit bestehen seit fast zwanzig Jahren entsprechende Vorschriften zur Nutzung von Holz, Inwieweit werden diese Vorschriften in der Realität auch eingehalten, ja inwiefern erweisen sie sich überhaupt als praktikabel?

Für die Überwachung der Vorschriften ist ebenfalls die NRA zuständig. Zur Kontrolle der Holzkohleproduktion werden dabei in jedem Ort spezielle "charcoal guides" eingesetzt. Diese können jedoch ihre Kontrollfunktionen aufgrund der knappen Mittel hierfür nur unzureichend wahrnehmen. Zum einen verfügen sie nicht über die nötigen Transportmöglichkeiten, um die Produktionsgebiete regelmäßig aufsuchen zu können. Nicht selten sind sie auf Transportmittel der Produzenten, die sie überwachen sollen, angewiesen, um die Produktionsgebiete überhaupt erreichen zu können. Ein Großteil von ihnen übt die Kontrolltätigkeit nur nebenberuflich aus und wird - eher notdürftig - fast ausschließlich in Naturalien bezahlt, so daß man auch aus diesem Grund kein großes Engagement für diese Tätigkeit erwarten kann.

Nach den Besuchen mehrerer Produktionsgebiete durch den Verfasser kann mit Sicherheit gesagt werden, daß sich die Produzenten nicht an die bestehenden Vorschriften halten. So beschränken sich die Produzenten vor allem auf zwei Baumarten, in erster Linie auf Acacia bussei (golol) und in geringerem Maße auf Acacia senegal (adad), von denen zumeist alle älteren Bäume, auch die, die noch völlig gesund sind, genutzt werden. Das Ausmaß der Abholzung läßt sogar darauf schließen, daß in vielen Fällen auch jüngere Bäume für die Produktion herangezogen werden.

Andererseits müßte geprüft werden, ob die bestehenden Vorschriften nach denen keine gesunden, lebenden Bäume genutzt werden dürfen, im Falle der Versorgung Mogadishus nicht zu restriktiv sind. Ohne zumindest auf einen Teil der lebenden Bäume zurückzugreifen, läßt sich Holzkohle wohl kaum zu vertretbaren Kosten und in den Mengen erzeugen, die zur Versorgung Mogadishus erforderlich sind. Insofern kann eine zu restriktive gesetzliche Regelung auch das Gegenteil dessen bewirken, was mit dem Gesetz ursprünglich bezweckt wurde. Denn erweist sich die Überschreitung bestehender Vorschriften aus Gründen der Wirtschaftlichkeit tatsächlich als notwendig, dann fehlt jeder Orientierungsrahmen dafür, welcher Nutzungsgrad noch tolerierbar und welcher als ökologisch gefährlich angesehen werden muß.

Bei der Holzkohleproduktion ist das Forest Department der NRA auch für die konkrete Zuweisung der Produktionsgebiete verantwortlich. Es ist verpflichtet, jedem Lizenzinhaber bei Bedarf ein neues Produktionsgebiet anzubieten. Die Zuweisung erfolgt dezentral, sie gehört zum Aufgabenbereich der regionalen Büros des Forest Departments. In der Realität wird diese Aufgabe jedoch nur unzureichend wahrgenommen. Man überläßt es den Lizenzinhabern selbst, sich bei Bedarf neue Produktionsgebiete zu suchen und beschränkt sich darauf, die ausgewählten Gebiete hinsichtlich ihrer Brauchbarkeit für die Holzkohleproduktion (es muß eine ausreichende Menge alter, abgestorbener Bäume vorhanden sein) zu überprüfen. In vielen Fällen entfällt auch diese Überprüfung, man läßt den Produzenten freie Hand bei der Auswahl der Gebiete, so daß diese häufig völlig eigenmächtig, zum Teil sogar ohne Kenntnis der regionalen Büros des Forest Departments, ihren Standort wechseln.[54]

Normalerweise sollte jede Produktionseinheit eine quadratische Fläche von 5 km Seitenlänge umfassen und nach allen Richtungen nochmals mindestens 5 km von der

---

54) Von 1980 bis Dez. 1983 waren für alle Produzenten der Regionen Bay und Baqol zusammen lediglich 17 Standortwechsel registriert, obwohl in dieser Zeit etwa 200-300 Wechsel erfolgt sein müßten.

nächsten Einheit entfernt liegen, um Grenzstreitigkeiten zwischen benachbarten Produzenten zu vermeiden. Darüber hinaus sollte nach etwa einem halben bis einem Jahr
das Produktionsgebiet gewechselt werden. Tatsächlich liegen die Einzelstandorte
jedoch häufig enger zusammen. Zudem sind die Gebiete, die sich zu einem Zeitpunkt
unter Produktion befinden, häufig erheblich kleiner als 25 km^2.[55] Nach Nutzung
eines solchen Teilraums wird dann sehr oft innerhalb des gesamten zugewiesenen
Areals routiert. Das eigentliche Camp als zentraler Punkt des jeweiligen Produktions-
gebietes wird so häufig über Jahre hinweg nur im Umkreis von wenigen Kilometern
verlegt. Auf diese Weise werden einzelne Standorte zumeist erheblich länger genutzt,
als durch die Regelungen der NRA vorgesehen.

6.5.2 Ziele im Fünf-Jahres-Entwicklungsplan

Im Fünf-Jahres-Entwicklungsplan 1982-86 für Somalia (SDR, 1982) werden folgende
Aussagen getroffen, die für die Produktion von Brennholz und Holzkohle und für den
ökologischen Schutz der Produktionsgebiete von Bedeutung sind. Als ein generelles
Ziel bei der Entwicklung des Landes wird angegeben (SDR, 1982, S.1):

"to protect the environment and reverse the deterioration of cropland and rangelands, which leads to desertification, so as to improve productivity and ensure that
productive activities based on these vital national resources can continue."

Das Problem der Desertifikation wird auf S.5 weiter konkretisiert, allerdings ohne
daß dabei direkt Bezug genommen wird auf eine mögliche Schädigung der Umwelt
durch die Nutzung von Brennholz und Holzkohle, und ohne daß an dieser Stelle
bereits Ansätze zur Verhinderung weiterer ökologischer Schäden angeführt werden.
In Kapitel 7 (Forestry and Wildlife, S.154) wird das Problem der Entwaldung im
Zusammenhang mit der Gewinnung von Brennholz und Holzkohle direkt angesprochen. Als allgemeine Ziele werden dabei genannt:

"a. To control desertification and protect the basic resources.

b. To exploit and renew various forest types as sources of fuel and building materials for the benefit of the people and the nation."

Diese sollen u.a. durch folgende Maßnahmen erreicht werden (SDR, 1982, S.155):

"a. To strengthen the Forestry Department of the National Range Agency in terms
of numbers and technical training of stuff.

b. To complete the delimitation, inventory and mapping of forest resources and
prepare management plans which combine production and conversation.

c. To amend the Forest Law and carry out a non-formal education programme
which will lead to greater participation by the local population in forestry
production and protection activities.

e. To initiate a comprehensive programme of tree-planting trials so as to provide
the technical knowledge required for eventual large-scale afforestation, the

---

55) Bei einem Besuch einiger Produktionsgebiete in der Nähe von Kurtun und zwischen Awdiinle,
Kurtun und Berdaale wurden jeweils auf einer Distanz von 8-10 km neben einem bzw. zwei derzeit
genutzten Gebieten mehrere Standorte gefunden, die von den gleichen Produzenten zu einem früheren Zeitpunkt genutzt wurden.

development of village woodlots and greater integration of forestry and agricultural activities.

f. To improve the technical and economic efficiency of charcoal production.

g. To improve in-country forestry training at all levels."

Betrachtet man allerdings die finanziellen Mittel, die dafür zur Verfügung stehen, so muß die Realisierbarkeit dieser Ziele bezweifelt werden. Bei Erstellung des Fünf-Jahres-Entwicklungsplans war lediglich die Finanzierung von drei Projekten mit einem Gesamtbetrag von 57,6 Mio. sh bzw. 0,4% des im Fünf-Jahres-Entwicklungsplan vorgesehenen Investitionsvolumens sichergestellt. Dies ist ohne Zweifel zum Teil auf den geringen Stellenwert, den der Forstsektor in der Vergangenheit innehatte, und auf den Mangel an ausgebildeten Fachkräften im Forstbereich zurückzuführen. So ist es kein Wunder, daß das Schwergewicht der Programme neben der Stabilisierung von Sanddünen vor allem auf einer Reorganisation und Stärkung des Forest Departments in der National Range Agency (NRA), auf der Schulung von Fachkräften und einer "Bestandsaufnahme" der Wald- und waldartigen Flächen liegt. Ein Wiederaufforstungsprogramm im Zusammenhang mit der Gewinnung von Brennholz und Holzkohle ist weder im Fünf-Jahres-Entwicklungsplan vorgesehen, noch in den darauffolgenden Jahren eingeleitet worden.

Das deutet - genau wie das geringe Investitionsvolumen im Fünf-Jahres-Entwicklungsplan - aber auch darauf hin, daß diesem Sektor auch heute nur randliche Bedeutung beigemessen wird, was umso mehr erstaunen muß, wenn man bedenkt, daß Forstprodukte, vor allem Brennholz und Holzkohle, bereits Ende der 70er Jahre einen Beitrag von mehr als 7% zum Bruttoinlandsprodukt geleistet haben, und wenn man gleichzeitig die zunehmenden Devisenausgaben für Ölimporte vor Augen hat. Die Vernachlässigung von Holz als Energieträger wird auch durch die geplanten Investitionen im Energiesektor bestätigt. Hier liegt der Schwerpunkt bei einem weiteren Ausbau der Stromversorgung Mogadishus und einiger Regionalzentren. Für eine nachhaltige Sicherung des Brennholz- und Holzkohlebedarfs sind jedoch keine Mittel vorgesehen.

Dabei ließe sich gerade aufgrund der guten Organisation der Produktion und des Transports von Holzkohle durch Cadceed und der vollständigen Registratur zumindest der offiziell nach Mogadishu transportierten Holzkohle eine zweckgebundene Abgabe an die NRA zur Durchführung von Schutz- und Wiederaufforstungsmaßnahmen in den Produktionsgebieten problemlos einführen. Wäre die Erhöhung der bereits bestehenden Abgabe an die NRA während der letzten zehn Jahre wenigstens an die gesamte Preissteigerung für Holzkohle angepaßt worden, dann hätte dies allein bei den in Mogadishu registrierten Holzkohlemengen von 1982 bis August 1985 Einnahmen von mehr als 5,6 Mio. sh (umgerechnet auf das Preisniveau von 1982) ergeben. Für die gesamte Periode des Fünf-Jahres-Entwicklungsplans 1982-1986 ergäben sich Einnahmen in einer Größenordnung von etwa 8 Mio. sh zu Preisen von 1982 bzw. ca. 25 Mio. sh zu Preisen Anfang 1985. Das wären allein fast 15% des gesamten im Fünf-Jahres-Entwicklungsplan vorgesehenen Investitionsvolumens für den Sektor "Forestry and Wildlife".

6.5.3 Aufgaben und Ziele von Cadceed

Die Aufgaben und Zielsetzungen von Cadceed wurden im Juli 1982 in Artikel 2 eines speziellen Gesetzes über die Kooperative[56] festgelegt. Danach soll Cadceed

1. die Verfügbarkeit von Holzkohle für die Bevölkerung sicherstellen,
2. das revolutionäre Programm Somalias, basierend auf den Interessen der Masse der Bevölkerung, ausführen,
3. das Programm und die Gesetze der SOMALI SOCIALIST REVOLUTIONARY PARTY im generellen und der SOMALI UNION OF COOPERATIVE MOVEMENTS im speziellen ausführen,
4. zur Entwicklung der Wirtschaft des Landes sowie
5. zur Stärkung der Kooperativen beitragen,
6. Produktionskenntnisse und -methoden entwickeln und verbessern,
7. die Produktion erhöhen,
8. neue, moderne Produktionstechniken entwickeln und einsetzen sowie
9. die revolutionären Aufgaben innerhalb der Strategie der Kooperativen weiterentwickeln.

Diese Regelungen betreffen vor allem politische Aufgaben und Pflichten im Rahmen des Entwicklungsprogramms Somalias und der Kooperativenbewegung sowie im Rahmen der wirtschaftlichen Entwicklung des Landes. Eine an die ökologische Verträglichkeit angepaßte Holzkohleproduktion, die auch zur langfristigen Sicherung der Holzkohleversorgung beitragen könnte, wird in diesem Gesetz nicht angesprochen.[57]

Zusammenfassend läßt sich somit sagen:

1. Es bestehen zwar seit fast zwanzig Jahren gesetzliche Vorschriften, die die Voraussetzungen und Bedingungen für die kommerzielle Nutzung von Holz regeln. Diese sind jedoch nicht hinreichend konkretisiert. Außerdem muß vermutet werden, daß sie gerade für die Holzkohleproduktion zu restriktiv sind und möglicherweise schon aus Gründen der Wirtschaftlichkeit nicht eingehalten werden können.

2. Eine effektive Kontrolle der Brennholz- und Holzkohleproduzenten auf Einhaltung der bestehenden Vorschriften existiert nicht. Dies ist neben der Strittigkeit der zu kontrollierenden Vorschriften vor allem auf unzureichende finanzielle Mittel der NRA und auf den geringen Einfluß der mit der Kontrolle betrauten Personen zurückzuführen.

3. Die Sicherung und langfristige Nutzbarmachung der Holzressourcen ist zwar in der Entwicklungsplanung Somalias als Ziel genannt. Es werden jedoch keine wirksamen Maßnahmen erarbeitet, um dieses Ziel auch zu erreichen.

4. Die heutigen Regelungen und Organisationsstrukturen für die Brennholz- und Holzkohleproduktion würden zwar eine relativ problemlose Erschließung zusätzli-

---

56) Special Law of the Charcoal Cooperative Cadceed, 1982.
Das Gesetz war nur in somalischer Sprache verfügbar. Es wurde zunächst ins Englische und dann vom Englischen ins Deutsche übersetzt.
57) Lediglich in Artikel 20 findet sich ein kurzer Hinweis, daß die Verbesserung der - irrtümlich - als veraltet angesehenen Produktionstechniken auch mit dem Ziel erfolgen solle, Entwaldung und Erosion zu verhindern.

cher Finanzierungsmöglichkeiten für Schutz- und Aufforstungsmaßnahmen ermöglichen, diesbezüglich wurde jedoch bisher nichts unternommen.

5. Die Zielsetzung der Kooperative Cadceed ist ausschließlich an politischen und wirtschaftlichen Kriterien orientiert. Ein Beitrag zum Schutz oder zur Rekultivierung der genutzten Flächen ist in den Bestimmungen der Kooperative nicht verankert.

Die genannten Punkte geben Anlaß zu der Vermutung, daß einer langfristigen Sicherung der vorhandenen Holzressourcen und damit auch der Befriedigung des künftigen Bedarfs an Brennholz und Holzkohle bisher auf der politischen und planerischen Seite nicht die erforderliche Bedeutung beigemessen wurde - eine Vermutung, die auch durch die folgende Analyse des Vermarktungssystems und der Beziehungen zwischen Produktion und Vermarktung bestärkt wird.

7. DIE VERMARKTUNG VON BRENNHOLZ UND HOLZKOHLE IN MOGADISHU

Es gibt im wesentlichen drei Arten der offiziellen Vermarktung von Brennholz und Holzkohle. Diese sind

1. die genossenschaftlichen Holzkohleverkaufsstellen der Kooperative Hilaac, die durch die Kooperative Cadceed mit Holzkohle versorgt werden,

2. die Übergabe des von Mitgliedern der Kooperative Golol produzierten Brennholzes an die Endverbraucher und

3. die Märkte mit Brennholz- und Holzkohleverkauf, die sich ihrerseits in zahlreiche Einzelkomponenten zerlegen lassen.

Darüber hinaus läuft ein nicht genau bestimmbarer Anteil an Brennholz und Holzkohle an den offiziellen Vermarktungseinrichtungen vorbei. Dies geschieht entweder über nicht legalisierte Händler außerhalb der Märkte oder als direkter Absatz der Produzenten an die Abnehmer.

Während die Vermarktung von Brennholz durch die Kooperative Golol in Kap. 6.3 bereits abgehandelt wurde, seien hier die genossenschaftlichen Holzkohleverkaufsstellen und die Märkte mit Brennholz- und Holzkohleverkauf genauer dargestellt.

7.1 Die Vermarktung von Holzkohle über die Verkaufsstellen der Kooperative HILAAC

Die für den Holzkohleverkauf in Mogadishu zuständige Kooperative Hilaac wurde - genau wie Cadceed und Golol - am 17.3.73 gegründet und umfaßte nach offiziellen

110

Informationen zunächst 27 Verkaufsstellen.[58] Bis zum Oktober 1983 stieg die Zahl der Mitglieder auf 342, von denen jeder über eine eigene Verkaufsstelle verfügte. Bis September 1985 wurde die Mitgliederzahl auf fast 1500 angehoben - 113 in jedem Distrikt. Dabei muß es sich ganz offensichtlich um eine große Zahl fiktiver Mitglieder oder zumindest um Händler ohne eigene Verkaufsstelle handeln.[59]

Die Belieferung der Verkaufsstellen mit Holzkohle erfolgt über die Kooperative Cadceed, die neben der Produktion auch für den Transport zuständig ist und hierfür sieben kooperativeneigene Lastzüge zur Verfügung hat. Während für kleinere Distanzen (z.b. nach Baydhabo) meist LKWs mit einer Ladekapazität von etwa 10 Tonnen eingesetzt werden, erfolgt der Transport nach Mogadishu überwiegend mit Lastzügen (LKW mit einem Anhänger), die eine Gesamtkapazität von etwa 30 Tonnen besitzen. Diese werden beim Eintreffen in Mogadishu an einer Autowaage (am Stadtrand in der 21.Oktober-Str.) gewogen, registriert und an die Verkaufsstellen weitergeleitet. In der Regel wird eine Verkaufsstelle mit einer halben Ladung, d.h. mit einem kompletten Anhänger oder einem LKW, versorgt.

Durch die Art des Transports ist sichergestellt, daß die Holzkohle vom Produktionsstandort (Meiler) bis zur Verkaufsstelle nicht umgeladen werden muß. Dadurch läßt sich ein Zerbröckeln der Holzkohle verhindern, so daß nur wenig Kohlestaub anfällt. Der Transport erfolgt nicht in Säcken, sondern die Holzkohle wird ohne Verpackung auf die LKWs geladen. Am äußeren Rand jeder Ladung werden dabei entweder sehr große Stücke Holzkohle oder "brands" (nur teilweise verkohltes Holz) aufgeschichtet, um die Transportverluste möglichst zu reduzieren. Diese Art des Transports ist recht ungewöhnlich. UHART (1976, S.10) sieht darin die Gefahr großer Verluste, während ROBINSON/SMITH (1984, S.25) in einer gründlicheren Untersuchung zu dem gegenteiligen Urteil kommen: "The charcoal is packed loose but the manner of packing in remarkably skilful so that losses in transit are minimal." Auch der Staubanteil kann auf diese Weise offensichtlich sehr gering gehalten werden. Nach ROBINSON/SMITH (1984, S.27) wird er von den Händlern auf lediglich 2% der gesamten Holzkohle geschätzt. Im Gegensatz dazu ergaben eigene Messungen bei drei Säcken Holzkohle Staubanteile von 2, 5 und knapp 10%.[60] Es können jedoch keine Aussagen darüber gemacht werden, wie zuverlässig die Schätzungen der Händler sind. Mögliche Unterschiede im Staubanteil können auch durch die unterschiedliche Qualität der Holzkohle bedingt sein. Während die Holzkohle der genossenschaftlichen Produzenten, die fast ausschließlich aus Acacia bussei (golol) gewonnen wird, sehr fest und sehr schwer ist, handelt es sich bei der in Säcken transportierten Holzkohle privater Produzenten häufig um mindere Qualität mit einem höheren Anteil an Rinde und kleinen, leicht brüchigen Stücken.

---

58) Angaben durch die Kooperative. Die Zahl für 1973 erscheint dem Verfasser allerdings zu gering, denn von 30 Händlern, mit denen 1983 ein Kurzinterview geführt wurde, waren allein 16 zum Gründungszeitpunkt der Kooperative bereits vorhanden.

59) Der tatsächliche Zweck dieser Maßnahme wurde von den befragten Vorstandsangehörigen der Kooperative nicht genannt.

60) Die Messungen wurden an Säcken durchgeführt, die entlang der Straßen von Baydhabo nach Mogadishu gekauft und mit einem Privatwagen nach Mogadishu transportiert wurden. Bei den üblicherweise mit LKWs transportierten Säcken muß eher mit höheren Staubanteilen gerechnet werden.

Wadajir	42	Hawl Wadaag	49
Waaberi	19	Wardhiigleey	53
Hodan	33	Shibis	22
Xamar Jabjab	13	Yaaqshiid	44
Xamar Weyne	5	Kaaraan	33
Shangaani	8	Cabdul Casiis	5
Boondheere	16		

Die Aufteilung der genossenschaftlichen Holzkohleverkaufsstellen nach Distrikten (Tab. 23) für das Jahr 1983 entspricht in etwa der Bevölkerungsverteilung der Distrikte. Lediglich die Distrikte am Stadtrand, Wadajir, Yaaqshiid und Kaaraan, die in Teilen sehr jung besiedeltet sind, sind nach der Relation der Verkaufsstellen pro Bevölkerung geringfügig unterrepräsentiert. Das hängt aber sicher auch damit zusammen, daß die Bevölkerung in diesen Distrikten im Durchschnitt stärker auf Holz zurückgreift und damit die Nachfrage nach Holzkohle - bezogen auf die Bevölkerungszahl - ebenfalls geringer ist als in den länger und dichter besiedelten innenstadtnäheren Distrikten.

Auch innerhalb der einzelnen Distrikte verteilen sich die Verkaufsstellen recht gleichmäßig und sind selbst von den Außenbezirken der Stadt nur geringfügig schlechter zu erreichen als im übrigen Stadtgebiet. Somit kann die Versorgungsinfrastruktur durch die genossenschaftlichen Verkaufsstellen durchaus als gut angesehen werden.

Für die Versorgungsleistungen gilt dieses Urteil jedoch nur mit Einschränkungen. Zwar ist eine ausreichende Verfügbarkeit von Holzkohle gewährleistet. Größere Versorgungsengpässe traten während der Jahre 1983 bis 1985 nicht mehr auf. Lediglich seit Beginn der Benzinknappheit in der ersten Jahreshälfte 1985 kam es aufgrund von Transportproblemen bei einzelnen Verkaufsstellen kurzzeitig zu Holzkohleknappheit.

Die Qualität der Holzkohle kann sogar als ausgesprochen gut bezeichnet werden. Qualitätskontrollen durch die Händler sind durchaus üblich und bei minderwertiger Holzkohle wird ein Teil des Produktionspreises einbehalten. Das hat wesentlich dazu beigetragen, daß die Produzenten, von denen jeder für seine eigene Holzkohle verantwortlich ist und auch für sie entlohnt wird, selbst ein Interesse daran haben, qualitätsmäßig einwandfreie Holzkohle zu liefern.

Dagegen muß die Preis- und Verkaufspolitik der genossenschaftlichen Händler völlig anders bewertet werden. In diesem Zusammenhang sei nochmals an die Existenz von Mindestkaufmengen und deren Auswirkungen auf die Holzkohleversorgung für die ärmsten Familien erinnert, während auf die Preispolitk der Kooperativen in Kap. 7.5 näher eingegangen wird.

7.2 Märkte mit Brennholz- und Holzkohleangebot

Das Brennholz- und Holzkohleangebot auf den Märkten stellt die vielseitigste und neben den genossenschaftlichen Holzkohleverkaufsstellen die zweite wichtige Versorgungsquelle privater Haushalte dar. In der Regel ist jeder größere Markt in Mogadishu auch Markt für Brennholz und Holzkohle. Völlig eigenständige Märkte, auf denen nur Brennmaterialien angeboten werden, gibt es nicht. Allerdings werden Holz und Holzkohle zumeist in einem relativ abgeschlossenen Bereich und getrennt von anderen Gütern angeboten. Vermischungen, wie z.B. die Kombination von Sorghum und Holzkleinhandel in Wadajir (Markt A)[61] oder Tierfutter in Kombination mit Brennholz (Kaaraan B) sind eher die Ausnahme. In den meisten Fällen gibt es auf einem Markt nur einen Bereich, in dem Holz und Holzkohle angeboten wird. Ausnahmen bilden hier lediglich der Markt Yaaqshiid A, auf dem der Holzgroßhandel räumlich deutlich getrennt ist vom übrigen Brennholz- und Holzkohlehandel, und der Markt Kaaraan C. Allerdings sind die Holzkohle-Kleinhändler häufig vom übrigen Holz- und Holzkohlehandel abgesetzt, z.T. sogar über den gesamten Markt verstreut.[62]

Im folgenden Teil werden die wichtigsten Komponenten des über die Märkte ablaufenden Brennholz- und Holzkohlehandels sowie ihre Lieferverflechtungen und ihre Versorgungsfunktion kurz dargestellt[63].

7.2.1 Brennholzhandel

Der Brennholzhandel wird im wesentlichen von drei Händlertypen betrieben, von Großhändlern, die vor allem für die Versorgung von Bäckereien und gastronomischen Betrieben zuständig sind, von Kleinhändlern, deren Kunden in erster Linie private Haushalte sind, und von privaten Holzsammlern, die von ihrer Funktion her eher den Großhändlern zuzurechnen sind. Allerdings läßt sich eine solche Unterscheidung nicht ganz strikt durchhalten. Häufig treten auch Mischformen zwischen typischen Groß- und Kleinhändlern auf. Teilweise verkaufen die gleichen Händler Holz in allen gewünschten Mengen.[64]

---

61) Die Märkte werden jeweils mit dem Namen des Distriktes angesprochen und, falls mehrere Märkte innerhalb eines Distriktes existieren, mit den Buchstaben A, B, C usw. versehen. Zu ihrer Lage s. Abb. 12.

62) Da es aus zeitlichen Gründen nicht in jedem Fall möglich war, den Markt systematisch abzugehen, ist zu vermuten, daß die Holzkohle-Kleinhändler nicht vollständig erfaßt wurden.

63) vgl. auch Abb. 5, S.35.

64) Im folgenden werden verschiedene Mengen häufig als klein, mittel und groß bezeichnet. Eine exakte mengenmäßige Abgrenzung läßt sich dafür nicht geben. Zur Orientierung reichen jedoch die folgenden Erläuterungen aus. Mit kleinen Mengen sei der Verkauf von Portionen (zumeist 2-6 Einzelstücke) gemeint, die als zusammengesetzt und 1985 für einen Preis von 5 oder 10 sh verkauft wurden, auch wenn der Kunde mehrere solcher Portionen auf einmal kauft. Große Mengen sind komplette Landungen (Kamel oder Eselskarren) bzw. vergleichbare Mengen an Holz. Mittlere Mengen liegen dazwischen und werden im Gegensatz zu kleinen Verkaufsmengen erst beim Verkauf selbst aus einem größeren Stapel zusammengestellt.

Die Brennholz-Großhändler, werden üblicherweise von Zwischenhändlern beliefert, die das Holz zumeist entlang der Ausfallstraßen Mogadishus von privaten Sammlern aufkaufen. Der Transport erfolgt meist mit kleinen LKWs. Dabei kauft in der Regel jeder Händler eine komplette Wagenladung; nur in Ausnahmefällen tun sich mehrere Händler zusammen, um gemeinsam eine Ladung zu erwerben. Hauptabnehmer sind neben einem Teil der Kleinhändler vor allem Hotels, Restaurants, Teeshops und Bäckereien, in Einzelfällen auch private Haushalte. Ein ausschließlicher Großmarkt findet sich in Yaaqshiid (Markt A). Hier ist der Holzgroßhandel auch räumlich sehr deutlich vom übrigen Brennholz- und Holzkohlehandel getrennt, und die Händler verkaufen ausschließlich an Großabnehmer, in der Regel Großbäckereien und größere Restaurants. Im Gegensatz dazu verkaufen die meisten Großhändler der übrigen Märkte auch mittlere Mengen, während die Händler auf den Märkten in Xamar Jabjab und Hawl Wadaag (Markt B) durchweg alle gewünschten Holzmengen verkaufen.

Die Brennholz-Kleinhändler beziehen ihr Holz z.T. ebenfalls mittels LKWs von Zwischenhändlern, z.T. von den am gleichen Markt ansässigen Großhändlern und z.T. von privaten Sammlern, die das Holz mit Eselskarren oder Kamelen selbst zum Markt transportieren. Die Kunden typischer Kleinhändler sind in erster Linie private Haushalte, die teilweise oder vollständig mit Brennholz kochen. Dementsprechend finden sich solche Kleinhändler auch überwiegend auf den nahe am Stadtrand gelegenen Märkten. Allerdings bietet auch hier - und in noch stärkerem Maß auf den innenstadtnäheren Märkten - ein Großteil von ihnen auch Holz in mittleren Mengen an. Hauptkunden dafür sind private Haushalte, die bei größeren Familienfesten auf Holz als Brennmaterial zurückgreifen, sowie kleinere Restaurants und Teeshops.

Als dritte Gruppe treten die privaten Holzsammler auf. Für sie ist der Markt vor allem Vermittlungsort. Sie sammeln selbst einen Eselskarren oder eine Kamelladung an Holz und transportieren es auf den Markt. Eselskarren werden in den meisten Fällen als komplette Ladung an Großabnehmer weiterverkauft. Teilweise haben die Holzsammler einen festen Kundenkreis und beliefern diesen unter Umgehung des Marktes direkt. Das ist zwar nicht erlaubt, weil der Markt als Registrier- und Steuereinzugsstelle vorgesehen ist, die in jedem Fall zumindest passiert werden muß, geschieht aber dennoch relativ häufig.

7.2.2 Holzkohlehandel

Holzkohle wird auf den Märkten ausschließlich in zwei Größeneinheiten verkauft, sackweise (im folgenden als Großhandel bezeichnet), und in kleinen, im voraus zusammengestellten Portionen (Kleinhandel).

Die Großhändler werden teils über Zwischenhändler aus den Produktionsgebieten privater Holzkohlehersteller versorgt, teils fahren sie auch selbst in die Produktionsgebiete, um die Holzkohle dort aufzukaufen. In Kaaraan (Markt C) wurde die Holzkohle 1983 sogar von den Produzenten, die sich zu Gruppen zusammengeschlossen hatten, selbst verkauft.

Die Holzkohle-Kleinhändler beziehen ihre Ware von Großhändlern oder von genossenschaftlichen Verkaufsstellen und verkaufen sie in Portionen zu 5 oder 10 sh an private Haushalte. Sie bieten gerade für ärmere Haushalte oft die einzige - wenn auch teurere - Alternative zu den genossenschaftlichen Verkaufsstellen.

7.2.3 Standorte und Typisierung der Märkte

Anhand von Luftbildern und Ortsbegehungen konnten in Mogadishu für Ende 1983 insgesamt 18 Märkte mit Brennholz- und Holzkohleverkauf ausfindig gemacht werden.[65] Insgesamt zeigt sich eine recht gleichmäßige Verteilung der Märkte über das gesamte Stadtgebiet. Lediglich die gehobenen Wohngebiete in Hodan nördlich und westlich von km 4, Cabdul Casiis sowie die Distrikte im Stadtkern, Xamar Weyne, Shangaani und Boondheere, verfügen nicht über eigene Märkte mit Brennholz- und Holzkohleverkauf. Mit Ausnahme von Cabdul Casiis handelt es sich dabei vor allem um Wohngebiete gehobener Einkommensschichten, die keinen oder nur einen sehr sporadischen Brennholzbedarf für größere Familienfeste haben und durch die Verkaufsstellen von HILAAC in der Regel hinreichend mit Holzkohle versorgt sind.

Bei einer Typisierung der Märkte nach ihrer Größe und Versorgungsfunktion lassen sich drei Gruppen unterscheiden (s. Abb. 12 u. Tab. 24).[66]

1. Märkte mit einem umfassenden oder nahezu umfassenden Angebot. Als solche werden all die Märkte bezeichnet, bei denen sowohl für Brennholz als auch für Holzkohle jeweils Groß- und Kleinhändler vorhanden sind, die also die Versorgung sämtlicher Konsumentengruppen gewährleisten. In diese Gruppe lassen sich die folgenden sechs Märkte einordnen: Wadajir A, Hawl Wadaag, Xamar Jabjab, Wardhiigleey A sowie Yaaqshiid A und B.

2. Märkte mit umfassendem Brennholz-, aber nur rudimentärem Holzkohleangebot. Dieser Kategorie sind die Märkte Wadajir B, Hodan, Hawl Wadaag B, Yaaqshiid C, Kaaraan A sowie der reine Holzmarkt Kaaraan B zuzurechnen. Bezüglich des Holzhandels unterscheiden sie sich nur geringfügig von der Gruppe 1. Sie sind jedoch in der Regel etwas kleiner, sowohl von der Anzahl der Händler als auch von den gelagerten Holzmengen her. Dennoch kann das Brennholzangebot für alle Konsumentengruppen als zufriedenstellend angesehen werden. Im Gegensatz dazu ist das Holzkohleangebot nur sehr unzureichend. Es beschränkt sich lediglich auf eine geringe Zahl an Kleinhändlern. Holzkohle in Säcken wird auf diesen Märkten überhaupt nicht angeboten, so daß sich die Kunden im Einzugsbereich der Märkte auch mit größeren Holzkohlemengen nur über die genossenschaftlichen Verkaufsstellen versorgen können.

3. Märkte mit geringem, überwiegend auf den Kleinhandel beschränktem Angebot. Dieser Gruppe gehören die Märkte Wadajir C und D, Wardhiigleey B und Shi-

---

65) Sehr kleine Märkte wie in Cabdul Casiis in der Nähe des Untersuchungsgebiets für die Haushaltsbefragung 1983 wurden nicht berücksichtigt, weil ihre Erfassung nicht vollständig möglich war. Außerdem wird hier offenbar lediglich Holzkohle in kleinen Mengen angeboten, wie sie auch bei einer Vielzahl von Hausverkäufern erhältlich ist.

66) Diese Typisierung kann nur als Momentaufnahme verstanden werden, weil die Versorgungsfunktionen und die Anzahl der aktiven Händler auf einzelnen Märkten offensichtlich großen jahreszeitlichen Schwankungen unterworfen sein können, die jedoch nicht näher erfaßt werden konnten.

bis B an. Dabei handelt es sich um insgesamt - nicht nur auf das Angebot von Brennholz und Holzkohle bezogen - recht kleine Märkte, die wohl lediglich ergänzende Funktion zu den größeren Märkten haben. Ihr Brennholz- und Holzkohleangebot ist überwiegend auf private Haushalte als Kunden ausgerichtet.

Zusätzlich zu diesen 3 Gruppen gibt es noch zwei Märkte, Shibis A und Kaaraan C, die ausschließlich bzw. überwiegend Holzkohle anbieten. Das Hauptgewicht liegt bei beiden Märkten auf dem Großhandel. Darüber hinaus gibt es im äußersten Stadtrandbereich neu entstandene Verkaufsstellen mit einer geringen Zahl von Händlern. Teils handelt es sich dabei ausschließlich um den Verkauf von Holz, teils werden auch andere Güter gehandelt. Im Zuge der weiteren Besiedlung dieser Gebiete werden sich vermutlich einige solche Verkaufsstellen zu Märkten weiterentwickeln.

Tab. 24: Anzahl und Art der Händler auf den Märkten in Mogadishu, Dez. 1983

Markt	Brennholz-Händler				Holzkohle-Händler	
	Groß-händler	gemischt	Klein-händler	Sammler	Groß-händler	Klein-händler
Wadajir A	6		15	22		22
Wadajir B	5		6	2		2
Wadajir C			4			7
Wadajir D			4			1
Hodan	2		7	25		4
Hawl Wadaag A	10		9	2	18	16
Hawl Wadaag B		9		3		4
Wardhiigleey A			12	6	13	3
Wardhiigleey B			6			
Yaaqshiid A	19		11		10	9
Yaaqshiid B		19			9	9
Yaaqshiid C			4	17		1
Shibis A					12	6
Shibis B			3	4		4
Kaaraan A			5	7		6
Kaaraan B			25	10		
Kaaraan C			4	1	13	3
Xamar Jabjab		32		20	2	12

7.2.4 Die Legalisierung des Brennholz- und Holzkohlehandels auf den Märkten

Für den Handel auf den Märkten in Mogadishu muß von den Händlern und ihren Zulieferern grundsätzlich eine steuerliche Abgabe gezahlt werden. Die Zahlung selbst erfolgt zumeist auf den Märkten an hierfür zuständige Steuereinsammler. Die Höhe der Abgaben wird vom Local Government festgelegt und betrug Ende 1983

- 3 sh pro Nutzungstag für den festen Verkaufsplatz eines Holz- oder Holzkohlehändlers. Dabei wird kein Unterschied zwischen Groß- und Kleinhändlern gemacht.

116

Abb. 12: Die Märkte mit Brennholz— und Holzkohleangebot in Mogadishu, 1983

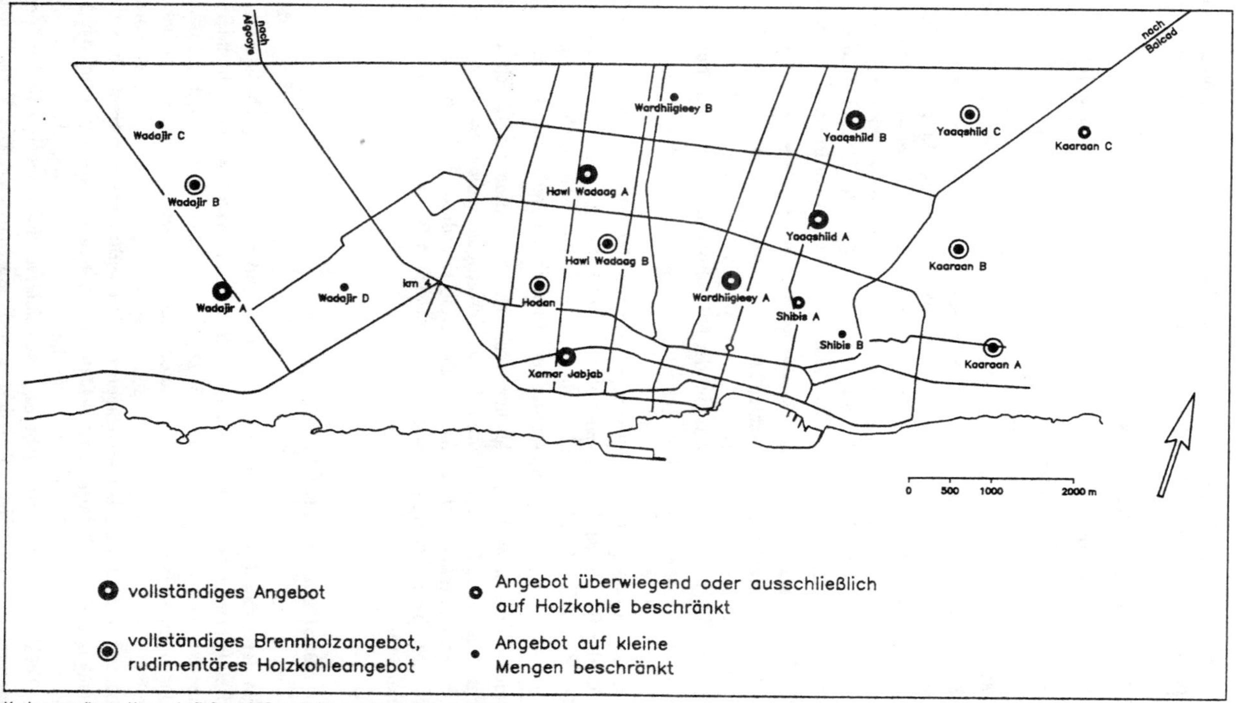

Kartengrundlage: Hansa Luftbild, 1983, Luftbild von Mogadishu 1:15000.

117

- 3 sh für eine Kamelladung oder einen Eselskarren mit Holz, wovon 2 sh an den Kontrollpunkten am Stadtrand Mogadishus und 1 sh auf dem Markt selbst gezahlt wird.
- 1 sh für eine Eselsladung mit Holz.
- 60 sh für eine mittlere und 120 sh für eine große LKW-Ladung mit Holz.
- 3 sh für einen Sack Holzkohle.

Durch diese Versteuerung entsteht für den Handel mit Brennholz und Holzkohle auf den Märkten eine rechtlich widersprüchliche Situation. Denn nach dem Gesetz Nr. 15 vom 25. Jan. 1969, dem "Law of Fauna and Forest Conservation", ist das Schlagen von Bäumen oder Baumteilen zu gewerblichen Zwecken nur mit Lizenz erlaubt. Über solche Lizenzen verfügen jedoch weder die privaten Holzkohleproduzenten noch die verschiedensten Gruppen der privaten Holzsammler, deren Produkte auf den Märkten verkauft werden. Die Produktion ist somit nicht legal, der Handel mit diesen Produkten wird jedoch bei ihrem Erscheinen auf den Märkten in Mogadishu nachträglich legalisiert.

Das ist in Anbetracht der unterschiedlichen Zuständigkeiten und der verschiedenen Interessen der zuständigen Behörden keineswegs verwunderlich. Für den Produktionsbereich ist das Forest Department der NRA zuständig, das zum Schutz vor Entwaldung und Desertifikation zwangsläufig privater, unkontrollierter Produktion gegenüber sehr restriktiv sein muß. Im Gegensatz dazu ist das für den Handel in Mogadishu zuständige Local Government in erster Linie an einer ausreichenden Versorgung der Bevölkerung mit Brennholz und Holzkohle interessiert. Daher wird auch der Handel mit solchen Brennmaterialien, die nicht legal hergestellt wurden, aber für eine ausreichende Versorgung der Stadt erforderlich sind, nicht unterbunden.

Gerade an dieser widersprüchlichen rechtlichen Situation zeigt sich das ganze Dilemma gegensätzlicher und unter den gegenwärtigen Bedingungen nicht miteinander zu vereinbarender Interessen und Ziele. Ob sich diese Ziele überhaupt miteinander vereinbaren lassen, und wenn ja, unter welchen Bedingungen, wird in Kap. 8.3 zu dikutieren sein.

7.3   Sonstiger Verkauf

Neben der legalen Versorgung mit Brennholz und Holzkohle durch die Genossenschaften Hilaac und Golol sowie über die offiziellen Märkte, gibt es auch andere Versorgungskanäle. Diese seien hier nur kurz genannt. Über ihren Stellenwert innerhalb des gesamten Versorgungssystems können keine gesicherten Aussagen gemacht werden. Für die Versorgung der privaten Haushalte sind sie von untergeordneter Bedeutung, während sie bei verschiedenen Großverbrauchern vermutlich den überwiegenden Teil des Bedarfs decken. Dabei handelt es sich vor allem um die direkte Belieferung größerer Brennholzverbraucher, z.B. Bäckereien, Hotels, Restaurants oder Teeshops. Sehr häufig gibt es feste Liefervereinbarungen zwischen privaten Holzsammlern bzw. Zwischenhändlern und diesen Betrieben. Die Versorgung wird dann unter Umgehung des Marktes abgewickelt. Meistens sind es die gleichen Sammler bzw. Händler, die zunächst ihre festen Kunden auf Wunsch beliefern und andernfalls ihre Ladungen über einen der Märkte absetzen. Insbesondere die Bäckereien als größte Holzverbraucher greifen oft auf ganze LKW-Ladungen zurück, während Restaurants und Teeshops zumeist durch Eselskarren beliefert werden.

Eine zweite Gruppe sind Holzkohle-Straßenhändler, die mit Eselskarren durch die Straßen ziehen und Holzkohle sackweise an private Haushalte verkaufen. Dabei handelt es sich zum Teil um die illegale Vermarktung von Holzkohle direkt von einem Zwischenhändler an den Straßenverkäufer, zum Teil arbeiten die Straßenhändler auch mit Großhändlern auf den Märkten zusammen und erfüllen dabei häufig reine Transportfunktionen für die Stammkundschaft der Großhändler.

Darüber hinaus gibt es Hausverkäufer von Holz und Holzkohle, die sich über den Markt oder die Holzkohleverkaufsstellen Hilaacs und am Stadtrand auch von auswärtigen Produzenten mit Holz bzw. Holzkohle versorgen und diese in kleinen Portionen an private Haushalte weiterverkaufen. Während zumindest bis 1983 die Holzkohle-Hausverkäufer wegen ihrer Nähe von zahlreichen Vewrbrauchern als willkommene Ergänzung zu den Verkaufsstellen der Kooperativen gesehen wurden, scheinen sie bis 1985 für die Versorgung recht unbedeutend geworden zu sein.

Eine gewisse Rolle für die Holzkohleversorgung der Stadtrandbereiche spielt auch die direkte Vermarktung von Holzkohle, wie sie während der Haushaltsbefragung in Wadajir beobachtet wurde. Dabei handelt es sich um Holzkohle, die in kleinen Mengen in der Umgebung Mogadishus hergestellt, von den Produzenten selbst auf Kamelen antransportiert und in halben oder ganzen Säcken verkauft wird. Da hierbei keine Zwischenhändler eingeschaltet sind und die Transportkosten relativ gering bleiben, handelt es sich vermutlich um die billigste Holzkohle, die in Mogadishu erhältlich ist.

Bei der Haushaltsbefragung 1983 gaben zwei der Interviewpartner an, ihre Holzkohle über das Militär zu beziehen. Inwieweit diese Art der Versorgung über die reinen Militärangestellten hinausgeht, kann nicht mit Sicherheit gesagt werden. Nach unbestätigten Informationen scheint es jedoch unter LKW-Fahrern des Militärs durchaus üblich, Holzkohle in der Bay Region aufzukaufen und in Mogadishu weiterzuverkaufen. Als Bezugsquelle wurde dies bei der Haushaltsbefragung 1985 allerdings nicht mehr genannt.

7.4 Gegenüberstellung von Versorgung und Verbrauch für Holzkohle

Um die angebotenen und verbrauchten Holzkohlemengen miteinander vergleichen zu können, muß auch der Verbrauch außerhalb privater Haushalte abgeschätzt werden. Genaue Angaben dazu konnten jedoch nicht erhoben werden, und von den bisherigen Studien liefern nur ROBINSON/SMITH (1984) einige brauchbare Hinweise. Das ist für eine exakte Einschätzung zwar unzureichend, da der Holzkohleverbrauch jedoch zum weitaus größten Teil auf private Haushalte entfällt, sind die Unsicherheiten beim Abschätzen des übrigen Verbrauchs vertretbar.

ROBINSON/SMITH (1984, S.27) schätzen den Holzkohleverbrauch, der nicht auf private Haushalte entfällt, auf etwa 5% des Gesamtverbrauchs ein. Als größte einzelne Menge im industriellen Sektor geben sie für die Metallgießerei in der 21.Oktober-Str. ca. 400 t pro Jahr an. Alle übrigen industriellen Nutzungen können als erheblich geringer angesehen werden, so daß der Verbrauch im gesamten industriellen Sektor 1000 t nicht übersteigen wird, wahrscheinlich sogar deutlich darunter liegt.

Im gastronomischen Gewerbe könnte der Holzkohleverbrauch etwas höher sein. Während Hotels oder größere Restaurants überwiegend auf Holz oder zum Teil verkohltes Holz, sogenannte "brands", zurückgreifen, wird Holzkohle in größerem Maß von Teeshops oder kleinen Restaurants benutzt. Eine Abschätzung dieses Verbrauchs ist kaum möglich. Er könnte ebensogut bei 1000 t wie bei 5000 t pro Jahr liegen.

Holzkohlestaub und Kleinstbestandteile, die nicht an private Haushalte verkauft werden können, werden von den Kalkbrennereien genutzt. Von den Kooperativenhändlern wird ihr Anteil auf etwa 2% der gesamten Holzkohle geschätzt (ROBINSON/ SMITH, 1984, S.27). Das entspricht etwa 1500 t pro Jahr. Somit liegt der Holzkohleverbrauch außerhalb privater Haushalte vermutlich in einer Größenordnung zwischen 3000 t und 7500 t pro Jahr. Das sind zwischen knapp 4% und 9% des Gesamtverbrauchs, der damit etwa 80 000 t bis 85 000 t beträgt. Berücksichtigt man darüber hinaus den Schwankungsbereich für die Schätzung des Holzkohleverbrauchs privater Haushalte, so kann für das Jahr 1985 ein Verbrauch zwischen etwa 73 000 t und 92 000 t angenommen werden.

Wie verteilt sich dieser Verbrauch nun auf die einzelnen Bezugsquellen? Während die Metallgießerei und die Kalkbrennereien ihr Brennmaterial in jedem Fall von den Verkaufsstellen der Kooperativen beziehen, kann der übrige nicht auf die Haushalte entfallende Verbrauch nicht sicher zugeordnet werden. Vermutlich werden aber auch davon 80% oder mehr durch die Kooperativen gedeckt.

Tab. 25: Der Holzkohleverbrauch privater Haushalte nach Bezugsquellen und -mengen, 1985

Bezugsquelle und -menge	Trockenzeit in t	Regenzeit in t	insgesamt in t	in %
Kooperative, kleine Mengen	34 889	23 765	58 654	74,4
Kooperative, halbe Säcke, Säcke	6 852	7 188	14 040	17,8
Markt, kleine Mengen	569	341	910	1,2
Markt, Säcke	2 369	1 411	3 780	4,8
Kamel, halbe Säcke, Säcke	841	565	1 406	1,8
insgesamt	45 521	33 269	78 790	

Trockenzeit = 215 Tage   Regenzeit = 150 Tage

Betrachtet man nun den Holzkohleverbrauch privater Haushalte nach den angegebenen Bezugsquellen (Tab. 25), so bestätigt sich, daß der überwiegende Teil, nämlich mehr als 90% des gesamten Verbrauchs, durch die genossenschaftlichen Verkaufsstellen gedeckt wird. Darüber hinaus kommt lediglich dem sackweisen Verkauf auf den Märkten mit knapp 5% des Verbrauchs ein nennenswerter Anteil zu, während alle anderen Bezugsquellen als relativ unbedeutend angesehen werden können. Einige der tatsächlich vorhandenen Bezugsquellen, z.b. Hausverkauf in kleinen Mengen oder der Bezug über das Militär, tauchen in dieser Zusammenstellung nicht auf. Das kann bei dem gegebenen Stichprobenumfang und der geringen Bedeutung dieser Bezugsquellen durchaus zufallsbedingt sein. In jedem Fall läßt sich daraus schließen, daß der Anteil solcher Bezugsquellen am gesamten Holzkohlehandel insgesamt nur in einer Größenordnung von wenigen Prozent liegen kann.

Demnach liegt der gesamte Holzkohleverbrauch, der über die Verkaufsstellen der Kooperativen abgedeckt wird, in einer Größenordnung von etwa 77 000 t. Dagegen wurde für 1984 eine Menge von weniger als 55 000 t Holzkohle erfaßt und die bis August 1985 vorliegenden Verbrauchszahlen deuten auf einen offiziellen Handel in der Größenordnung von 50 000 t bis 55 000 t für 1985 hin. Somit muß man davon ausgehen, daß etwa ein Drittel des gesamten Holzkohlehandels, der über Cadceed und Hilaac abgewickelt wird, an der offiziellen Registratur vorbeiläuft. Berücksichtigt man die Unsicherheit der Verbrauchsschätzung, so schwankt der Anteil des Schwarzhandels am gesamten Holzkohlehandel der Kooperativen zwischen 25% und 40%.[67]

Der Holzkohleverkauf auf den Märkten im Jahr 1985 liegt mit etwa 4000 t deutlich unter der für 1983 vorgenommenen Schätzung der privaten Produktion. Das mag zum einen mit der unsicheren Datenbasis zusammenhängen, auf der diese Schätzung beruht, deutet aber auch auf einen Produktionsrückgang in diesen zwei Jahren hin, der entweder auf eine geringere Nachfrage nach Holzkohle auf den Märkten oder auf Produktionsprobleme infolge abnehmender Holzreserven zurückgeführt werden kann. Für eine verringerte Nachfrage würde sprechen, daß sich die Versorgungssituation für Holzkohle von 1983 bis 1985, wie erwähnt, sehr verändert hat: Während zu Zeiten der Holzkohleverknappung, von der in erster Linie die genossenschaftlichen Verkaufsstellen betroffen waren, eine verstärkte Nachfrage nach der Holzkohle auf den Märkten einsetzte, ziehen es seit Beendigung der Verknappung die meisten Haushalte vor, sich ganzjährig über genossenschaftliche Verkaufsstellen zu versorgen. Auf einen angebotsbedingten Rückgang der Produktion deutet dagegen die Preisentwicklung der sackweise gehandelten Holzkohle hin (s. Kap. 7.5.1).

7.5 Die Preisentwicklung von 1983 bis 1985

Die Veränderungen der Holz- und Holzkohlepreise von 1983 bis 1985 sind vor allem unter den folgenden Gesichtspunkten von Interesse:

---

67) Diese Diskrepanz zwischen den offiziell registrierten und den tatsächlich über die genossenschaftlichen Händler umgesetzten Mengen ist wohl einer der Gründe dafür, daß der Holzkohleverbrauch Mogadishus in früheren Studien ausnahmslos unterschätzt wurde.

1. Sie ermöglichen einen Preisvergleich unter verschiedenartigen Bedingungen: Holzkohleverknappung während der Regenzeiten bis 1983 und ausreichende Versorgung in Jahr 1985.

2. Aus dem Preisvergleich für verschiedene Vermarktungseinrichtungen lassen sich wichtige Schlußfolgerungen ableiten, die das bisher gewonnene Bild über die Stellung der Kooperativen in der Produktion und im Handel mit Holzkohle abrunden.

3. Die Unterschiede bei den Preisanstiegen während dieser zwei Jahre lassen erste Aussagen über möglicherweise bevorstehende Verknappungen zu.

7.5.1 Holzkohlepreise

1. Bei den genossenschaftlichen Verkaufsstellen:

Die ausführlichsten Meßreihen zur Bestimmung der Holzkohlepreise wurden im Rahmen der Haushaltsbefragungen in Cabdul Casiis und Wardhiigleey im November 1983 durchgeführt. Dabei ergab sich für Verkaufsmengen von 10 bis 30 sh ein Durchschnittspreis von 3,5 sh/kg in Cabdul Casiis[68] und 3,3 sh/kg in Wardhiigleey[69]. Im Gegensatz dazu wurden in Wadajir, Hawl Wadaag und Xamar Weyne etwa vier Wochen später lediglich Preise zwischen 2,4 und 2,7 sh/kg festgestellt[70]. Diese Unterschiede lassen sich nicht mit Bestimmtheit erklären. Sie könnten einerseits darauf zurückzuführen sein, daß der Holzkohlepreis von November bis Dezember 1983 zurückging, weil die für die Deyr-Regenzeit (Okt.-Nov.) erwarteten Versorgungsengpässe nicht aufgetreten waren. Sie könnten aber ebensogut ein Indiz für deutliche lokale Preisunterschiede innerhalb Mogadishus sein.

Lokale Preisunterschiede wurden 1985 nicht mehr festgestellt. Abgesehen von zwei Verkaufsstellen, bei denen die Holzkohle kurzzeitig um 20-30% teurer verkauft wurde, weil die Händler wegen der Benzinverknappung nur noch über geringe Mengen an Holzkohle verfügten, waren die Preise bei allen Verkaufsstellen relativ konstant. Mit 9,7 sh/kg[71] lagen sie fast dreimal so hoch wie 1983. Im Vergleich zu den Lebenshaltungskosten, die in diesem Zeitraum etwa auf das Zweieinhalbfache angestiegen waren[72], ist das eine leicht überdurchschnittliche Verteuerung, die weder auf Versorgungsengpässe noch auf die Erhöhung des Ankaufspreises von Cadceed zurückzuführen ist. Im Gegenteil, der offizielle Ankaufspreis stieg in diesem Zeitraum lediglich von 144 sh pro 100 kg auf 240 sh und die offiziellen Verkaufspreise an die Endverbraucher wurden von 2,0 sh/kg auf 2,7 sh/kg angehoben. Damit ist der tatsächliche Verkaufspreis mehr als dreieinhalbmal so hoch wie offiziell festgesetzt.

Der Preis wird von den Händlern diktiert, die als Kooperative fast über eine Monopolstellung im Holzkohlehandel verfügen. Die Position der genossenschaftlichen

---

68) 39 Messungen.
69) 21 Messungen.
70) 8 Messungen.
71) 12 Messungen zu 20 sh.
72) Mogadishu Consumer's Price Index, monatlich vom Statistical Department des Ministry of National Planning erhoben.

122

Händler wird durch eine enge Verflechtung mit den Produzenten von Cadceed noch verstärkt. Die meisten Camp-Besitzer halten sich überwiegend in Mogadishu auf und sind gleichzeitig Mitglieder von Hilaac. Da sie den größeren und schwerer kontrollierbaren Teil ihrer Gewinne aus dem Handel beziehen, haben sie selbst kein Interesse daran, daß die Produktionspreise im gleichen Verhältnis wie die tatsächlichen Verkaufspreise angehoben werden. Durch diese Verquickung von Produktion und Handel ist es auch nicht verwunderlich, daß die offiziell registrierte Holzkohlemenge nur einen Teil dessen ausmacht, was tatsächlich zwischen den Holzkohleproduzenten und den genossenschaftlichen Verkaufsstellen umgesetzt wird.

2. Auf Märkten

1. Großhandel: Ein Sack Holzkohle wog 1983 etwa 50 kg[73] und kostete auf dem Markt zwischen 110 und 125 sh. Der Durchschnittspreis betrug 120 sh, konnte jedoch während der Verknappungen in der Regenzeit auf etwa 140-150 sh ansteigen. Somit lag der Preis Ende 1983, als Holzkohle in ausreichenden Mengen verfügbar war, bei etwa 2,4 sh/kg und stieg bis Oktober 1985 auf ca. 8,2 sh/kg an. Der Preiszuwachs für Holzkohle ist damit auf den Märkten deutlich höher als bei den Verkaufsstellen der Kooperative.

Die genannten Durchschnittspreise lassen sich jedoch aufgrund von Qualitätsunterschieden nicht ohne weiteres mit den Holzkohlepreisen der genossenschaftlichen Verkaufsstellen vergleichen. Während man beim Kauf von einem genossenschaftlichen Händler fast durchweg Holzkohle sehr guter Qualität bekommt, ist in einem auf dem Markt angebotenen Sack Holzkohle jeweils ein bestimmter Anteil an Staub, Rinde und "brands" enthalten. Bei drei daraufhin untersuchten Säcken ergab sich im Durchschnitt folgende Zusammensetzung[74]:

- Holzkohle guter Qualität   73,7%
- Rinde und kleine Stücke   13,0%
- Holz und "brands"   7,6%
- Staub und kleinste Stücke   5,8%

Demnach sind ca. 3/4 der Holzkohle in Säcken von etwa gleicher Qualität wie die Holzkohle der Kooperativen. Weitere 20% sind zum Kochen ebenfalls nutzbar, jedoch von geringerem Brennwert, während die übrigen 6% zum Kochen unbrauchbar sind. Setzt man für die 20% bedingt brauchbaren Brennmaterials einen Brennwert von höchstens 75% an, so reduziert sich der gesamte Brennwert auf weniger als 90% des Brennwerts für die gleiche Menge Holzkohle der Kooperative. Demnach gab es zwischen der Holzkohle der Kooperative in Portionen zu 20 oder 40 sh und der sackweise verkauften Holzkohle auf den Märkten 1985 keinen nennenswerten Preisunterschied mehr. Das kann durchaus als Hinweis dafür interpretiert werden, daß die privaten Holzkohleproduzenten, die Hauptlieferanten für den Handel auf den Märkten, möglicherweise aufgrund eines drastischen Rückgangs der Holzressourcen kaum

---

73) 18 Messungen.
74) Die Säcke wurden an verschiedenen Stellen entlang der Straße von Baydhabo nach Mogadishu gekauft und selbst nach Mogadishu transportiert. Bei dem üblichen Transport auf LKWs ist der Staubanteil möglicherweise höher.

noch mit der genossenschaftlichen Produktion konkurrieren können. Trifft dies zu, dann hat es sicherlich auf die Preispolitik der Kooperativen Einfluß genommen und läßt für die Zukunft einen noch deutlicheren Preisanstieg befürchten.

2. Kleinhandel: Die Kleinhändler auf dem Markt und die Hausverkäufer boten ihre Holzkohle 1983 für einen Durchschnittspreis von 4,2 sh/kg[75] und 1985 für durchschnittlich 12,3 sh/kg[76] an. Sie sind damit deutlich teurer als alle übrigen Anbieter, verkaufen jedoch nur Holzkohle bester Qualität. Nur zum Teil verkohlte Stücke ("brands") werden zu geringeren Preisen verkauft und kleine Stücke schlechterer Qualität werden zumeist beim Kauf mehrerer Portionen als Rabatt hinzugegeben.

7.5.2 Brennholzpreise

Die Preise für Brennholz variieren je nach Holzart und -qualität sowie nach den gekauften Mengen sehr stark. Für Holz in kleinen, vor dem Verkauf zurechtgelegten Bündeln schwankten sie 1983 mit wenigen Ausnahmen zwischen 1,4 und 1,8 sh/kg.[77] In der Regel geben die Händler zu den vorgefertigten Bündeln jedoch noch etwas Holz hinzu, so daß die tatsächlichen Verkaufspreise etwa bei 1,3 bis 1,4 sh/kg lagen und bis 1985 auf etwa 4,3 sh/kg anstiegen.[78]

Für den Kauf mittlerer Holzmengen (etwa 5-15 kg) lag der Preis 1983 zwischen 1,1 und 1,4 sh/kg[79] und stieg bis 1985 auf etwa 3,5 sh/kg an.[80] Die Preise größerer Mengen wurden nicht exakt bestimmt. Sie wurden lediglich für 1983 anhand der Preise für ganze Ladungen eines Eselskarren[81] abgeschätzt. Die Ladungen schwankten etwa zwischen 120 und 440 kg Holz, die zu zahlenden Preise bewegten sich zwischen 60 und 300 sh. Der Durchschnittspreis betrug etwa 0,8 sh/kg und war damit deutlich niedriger als der Preis kleiner und mittlerer Holzmengen.

Faßt man die Preisentwicklung zwischen 1983 und 1985 zusammen, so zeigt sich im gesamten Brennholz und Holzkohlehandel ein Preisanstieg auf etwa das Dreifache oder mehr. Der Anstieg bei der genossenschaftlich verkauften Holzkohle war dabei sogar am geringsten. Während jedoch alle anderen Preise über Marktmechanismen zustande kommen und als Zeichen einer ansteigenden Verknappung interpretiert werden können, wird der genossenschaftliche Holzkohlepreis von den Händlern diktiert. Er ist nicht auf einen vergleichbaren Anstieg der Produktions- und Transportkosten zurückzuführen. Möglicherweise ist die genossenschaftliche Holzkohleproduktion der einzige Teilsektor der Brennholz- und Holzkohleversorgung Mogadishus, der nicht von akuter oder unmittelbar bevorstehender Holzknappheit betroffen ist. Für die Zukunft muß daher mit einer noch stärkeren Konzentration des Verbrauchs auf

---

75) Insgesamt 34 Einzelportionen zu je 1 sh.
76) 12 Messungen für Mengen zu 5-10 sh.
77) Insgesamt 18 Messungen für Mengen zu 2-4 sh.
78) 10 Messungen zu 5-10 sh.
79) 6 Messungen für Mengen zu 5-15 sh.
80) 5 Messungen zu 50-100 sh.
81) 9 Messungen. Es wurde das Volumen der Ladungen vermessen. In allen Fällen wurde ein durchschnittlicher Volumenanteil von 50% des gesamten Volumens und ein spezifisches Gewicht von 0,7 zugrunde gelegt.

Holzkohle und einer weiter voranschreitenden Monopolisierung von Holzkohleproduktion und -handel durch die Genossenschaften Cadceed und Hilaac gerechnet werden. Sollten die Genossenschaften dabei ihre Preispolitik der letzten Jahre fortsetzen, so ist zu befürchten, daß auch weiterhin überproportionale Preiserhöhungen für Holzkohle auf die Verbraucher zukommen, die aufgrund der Produktions- und Transportkosten in keiner Weise gerechtfertigt sind.

8. EINSCHÄTZUNG DER ZUKÜNFTIGEN VERSORGUNGSSITUATION

8.1 Modellrechnungen zum künftigen Holzkohleverbrauch

Wie wird sich der Holzkohleverbrauch in Zukunft unter verschiedenen Bedingungen entwickeln?

- Welcher Verbrauch wäre beispielsweise zu erwarten, wenn die gegenwärtige Versorgungslage nahezu unverändert fortbestünde und die Preise für Holzkohle im Rahmen der allgemeinen Teuerungsrate anstiegen?

- Wie hoch müßte der Verbrauch dagegen veranschlagt werden, wenn sich die Preise aufgrund höherer Transportkosten und/oder einer entsprechenden Preispolitik der Händler stark überproportional erhöhten?

- Und welchen Einfluß könnten wirksame energiepolitische Maßnahmen zur Reduzierung des Verbrauchs auf seine tatsächliche Entwicklung nehmen?

Als Ausgangsbasis für diese Schätzungen können die aktuellen Verbrauchswerte herangezogen werden. Da diese ebenfalls auf Schätzungen beruhen, läßt sich der erwartete Verbrauch nur in seiner Größenordnung bestimmen. Die Berechnungen werden lediglich für Holzkohle durchgeführt, weil bereits die Schätzung des aktuellen Holzverbrauchs mit einem sehr großen Schwankungsbereich erfolgte, der als Basis für Aussagen zum künftigen Verbrauch zu unsicher ist.

In die Modellrechnungen gehen die folgenden Faktoren ein (s. Tab. 26):
- Bevölkerungswachstum
- Substitution von Holzkohle durch andere Energieträger
- Substitution von Holz durch Holzkohle
- Einsparung durch effizientere Öfen
- verändertes Verbraucherverhalten
- Zuwachs des Verbrauchs außerhalb privater Haushalte.

Die Berechnungen wurden auf einen Zeitraum von zehn Jahren (1985-1995) begrenzt. Weiter in die Zukunft reichende Versuche, den Verbrauch abzuschätzen, sind nicht sinnvoll, weil sich innerhalb eines solchen Zeitraums die Rahmenbedingungen für die Schätzung vollkommen verändern könnten.

Tab. 26: Schätzungen des künftigen Holzkohleverbrauchs für Mogadishu

	Varianten der Schätzung				
	1A	1	2	3	3A
jährliches Bevölkerungswachstum in %	4,5	4	4	4	3,5
Substitution von Holzkohle durch andere Energieträger in % bis 1990	2	2	3	2	4
des Verbrauchs von 1985 bis 1995	5	5	7	5	10
Substitution von Holz durch Holzkohle in % des substituier- bis 1990	40	40	30	35	35
baren Holzes bis 1995	70	70	60	50	50
Einsparung durch effizientere Öfen Effizienz um ... % höher als 1985	20	25	25	25	30
Anteil der Nutzer in % bis 1990	15	15	20	50	50
bis 1995	30	30	50	80	80
jährliche Änderung des Verbrauchs durch anderes Verbraucherverhalten, in % des Verbrauchs 1985	0	0	-0,5	-0,5	-0,5
Verbrauchsänderung außerhalb privater Haushalte in %	5	4	4	4	3
Verbrauch durch private Haus- 1990	95 657	92 668	87 271	81 685	75 881
halte in t (1985 = 77 021) 1995	115 860	108 672	94 646	87 397	74 957
Verbrauch außerhalb privater 1990	6 701	6 387	6 387	6 387	6 086
Haushalte in t (1985 = 5250) 1995	8 552	7 771	7 771	7 771	7 056
Gesamtverbrauch in t 1990	102 357	99 056	93 659	88 072	81 967
(1985 = 82 271) 1995	124 412	116 443	102 417	95 169	82 012

Da sich die erwarteten Veränderungen für alle in die Schätzungen eingehenden Faktoren bei dem verfügbaren Informationsstand lediglich aus Plausibilitätsüberlegungen ableiten lassen, ist es geboten, die Berechnungen auch mit Alternativannahmen durchzuführen, um die Bandbreite aufzuzeigen, in der sich der künftige Verbrauch bewegen könnte. Das ergäbe allerdings bei den drei oben genannten möglichen Entwicklungen eine nicht mehr überschaubare Anzahl von Einzelschätzungen. Daher wurde folgender Kompromiß gewählt. Zunächst wurden drei unterschiedliche Varianten für die genannten Fragestellungen entwickelt und für ein jährliches Bevölkerungswachstum von 4%, einen Verbrauchszuwachs außerhalb privater Haushalte von ebenfalls 4% pro Jahr sowie eine angenommene Einsparmöglichkeit durch effizientere Öfen von 25% des Verbrauchs durchgerechnet. Für die Schätzungen mit dem geringsten und höchsten Wert wurden im Anschluß daran die bisher konstant gelassenen Parameter verändert, um so auch einen Überblick über die gesamte Bandbreite zu bekommen, in der der künftige Verbrauch liegen wird. Für alle drei Varianten wurde weiterhin angenommen, daß die Substitutionsmöglichkeiten von Holzkohle durch andere Energieträger innerhalb der nächsten 10 Jahre sehr beschränkt sein werden, daß aber andererseits schon innerhalb weniger Jahre drastische Versorgungsprobleme für Brennholz auftreten werden, so daß ein Großteil des substituierbaren Brennholzes durch Holzkohle ersetzt werden muß.

In Variante 1 wird im wesentlichen davon ausgegangen, daß die derzeitige Versorgungslage für Holzkohle auch in den nächsten 10 Jahren fortbestehen wird und keine wirksamen energiepolitischen Maßnahmen zur Einschränkung des Holzkohleverbrauchs durchgeführt werden. Die Preise werden sich nur im Rahmen der allgemeinen Teuerungsrate oder geringfügig schneller erhöhen. Dementsprechend ist auch die Substitution von Holzkohle durch Kerosin, Gas (LPG) oder Elektrizität sehr gering, während durch die angespannte Versorgungslage und die starke Preiserhöhung für Brennholz die Substitution von Holz durch Holzkohle am höchsten ist. Aufgrund dieser Entwicklung ist nicht mit einem veränderten, sparsameren Verbrauchsverhalten zu rechnen, und die Bereitschaft, auf effizientere Öfen umzusteigen, dürfte ebenfalls relativ gering sein. In diesem Fall würde der Holzkohleverbrauch privater Haushalte bis 1990 um mehr als 20% und bis 1995 sogar um über 40% zunehmen. Der Gesamtverbrauch läge bereits 1990 bei fast 100 000 t und 1995 bei mehr als 115 000 t.

Würde sich herausstellen, daß die geschätzten Einsparmöglichkeiten beim Einsatz effizienterer Öfen nicht, wie angenommen, bei 25%, sondern nur bei 20% liegen, wäre zudem das jährliche Bevölkerungswachstum mit 4,5% fast so hoch wie während der letzten Jahre und der Verbrauchszuwachs außerhalb privater Haushalte mit 5% pro Jahr ebenfalls höher als angenommen, so läge der gesamte Verbrauch im Jahr 1990 nochmals um 3000 t und im Jahr 1995 um etwa 8000 t höher (Variante 1A).

Die zweite Variante unterscheidet sich von der ersten nur dadurch, daß sich die Holzkohlepreise innerhalb der nächsten 10 Jahre aufgrund der fortdauernden Wegverlagerung der Produktionsgebiete von Mogadishu und einer Fortsetzung der bisherigen Preispolitik durch die genossenschaftlichen Händler drastisch erhöhen werden. Das hätte natürlich eine Reihe von Sparmaßnahmen sowie ein leicht verändertes Substitutionsverhalten bei den Konsumenten zur Folge (s. Tab. 26). Dadurch fiele die Erhöhung des Holzkohleverbrauchs nicht so deutlich aus wie für die erste Variante. Der private Verbrauch würde bis 1990 um weniger als 15% und bis 1995 zwischen 20% und 25% steigen, und der Gesamtverbrauch läge erst im Jahr 1995 knapp über 100 000 t. Demnach würde eine solche Preisentwicklung zwar helfen, den Holzkohle-verbrauch einzuschränken, sie wäre aber aus sozialen Gründen nicht vertretbar, weil dann Holzkohle von den ärmsten Bevölkerungsteilen nur noch unter sehr großen finanziellen Belastungen bezahlt werden könnte. Da man voraussichtlich schon für die nächsten Jahre mit einer zunehmenden Brennholzverknappung rechnen muß und so auch die Brennholzpreise stark ansteigen werden, bleibt diesen Familien keine Ausweichmöglichkeit auf einen anderen Energieträger. Die Konsequenz wäre sicherlich eine drastische Verschlechterung ihrer gesamten Lebensbedingungen.

Daß sich der Holzkohleverbrauch (im Vergleich zur Variante 1) nicht nur durch höhere Preise vermindern läßt, sondern bei gezielten energiepolitischen Maßnahmen sogar eine erheblich stärkere Reduzierung möglich ist, zeigt die dritte Variante. Hier wurde von folgenden Annahmen ausgegangen:

1. Durch wirksame staatliche Kontrollen wird zumindest ein Ansteigen des Holz-kohlepreises über die allgemeine Teuerungsrate hinaus verhindet.

2. Durch umfangreiche staatliche Unterstützung wird eine möglichst rasche Ver-breitung effizienterer Öfen, wie sie von VITA speziell für Somalia entwickelt wur-den, gefördert. Außerdem werden die Frauen durch entsprechende Öffentlich-keitsarbeit zu einem sparsameren Umgang mit Holzkohle angehalten.

3. Mit Hilfe gezielter Maßnahmen zur Verbesserung des Brennholzangebots (z.B. durch Brennholzplantagen, Schutz- und Aufforstungsmaßnahmen und Programme zur Förderung der Agroforstwirtschaft in der Umgebung von Mogadishu) wird dazu beigetragen, daß sich die Versorgungslage für Brennholz wenigstens Anfang der 90er Jahre leicht verbessert.

Da das Einsparpotential durch die Nutzung effizienterer Öfen ganz beträchtlich ist,[82] könnte der Verbrauchszuwachs privater Haushalte gegenüber 1985 durch diese Maß-nahmen bis 1990 deutlich unter 10% und bis 1995 unter 15% gehalten werden. Wür-den außerdem die äußeren Rahmenbedingungen in Richtung eines geringeren Ver-brauchs von den angenommenen Werten abweichen (deutlich reduziertes Bevölke-rungswachstum, höhere Effizienz der Öfen als die angenommenen 25%, etwas günsti-gere Substitutionsmöglichkeiten von Holzkohle), so könnte der derzeitige Verbrauch bei konsequenter Durchführung dieser Maßnahmen sogar stabilisiert oder leicht ver-ringert werden. Dennoch kann man selbst im günstigsten Fall keinen deutlichen Rückgang des derzeitigen Verbrauchs erwarten.

8.2 Die Verfügbarkeit von Holz als Energieträger

Welches Angebot steht diesen Verbrauchswerten nun gegenüber? WATSON/ NIMMO (1985, S.175) schätzen die potentiell mögliche Holzkohleproduktion für das gesamte südliche Somalia auf 2,86 Mio. t und das Potential nutzbaren Brennholzes auf 2,87 Mio. t pro Jahr. Für Holzkohle ist das mehr als das 30-fache des aktuellen Verbrauchs in Mogadishu, während der gesamte Bedarf für Brennholz in Südsomalia bereits 1983/84 fast die Hälfte des nutzbaren Brennholzpotentials betrug (WATSON/NIMMO, 1985, S.175).

Nach diesen Angaben muß für Mogadishu wahrscheinlich schon innerhalb der näch-sten Jahre mit einem ersthaften Versorgungsdefizit für Brennholz gerechnet werden, das sich vermutlich durch den starken Preisanstieg von 1983 bis 1985 bereits ange-deutet hat.

Für Holzkohle ist dagegen in überschaubarer Zukunft nicht mit einem absoluten Mangel zu rechnen. Allerdings wird sich die künftige Versorgung nicht so problemlos darstellen, wie es durch die Angaben von WATSON/NIMMO erscheinen mag. Zur Abschätzung des Produktionspotentials für Holzkohle muß in jedem Fall die Lage der möglichen Produktionsgebiete berücksichtigt werden. Ein Großteil von ihnen ist zu

---

82) Nach vorläufigen Angaben, die der Verfasser von Vita erhielt, bewegen sich die Einsparmöglichkei-ten durch die neu entwickelten Öfen durchaus in einer Größenordnung von 20 - 30% des bisherigen Verbrauchs.

weit von Mogadishu entfernt oder verkehrsmäßig so schlecht angebunden, daß sie für eine Versorgung der Stadt nicht in Frage kommen. Auch die übrigen potentiellen Standorte sind bis auf wenige Ausnahmen weiter von Mogadishu entfernt als die jetzt genutzten Räume. Ein Ausweichen in diese Gegenden würde in jedem Fall einen deutlichen Anstieg der Transportkosten nach sich ziehen und könnte sich möglicherweise auch auf die Produktionskosten auswirken. So könnte vor allem in verkehrsmäßig schlechter erschlossenen Gegenden ein Teil der Materialkosten bei der Holzkohleproduktion höher sein als in den jetzt genutzten Gebieten. Schon aus diesen Gründen steht zu befürchten, daß sich die bisher praktizierte Übernutzung der am günstigsten gelegenen Produktionsstandorte - mit flächenhafter Entwaldung und Erosion als verheerende Konsequenzen - auch in Zukunft fortsetzen wird.

Welche Möglichkeiten gibt es, diese Entwicklung zu stoppen? Um solche Alternativen zu erörtern, seien im folgenden Abschnitt zunächst nochmals mögliche Ursachen für das Entstehen der gegenwärtigen Situation zusammengestellt.

8.3 Chancen und Hindernisse einer langfristig gesicherten Versorgung Mogadishus mit Brennholz und Holzkohle

Um die Brennholz- und Holzkohleversorgung für die gesamte Bevölkerung Mogadishus auch langfristig zu sichern, müssen vor allem zwei Ziele erreicht werden.

1. Es muß sichergestellt sein, daß die Versorgung nicht auf Kosten einer permanenten Verminderung der bestehenden Ressourcen vonstatten geht.

2. Die Versorgung muß zu tragbaren Preisen für die Endverbraucher erfolgen. Das bedeutet, daß die Preissteigerungen für Brennholz und Holzkohle langfristig nicht über der durchschnittlichen Steigerung der Lebenshaltungskosten liegen dürfen.

Beides ist unter den aktuellen Bedingungen nicht gewährleistet:

1. Wie am Beispiel der genossenschaftlichen Holzkohleproduktion dargestellt wurde, kommt es durch die lokale Übernutzung der am besten geeigneten und verkehrsmäßig am günstigsten gelegenen Produktionsflächen sowie die nachfolgenden landwirtschaftlichen Nutzungen dieser Flächen zu ökologischen Schäden in den Produktionsgebieten und damit zu einer permanenten Verminderung der für Mogadishu nutzbaren Holzressourcen.

2. Durch die Preispolitik der genossenschaftlichen Händler befanden sich die Preise bereits im Jahr 1985 an der Obergrenze dessen, was aus sozialen Gründen noch als vertretbar gelten kann. Hält diese Preispolitik auch in Zukunft an, so wird die ausreichende Energieversorgung für einen zunehmenden Teil der Bevölkerung Mogadishus in Frage gestellt. Dieses Problem kann sich in Zukunft noch verschärfen, wenn die Wegverlagerung der Produktionsstandorte von Mogadishu auch weiterhin anhält und eine Erhöhung der Transportkosten nach sich zieht, die dann ihrerseits auf die Endverbraucherpreise abgewälzt wird.

Eine Reihe von Ursachen, die zur Entstehung dieser Probleme beigetragen haben, wurden bereits in den vorangehenden Kapiteln genannt. Sie seien hier nochmals zusammenfassend dargestellt.

1. Die Kontrolle der Holzkohleproduzenten auf Einhaltung der bestehenden Vorschriften zur Produktion ist wirkungslos. Häufig fehlen solche Kontrollen sogar völlig. Diese Situation wird wohl noch dadurch verstärkt, daß die bestehenden Vorschriften zur Holz- und Holzkohleproduktion, nach denen keine gesunden, lebenden Bäume genutzt werden dürfen, im Falle der Versorgung Mogadishus zu restriktiv sind. Ohne zumindest auf einen Teil der lebenden Bäume zurückzugreifen, läßt sich vor allem Holzkohle nicht zu vertretbaren Kosten und in den Mengen erzeugen, die zur Versorgung Mogadishus erforderlich sind. Erweist sich die Überschreitung bestehender Vorschriften jedoch als notwendig, dann fehlt jeder Orientierungsrahmen dafür, welcher Nutzungsgrad noch tolerierbar und welcher als ökologisch gefährlich angesehen werden muß. Das ist sicher einer der Gründe, warum auch die zur Überwachung der Holzkohleproduktion eingesetzten "charcoal guides" in ihrer Aufgabe vollkommen überfordert sind.

2. Möglichkeiten der Finanzierung von Schutz- und Aufforstungsmaßnahmen durch eine zweckgebundene Zusatzabgabe an die NRA werden nicht wahrgenommen. Selbst die normalen Abgaben an die NRA werden nicht einmal der allgemeinen Preissteigerung angepaßt. Das ist wohl in erster Linie auf einen geringen Einfluß der NRA bei der Preisbildung und -aufteilung für Holzkohle zurückzuführen und läßt Rückschlüsse auf den geringen Stellenwert zu, der den Aufgaben des Forest Departments der NRA bisher im Rahmen der Entwicklung des Energiesektors beigemessen wurde.

3. Die Herkunftsgebiete illegaler Holz- und Holzkohleproduktion lassen vermuten, daß es sich dabei überwiegend um Teilräume handelt, die bereits längere Zeit einer starken Holzentnahme ausgesetzt und daher besonders schutzbedürftig sind. Dennoch wird diese Produktion durch die NRA nicht wirkungsvoll unterbunden. Es findet keine Zusammenarbeit mit dem Local Government statt. Holz oder Holzkohle, die illegal produziert wurden, werden mit ihrem Erscheinen auf dem Markt nachträglich durch das Local Goverment legalisiert - ein weiteres Indiz dafür, über welche begrenzten finanziellen, personellen und politischen Mittel die NRA verfügt, um ihre Aufgaben tatsächlich wahrnehmen zu können.

4. Die Holzkohlepreise werden nicht kontrolliert. Dies hat in den letzten zehn Jahren zu einer ansteigenden Diskrepanz zwischen den offiziellen und den tatsächlichen Verkaufspreisen für Holzkohle geführt - eine Entwicklung, in der sich auch eine zunehmende Konzentration des Holzkohlehandels auf die Vermarktungskooperative Hilaac widerspiegelt. Dadurch sind die Preise bis heute an die obere Grenze dessen gestiegen, was aus sozialen Gründen noch vertretbar erscheint. Die zwangsläufige Erhöhung der Produktions- und Transportkosten in der nahen Zukunft würde - genau wie eine Erhöhung der Abgaben an die NRA - zu nicht mehr vertretbaren Preisen führen, sofern es nicht gelingt, die Preispolitik von Hilaac zu stoppen. Bei dieser Preispolitik handelt es sich nicht um erhöhte Preise einzelner Händler. Vielmehr deuten gerade die einheitlichen Preise innerhalb der gesamten Stadt darauf hin, daß offensichtlich Preisabsprachen innerhalb der Kooperative getroffen wurden, die von allen Händlern getragen werden.

5. Auch von seiten der Entwicklungszusammenarbeit wird eine nachhaltige Nutzbarmachung der Holzreserven vernachlässigt. Entwicklungsprojekte oder finanzielle Hilfe in diesem Bereich gibt es nicht. Stattdessen werden, wie z.B. im Rahmen der Studie OPENSHAWS (1982, S.14ff), die Möglichkeiten, auch langfristig einen Großteil des Holz- und Holzkohlebedarfs aus natürlichen Beständen zu decken, ignoriert und die Konzentration auf die Entwicklung von Brennholzplan-

tagen vorgeschlagen. Bislang wurde jedoch nicht geprüft, ob sich nicht gerade im Falle Somalias der Ausbau eines geeigneten Forstmanagements langfristig als wirtschaftlich und ökologisch sinnvoller erweisen könnte. Solche internationalen Einflüsse, die weniger im Interesse des betreffenden Landes geschehen, sondern vor allem als Produkt einer eurozentrischen Denkweise anzusehen sind, üben sicher einen nicht zu unterschätzenden Einfluß auf die Prioritäten aus, die auf nationaler Ebene im Enegiesektor gesetzt werden. Daher muß es nicht verwundern, daß die Bedeutung, die einer langfristig gesicherten Energieversorgung auf der Basis der natürlichen Holzbestände des Landes gerade im Rahmen einer eigenständigen Entwicklung zukommen könnte, noch nicht in vollem Umfang erkannt und konsequent umgesetzt wurde.

6. Welche Defizite in diesem Bereich vorliegen wurde an zwei Beispielen deutlich. Erstens wurde die Einführung ökologisch verträglicher Methoden und Organisationsformen der Holzkohleproduktion im Rahmen der Aufgaben und Ziele der Kooperative Cadceed bisher nicht berücksichtigt. Und zweitens wurde im Fünf-Jahres-Entwicklungsplan für 1982-1986 zwar als eines der Ziele genannt, die drohende Entwaldung und Erosion durch die Holzkohleproduktion zu verhindern; die Umsetzung dieses Ziels wurde jedoch an keiner Stelle innerhalb des Entwicklungsplans verankert.

Andererseits gibt es durchaus Ansatzpunkte, die eine Lösung der bestehenden Probleme möglich erscheinen lassen.

1. Nach den Ergebnissen von WATSON/NIMMO (1985) besteht im südlichen Somalia vor allem für das zur Holzkohleproduktion nutzbare Holz ein beträchtlicher Überschuß, der bei planvoller Holzentnahme auch die Versorgung während der nächsten Jahrzehnte sicherstellen würde. Die Einbeziehung zusätzlicher, wenngleich verkehrsmäßig weniger günstig gelegener Flächen in die Holzkohleproduktion und damit der Übergang zu einer weniger intensiven Nutzung auf den bisherigen Produktionsstandorten könnte somit ohne schwerwiegende Hindernisse vollzogen werden.

2. Der offizielle Vermarktungsweg der genossenschaftlich produzierten Holzkohle bietet gute Voraussetzungen, um z.B. zweckgebundene Abgaben für Schutz- und Rekultivierungsmaßnahmen in den Produktionsgebieten ohne zusätzlichen administrativen Aufwand einzubehalten.

3. Solche zusätzlichen Abgaben brauchen nicht zu einer Erhöhung der Verkaufspreise für Holzkohle zu führen. Hier sei nur daran erinnert, daß im Jahr 1985 allein die Spanne zwischen dem An- und Verkaufspreis der genossenschaftlichen Holzkohlehändler bei 300% liegt. Selbst wenn man eine Spanne von 100% noch als vertretbar ansehen würde, dann dürfte der Holzkohlepreis nur halb so hoch sein. Der zusätzliche Gewinn für die genossenschaftlichen Händler, der sich aus dieser Differenz ergibt, betrug allein im Jahr 1985 etwa 380 Mio. sh. In Preisen von 1982 ist das etwa das Doppelte des gesamten Investitionsvolumens, das im Fünf-Jahres-Entwicklungsplan von 1982 bis 1986 für den Sektor "Forestry and Wildlife" vorgesehen war. Damit wird deutlich, daß die Holzkohlepreise bei weitem nicht so angespannt sind, wie das zunächst erscheinen mag. Es wäre z.B. durchaus möglich, höhere Produktions- und Transportkosten abzufangen, zweckgebundene Sonderabgaben einzuführen und gleichzeitig den Holzkohlepreis zu senken.

Welche Maßnahmen sind nun notwendig, um die Brennholz- und Holzkohleversorgung Mogadishus langfristig zu sichern? Es ist nicht Ziel dieses Abschnitts, umfassende Maßnahmenbündel zu nennen. Dies bedürfte zahlreicher weiterführender Studien, die nur im Rahmen einer interdisziplinären Zusammenarbeit zu leisten wären. Allerdings lassen sich aus den vorliegenden Informationen einige grundsätzliche Anregungen zur Realisierung des genannten Ziels ableiten.

1. Es sind veränderte gesetzliche Grundlagen erforderlich, die den tatsächlichen Erfordernissen der Holzkohleproduktion angepaßt sein müssen. Ohne die Erlaubnis, auch gesunde Bäume zur Holzkohleproduktion heranzuziehen, ist die Versorgung Mogadishus sicher nicht aufrecht zu erhalten. Und ohne zusätzliche Bestimmungen, welche Bäume hierzu herangezogen werden dürfen und wie hoch jeweils der Holzschlag auf Flächen mit unterschiedlicher Vegetationsdichte sein darf, läßt sich nicht verhindern, daß sich die Holzkohleherstellung an den reinen Produktionskosten orientiert.

2. Der Einfluß des Forest Departments in der NRA und innerhalb des gesamten politisch-administrativen Systems in Somalia muß gestärkt werden, damit die erforderlichen Aufgaben überhaupt wirkungsvoll durchgeführt werden können. Das erfordert aber auch eine Reorganisation des Forest Departments und den Aufbau eines funktionstüchtigen Forstmanagements.

3. Eine Zusammenarbeit zwischen dem Forest Department der NRA und dem Local Government in Mogadishu ist in zweierlei Hinsicht dringen erforderlich. Zum einen müssen Maßnahmen zur Kontrolle illegaler Brennholz- und Holzkohlegewinnung ergriffen und aufeinander abgestimmt werden, um weitere ökologische Schäden im engeren Einzugsbereich von Mogadishu zu verhindern. Zum anderen ist eine wirkungsvolle Kontrolle der genossenschaftlichen Verkaufspreise für Holzkohle durch das Local Government notwendig, um auf diese Weise die erforderlichen finanziellen Mittel für eine umweltfreundlichere, aber kostenintensivere Holzkohleproduktion sowie für Schutz- und Rekultivierungsmaßnahmen in Anschluß an die Produktion verfügbar zu machen.

4. Die Holzkohleproduzenten müssen in die Erarbeitung und Durchführung von Schutz- und Rekultivierungsmaßnahmen einbezogen, die Ziele der Kooperative um diesen Aspekt erweitert werden. Dabei gilt es vor allem, Maßnahmen zu entwickeln und finanzielle Anreize für die Produzenten zu schaffen, die deren Interesse an der Beachtung ökologischer Grundsätze bei der Holzkohleproduktion sowie an Schutz- und Rekultivierungsmaßnahmen erhöhen.

5. Die Planung der Holzkohleproduktion und die Zuweisung der Produktionsgebiete darf nicht isoliert von land- und viehwirtschaftlichen Nutzungen erfolgen, sondern muß in eine umfassende Landnutzungsplanung integriert werden, wie sie auch von WATSON/NIMMO (1985, S.176) vorgeschlagen wird. Zu einer solchen Koordination mit anderen Nutzungen gehört z.B., die Inwertsetzung bisher unzugänglichen Buschlands für die Viehwirtschaft durch gezielte Holzkohleproduktion oder die Ausweisung von Räumen mit bestimmten Nutzungsprioritäten.

Diese Maßnahmen lassen sich freilich nur durchführen, wenn es gelingt, das nationale Interesse Somalias an einer möglichst eigenständigen Energieversorgung, bei der die langfristig gesicherte Nutzung der Holzbestände eine wesentliche Rolle spielen würde, stärker ins Bewußtsein der politischen Entscheidungsträger zu rufen.

9. ZUSAMMENFASSUNG

Diese Arbeit beschäftigt sich auf dem Hintergrund einer bedrohlichen Brennholzverknappung in zahlreichen Regionen Afrikas, Asiens und Lateinamerikas mit der
gegenwärtigen Versorgungslage Mogadishus für Brennholz und Holzkohle. Die
Schwerpunkte liegen dabei auf einer Schätzung des Brennholz- und Holzkohleverbrauchs in Mogadishu sowie auf einer detaillierten Erfassung aller wichtigen Komponenten des gegenwärtigen Versorgungssystems. Produktion, Vermarktung und Verbrauch werden dabei nicht nur in ihren Einzelkomponenten dargestellt, sondern vor
allem in ihrem wechselseitigen Zusammenhang betrachtet. Basierend auf dieser
Grundlage wird dann zum einen der Versuch unternommen, die künftig zu
erwartende Versorgungslage der Stadt einzuschätzen, und zum anderen wird daraus
abgeleitet, unter welchen Bedingungen eine langfristig gesicherte Brennholz- und
Holzkohleversorgung gewährleistet werden könnte.

Die wichtigsten Endverbraucher von Brennholz und Holzkohle in Mogadishu sind die
privaten Haushalte. Dabei ist Holzkohle der wichtigste Energieträger. Zur Aufbereitung der täglichen Nahrung kommt ihr eine dominierende Stellung zu. So wurden im
Jahr 1985 mehr als neun von zehn Gerichten mit Holzkohle gekocht. Der jährliche
Verbrauch war zwar mit knapp 700 kg pro Familie im internationalen Vergleich relativ gering, was vor allem auf die weit verbreitete Nutzung recht effizienter Öfen
(buurjiko) zurückzuführen ist. Dennoch lag allein der Verbrauch privater Haushalte
für die gesamte Stadt zwischen 75 000 t und 80 000 t. Bei Brennholz betrug der entsprechende Verbrauch etwa 30 000 t. Davon entfiel weniger als die Hälfte auf das
normale Kochen. Der Rest wurde zum Backen eines speziellen Brots (muufo) und im
Rahmen größerer Familienfeste benötigt.

Über die privaten Haushalte hinaus treten als Verbraucher von Brennholz und Holzkohle vor allem Hotels, Restaurants und Teeshops, Bäckereien und öffentliche Einrichtungen sowie Kalkbrennereien auf. Ihr Verbrauch läßt sich nur unzureichend
schätzen. Er liegt für Holzkohle in einer Größenordnung zwischen 3000 t und 7500 t
und für Brennholz vermutlich zwischen 25 000 t und 40 000 t.

Die Versorgung Mogadishus mit Brennholz und Holzkohle ist offiziell nur den Mitgliedern verschiedener Koperativen gestattet. Dabei erfolgen die Herstellung und der
Transport von Holzkohle durch die Kooperative Cadceed, die Vermarktung in
Mogadishu durch Hilaac und die Brennholzversorgung durch Golol. Darüber hinaus
gibt es auch private, nichtlegale Holzkohleproduzenten und Holzsammler. Während
die private Holzkohleproduktion in den letzten Jahren rückläufig war und im Jahr
1985 deutlich unter 10% der Gesamtproduktion lag, erfolgte die gesamte Brennholzversorgung privater Haushalte über nichtlegale Holzsammler.

Die genossenschaftliche Holzkohleherstellung findet überwiegend in den Regionen
Bay und Baqol statt. Einerseits zeichnet sie sich durch den Einsatz sehr effizienter,
nicht mehr verbesserbarer Produktionstechniken aus. Andererseits werden die ver-
kehrsgünstig gelegenen Standorte übermäßig genutzt, die vorhandenen Gesetze zum
Schutz der Waldbestände werden nicht eingehalten und entsprechende Kontrollen

der Holzkohleproduzenten durch die zuständigen Stellen der National Range Agency erweisen sich in der Praxis als wirkungslos. Dadurch kommt es häufig zur Degradierung der Vegetation und zu flächenhafter Bodenerosion. Obwohl der Verbrauch an Holz und Holzkohle für Südsomalia derzeit weit unter dem nutzbaren Holzzuwachs liegt, kann diese Vernichtung vorhandener Baum- und Buschbestände auf Dauer zu einer drastischen Holzverknappung führen.

Das ist umso schwerwiegender, weil sich auch für die nächsten ein bis zwei Jahrzehnte keine echte Alternative zu Holzkohle abzeichnet. Im Gegenteil: Werden keine Maßnahmen zur Einsparung von Holzkohle getroffen, so kann sich der Verbrauch bis zum Jahr 1995 nochmals um bis zu 40% erhöhen.

Der Anstieg der Holzkohlepreise war von 1977 bis 1985 fast dreimal so hoch wie die durchschnittliche Erhöhung der Lebenshaltungskosten. Das führte trotz eines sparsameren Umgangs mit Holz und Holzkohle zu einer erheblichen finanziellen Belastung insbesondere der ärmsten Haushalte, die 1985 etwa 30% ihrer Ausgaben für den kurzfristigen Bedarf allein zum Kauf von Holz und Holzkohle benötigten. Diese Preiserhöhungen sind jedoch nur indirekt auf eine zunehmende Verknappung an Holz und Holzkohle zurückzuführen. Während sich für Brennholz und für privat hergestellte Holzkohle offensichtlich unmittelbar bevorstehende Versorgungsprobleme andeuten, ist die Bereitstellung von Holzkohle durch die Kooperativen auch während der nächsten Jahre gesichert. Die Hauptursachen für die starken Preiserhöhungen sind hier in der zunehmenden Monopolisierung des Holzkohlehandels durch die Kooperative Hilaac und in den Preisabsprachen innerhalb der Kooperative zu sehen. So lagen die definitiven Verkaufspreise für Holzkohle im Jahr 1985 etwa bei dem Dreieinhalbfachen des offiziell festgelegten Preises.

Im Hinblick auf die künftige Versorgung Mogadishus bestehen somit zwei Problembereiche. Zum einen kommt es bei der Brennholz- und Holzkohleproduktion trotz eines ausreichenden Zuwachspotentials an nutzbarem Holz in Südsomalia zu einer lokalen Übernutzung der verkehrsmäßig am günstigsten gelegenen Standorte und damit zu einer permanenten Verminderung der nutzbaren Holzressourcen. Zum anderen stellten die Preise für Brennholz und Holzkohle bereits im Jahr 1985 eine so hohe Belastung für die ärmsten Haushalte dar, daß jede weitere überproportionale Preiserhöhung zu schwerwiegenden sozialen Problemen führen kann und zum Anstieg wirtschaftlicher Disparitäten in Mogadishu beitragen wird.

Um eine solche Entwicklung zu verhindern, sind einschneidende Maßnahmen erforderlich, die sich nur realisieren lassen, wenn auch in der nationalen Energiepolitik ein stärkeres Gewicht auf eine möglichst eigenständige und an langfristigen Erfordernissen ausgerichtete Energieversorgung gelegt wird, in der die ausreichende Bereitstellung von Holzenergie eine wesentliche Stütze bildet.

SUMMARY

In the context of serious woodfuel shortages in many regions of Africa, Asia and South America, this survey deals with the present demand and supply of fuelwood and charcoal in Mogadishu. The main points of emphasis are to estimate the fuelwood and charcoal comsumption for Mogadishu and to work out all important components of the present supply system in detail. Production, marketing, and consumption are treated not only as single components but also in their mutual context. On this basis it is attempted to estimate the future demand and supply, and to deduce the preconditions for a sufficient supply of woodfuel in the long run.

In Mogadishu, the most important end users of woodfuel are private households with charcoal being the dominating energy source, especially for the preparation of the daily meals. For example, in 1985 more than nine out of ten meals have been cooked with charcoal. Nevertheless, the annual consumption per familiy was below 700 kg. In the international context, this is a relatively low consumption which can be explained by the widespread use of quite efficient stoves (buurjiko). The total household consumption was estimated to be between 75 000 t and 80 000 t for charcoal and approximately 30 000 t for fuelwood. But only less than half of the fuelwood was used for regular cooking. The other half was needed for baking a special bread (muufo) and for cooking at big feasts.

In addition to the private households, the most important consumers of woodfuel are hotels, restaurants and teashops, bakeries, public institutions and lime production. Their consumption can be estimated only very roughly. It is somewhere between 3000 and 7500 t for charcoal and between 25 000 t and 40 000 t for fuelwood.

To supply Mogadishu with fuelwood and charcoal officially is only allowed to several cooperatives. **Cadceed** is responsible for the production and transportation. The charcoal marketing within Mogadishu is done by **Hilaac** and the supply of fuelwood is under responsibility of **Golol**. In addition, there is illegal, private charcoal production and wood collection of different amounts. The private production of charcoal has declined to less than ten percent of the total charcoal production during the last years, whereas the fuelwood consumption of private households was supplied by illegal wood collectors only.

The main areas of cooperative charcoal production are located in the regions Bay and Baqol. On one side, the charcoal is produced under a very efficient technique which cannot be improved any more. On the other side, the locations favorably situated, as regards transport facilities, are over-used, the existing law for the protection of woodlands is not met by the consumers, and any controls by the responsible parts of the National Range Agency are without effect. As a result, very often the vegetation is degrading and serious soil erosion occurs. The present consumption of fuelwood and charcoal in southern Somalia, as a whole, is far below that part of the stock regrowth allowed to be cut. Still, the destruction of wooded vegetation on the local and regional level may lead to a dramatic wood shortage in the long run.

This situation becomes even more serious as there is no real alternative to charcoal during the next one or two decades. On the contrary, if no measures for charcoal conservation are taken, up to 1995 the consumption may increase by up to fourty percent.

From 1977 to 1985 the charcoal prices increased three times as fast as the average life expenditure. Though households tried to economize their charcoal consumption, this leads to enormous financial problems of the poor. In 1985 the poorest families had to spend thirty percent of their daily cash expenditure for fuelwood and charcoal only. The increase of woodfuel prices is only partly caused by wood shortages. On one hand, shortages for fuelwood and privately produced charcoal - which already influenced the development of prices during the last years - will supposedly show restults in the nearer future. On the other hand, a sufficient supply of charcoal produced by the cooperatives can also be taken for sure for the next years. The main reasons for the increase of charcoal prices lie in a continuous monopolization of charcoal trade by the cooperative Hilaac and in price agreements within the cooperative. So in 1985 the real charcoal price has been more than threefold the official price.

To summarize, there are two main problems concerning the future woodfuel supply in Mogadishu. First, the areas of wood collection and charcoal production are locally over-used, although there is a sufficient stock regrowth in southern Somalia as a whole. This leads to a permanent reduction of the usable wood ressources. And second, the woodfuel prices have already been an enormous financial burden for the poorest families in 1985. Therefore, any over-proportional increase of the woodfuel prices in the future would lead to serious social problems and contribute to increasing economic disparities in Mogadishu.

Drastic measures would be necessary to stop such trends. But they could only be reached if the national energy policy would give more priority to an independent energy supply, based on long term requirements. The sufficient supply of woodfuel would be one of the basic pillars in such a policy.

LITERATURVERZEICHNIS

ECA = Economic Commission for Africa

E/DI = Energy/Development International

SDR = Somali Democratic Republic

UN = United Nations

FAO = Food and Agricultural Organization

ADELMAN, K.L. 1976: Energy in Zaire. In: SMIL, V. / KNOWLAND, W.E. (Hrsg.), Energy in the Developing World. The Real Energy Crisis. Oxford, New York, Toronto, Melbourne 1980, S.291-296

AGEL, P. 1983: Energieproblematik und sozioökonomische Struktur in ländlichen Räumen Senegals. In: Zeitschrift für Wirtschaftsgeographie 27, S.162-183

APOSTOLESCU, V. / WEIDNER, K. [5]1986: Das LRZ-Graphiksystem. Teil III: "Previewing" am Sichtgerät. LRZ-Benutzerschrift Nr. 7004/5. München

BABIKER, A.B.A.G. 1983: Rural Household Energy in the Nuba Mountains - Republic of the Sudan: Trends of Use and Impacts. In: Erdkunde 37, S.109-117

BARNES, C. 1984: The Historical Context of the Fuelwood Situation in Kisii District. In: BARNES, C. / ENSMINGER, J. / O'KEEFE, P. (Hrsg.), Wood, Energy and Households, Perspectives on Rural Kenya. Uddevalla (=Energy, Environment and Development in Africa, Bd. 6), S.61-78

BARNES, C. / ENSMINGER, J. / O'KEEFE, P. (Hrsg.) 1984: Wood, Energy and Households, Perspectives on Rural Kenya. Uddevalla (=Energy, Environment and Development in Africa, Bd. 6)

BEUTEL, P. / SCHUBÖ, W. 1983: SPSS9. Statistik-Programm-System für die Sozialwissenschaften. Stuttgart, New York

BIERMANN, E.R.K. 1983: Konzepte zur Energieversorgung der ländlichen Bevölkerung in der dritten Welt, aufgezeigt am Beispiel der Nutzung regenerativer Energiequellen. In: Zeitschrift für Wirtschaftsgeographie 27, S.129-161

BIHI,A.M. 1982: Energy Position in Somalia. In: BHAGAVAN, M. / CARLMAN, R. (Hrsg.), Strengthening of Energy Research Capacity in Developing Countries. Report from a SAREC Workshop January 18-22, 1982. Part II: Background Papers. o.O., S.121-129

CASTRO, A.H. 1983: Household Energy Use and Tree Planting in Kirinyaga. Nairobi (=Working Paper 397 of the Institute for Development Studies, University of Kenya)

137

CECELSKI, E. 1983: Energy Needs, Tasks and Resources in the Sahel: Relecance to Woodstoves Programmes. In: Geo Journal 7.1, S.15-23

CENTRAL BUREAU OF STATISTICS 1980: Results of Rural / Urban Survey 1978/1979: Energy and Power Module. Nairobi

DIGERNES, T.H. 1977: Wood for Fuel - Energy Crisis Implying Desertification - the Case of Bara, Sudan. Thesis in Geography for Cand. Polit. Degree. Universität Bergen, Norwegen.

EARL, D.E. 1975: Forest Energy and Economic Development. Oxford

ECKHOLM, E.P. 1978: Losing Ground. Oxford, Frankfurt

ECKHOLM, E.P. / FOLEY, G. / BARNARD, G. / TIMBERLAKE, L. 1984: Fuel-wood: The Energy Crisis that Won't Go Away. London, Washington D.C.

ELLIS, J.E. / COPPOCK, D.L. / McCABE, J.T. / GALVIN, K. / WIENPAHL,J. 1984: Aspects of Energy Consumption in a Pastoral Ecosystem: Wood Use by the South Turkana. In: BARNES, C. / ENSMINGER, J. / O'KEEFE, P. (Hrsg.), Wood, Energy and Households, Perspectives on Rural Kenya. Uddevalla (=Energy, Environment and Development in Africa, Bd. 6), S.164-187

ENERGY/DEVELOPMENT INTERNATIONAL 1982 (Draft): Energy Strategies for Somalia: Summary Report of the National Energy Assessment. Washington D.C.

ENSMINGER, J. 1984: Monetization of the Galole Orma Economy: Changes in the Use of Fuel and Woodstock. In: BARNES, C. / ENSMINGER, J. / O'KEEFE, P. (Hrsg.), Wood, Energy and Households, Perspectives on Rural Kenya. Uddevalla (=Energy, Environment and Development in Africa, Bd. 6), S.124-140

ESKILSSON, E. 1977: Energy Resources and Demands in Zambia and Africa South of the Equator. In: SMIL, V. / KNOWLAND, E. (Hrsg.), Energy in the Developing World. The Real Energy Crisis. Oxford, New York, Toronto, Melbourne 1980, S.281- 290

FORSTER, H. / ZÖHRER, F. 1982: Zur Schätzung des zukünftigen Brennholzbedarfs in den Sahel-Ländern unter besonderer Berücksichtigung Gambias. o.O.

FRENCH, D. 1978: Energy for Africa's Future. In: Africa Report May-June 1978, S.9-14

FRÜHWALD, A. / WELLING, J. / von WENDORFF, G.-B. / HUY, V.-R. 1982: Holzkohle als Energieträger für Entwicklungsländer. Studie der Bundesforschungsanstalt für Forst- und Holzwirtschaft Hamburg im Auftrag der GTZ. Eschborn

GHOSH, P.K. (Hrsg.) 1984: Energy Policy and Third World Development. Westport, Connecticut, London

HALL, D.O. / MOSS, P.A. 1983: Biomass for Energy in Developing Countries. In: Geo Journal 7.1, S.5-14

HAUGERUD, A. 1984: Economy, Ecology and the Unequal Impact of Woodfuel Scarcity in Embu, Kenya. In: BARNES, C. / ENSMINGER, J. / O'KEEFE, P. (Hrsg.), Wood, Energy and Households, Perspectives on Rural Kenya. Uddevalla (=Energy, Environment and Development in Africa, Bd. 6), S.79-101

HOSIER, R. 1984: Domestic Energy Composition in Rural Kenya: Results of a Nationwide Survey. In: BARNES, C. / ENSMINGER, J. / O'KEEFE, P. (Hrsg.), Wood, Energy and Households, Perspectives on Rural Kenya. Uddevalla (=Energy, Environment and Development in Africa, Bd. 6), S.14-60

HOSIER, R. 1985: Energy Use in Rural Kenya: Household Demand and Rural Transformation. Uddevalla (= Energy, Environment and Development in Africa, Bd. 7)

JENSEN, C.L. 1984: Wood Use by the Amboseli Maasai. In: BARNES, C. / ENSMINGER, J. / O'KEEFE, P. (Hrsg.), Wood, Energy and Households, Perspectives on Rural Kenya. Uddevalla (=Energy, Environment and Development in Africa, Bd. 6), S.188-204

KAPLAN, I. 1977: Area Handbook for Somalia. Washington D.C.

LAVERDIERE, M. 1982: Fuelwood Growth, Collection and Delivery: The Situation in the Developing World. In: ROBERTSON, D. (Hrsg.), 6th International FPRS Industrial Wood Energy Forum '82, Vol. I, Proceedings 7334. Madison, S.45-55

MINISTRY OF NATIONAL PLANNING 1983: Somalia in Figures. Mogadishu

MUKHTAR, M.E. 1978: Wood Fuel as a Source of Energy in the Sudan. Proceedings of the Fist Energy Conference. Khartoum.

MUNG'ALA P.M. / OPENSHAW, K. 1984: Estimation of Present and Future Demand for Woodfuel in the Machakos District. In: BARNES, C. / ENSMINGER, J. / O'KEEFE, P. (Hrsg.), Wood, Energy and Households, Perspectives on Rural Kenya. Uddevalla (=Energy, Environment and Development in Africa 6), S.102-123

O'KEEFE, P. / RASKIN, P. / BERNOW, S. 1984a: Energy and Development in Kenya: Opportunities and Constraints. Uddevalla (=Energy, Environment and Development in Africa 1)

O'KEEFE, P. / GOODMAN, G. / KRISTOFERSON, L. 1984b: Policy Issues in Ethiopian Development. In: UNITED NATIONS, Division of Natural Resources and Energy, Technical Co-Operation for Development, Energy Planning in Developing Countries. Papers Presented at a UN Seminar. New York, S.205-218

O'KEEFE, P. / HOSIER, P. 1983: The Kenyan Fuelwood Cycle Study. A Summary. In: Geo Journal 7.1, S.25-28

OPENSHAW, K. 1978: Woodfuel - a Time for Re-Assessment. In: SMIL, V. / KNOWLAND, E. (Hrsg.), Energy in the Developing World. The Real Energy Crisis, Oxford, New York, Toronto, Melbourne 1980, S.72-86.

OPENSHAW, K. 1982: Somalia: The Forest Sector. Problems and Possible Solutions. o.O.

PERLOV, D.C. 1984: Exploiting the Forest: Patterns and Perceptions in Highland Samburu. In: BARNES, C. / ENSMINGER, J. / O'KEEFE, P. (Hrsg.), Wood, Energy and Households, Perspectives on Rural Kenya. Uddevalla (=Energy, Environment and Development in Africa, Bd. 6), S.141-163

PUZE, W.D. 1972: Mogadishu, Somalia: Geographic Aspects of its Evolution, Population, Function, and Morphology. Los Angeles

REINSCH, C. / APOSTOLESCU, V. / WEIDNER, K. [7]1986: Das LRZ-Graphiksystem. Teil I: Benutzer-Manual für Trommelplotter und Mikrofilmgerät. LRZ-Benutzerschrift Nr. 7708/7. München

ROBINSON A.P. / SMITH A.E. o.J. (1984): The Charcoal Industry in Somalia: a Techno-economic Appraisal. London

RODAS, M.A.F. 1982: Forest Resources and Energy Needs of Developing Nations. In: ROBERTSON, D. (Hrsg.), 6th International FPRS Industrial Wood Energy Forum '82, Vol. I, Proceedings 7334. Madison, S.6-10

ROITTO, Y. 1970: Fuelwood Consumption of the City of Monrovia (Liberia) in 1965. Helsinki

SACHS, L. [6]1986: Angewandte Statistik. Berlin, Heidelberg, New York, Tokio

SMALE, M. / SAVOIE, M. / SHIRWA, Z.A. / AXMED, M.A. (Volunteers In Technical Assistance) 1984: Wood Fuels Consumption and Cooking Practices in Selected Sites of Lower Shabeelle, Banaadir and Gedo Regions of Somalia. Arlington, Virginia

SMIL, V. / KNOWLAND, W.E. (Hrsg.) 1980: Energy in the Developing world. The Real Energy Crisis. Oxford, New York, Toronto, Melbourne

SMITH, S.R. 1984: Energy Supply Management. In: UNITED NATIONS, Division of Natural Resources and Energy, Technical Co-Operation for Development, Energy Planning in Developing Countries. Papers Presented at a UN Seminar. New York, S.36- 52

SOMALI DEMOCRATIC REPUBLIC / CENTRAL STATISTICAL DEPARTMENT, STATE PLANNING COMMISSION: Monthly Statistical Bulletin. Mogadishu

SOMALI DEMOCRATIC REPUBLIC 1977: Multipurpose Household Pilot Survey. Middle Shebelle Region; First Round; November 1975. Mogadishu

SOMALI DEMOCRATIC REPUBLIC / CENTRAL STATISTICAL DEPARTMENT, STATE PLANNING COMMISSION 1978: Mogadishu Family Budget Survey 1977. Mogadishu

SOMALI DEMOCRATIC REPUBLIC o.J.: National Population Survey 1980. Mogadishu

SOMALI DEMOCRATIC REPUBLIC o.J.: Manpower Survey 1982. Mogadishu

SOMALI DEMOCRATIC REPUBLIC / MINISTRY OF NATIONAL PLANNING 1982: Five Year Development Plan 1982-1986. Mogadishu

UHART, E. 1976: Charcoal Problem in Somalia. Addis Abeba

UNITED NATIONS / ECONOMIC COMMISSION FOR AFRICA 1981: New and Renewable Sources of Energy in Africa. o.O.

WALTHER, D. / HERLOCKER, D. o.J.: Wood Requirements of the Rendille in the Korr Area of Marsabit District, Kenya. o.O.

WATSON, R.M. / NIMMO, J.M. 1985: Southern Rangelands Survey, Volume 1, Part 1/1: The Static Range Resources of the Southern Rangelands. Mogadishu

WELTBANK 1978: Energy in the Developing Countries. In: GHOSH, P.K. (Hrsg.): Energy Policy and Third World Development. Westport, Connecticut, London, S.7-53

WELTBANK 1980: Energy in the Developing Countries. Washington

WELTBANK 1984: Report and Recommendation of the President of the International Development Association to the Executive Directors on a Proposed Credit of SDR 17.5 Million to the Somali Democratic Republic for the Afgoy Gas Delineation Project. Report No. p-3684-SO. o.O.

WESTERN, D. / SSEMAKULA, J. 1981: The Present and Future Patterns of Consumption and Production of Wood Energy. In: CAMPBELL, D. / MIGOT-ADHOLLA, S.E. (Hrsg.), The Development of Kenya's Semi-Arid Lands. Nairobi (= Occasional Paper 36, Institute for Development Studies, University of Nairobi), S.102-126

Zur Bestimmung des Brennholz- und Holzkohleverbrauchs im Jahr 1983 wurden u.a.
die verbrauchten Mengen für mehrere Tage gemessen. Um dies überhaupt zu ermöglichen, wurde jedem Haushalt ein bestimmter Betrag zum Kauf von Brennmaterial
zur Verfügung gestellt (s. Kap. 4.1.2). Das kann im Einzelfall durchaus zu einem
zusätzlichen Verbrauch geführt haben, der im Rahmen der Datenaufbereitung
ermittelt und ausgeschlossen werden muß. Ein zusätzlicher Verbrauch, d.h. ein weniger sparsamer Umgang mit Holzkohle, ist vor allem bei den Haushalten zu erwarten,
die es nicht gewohnt sind, einen größeren Vorrat an Holzkohle gelagert zu haben.
Um dies zu überprüfen, wurde der Durchschnittsverbrauch für jeden einzelnen Tag
gesondert ermittelt, und zwar differenziert nach Haushalten, die sich vor Beginn der
Regenzeit einen Vorrat an Holzkohle zulegen, und solchen, die dies nicht tun
(Tab. 27).

Tab. 27: Der durchschnittliche Holzkohleverbrauch in Cabdul Casiis und
Wardhiigleey für einzelne Meßtage, differenziert nach der Vorratshaltung
der befragten Haushalte für die Regenzeit

	Cabdul Casiis		Wardhiigleey	
	Vorrat	kein Vorrat	Vorrat	kein Vorrat
1. Tag	2,5	3.5	2,1	3,1
2. Tag	1,9	2,8	2,6	2,5
3. Tag	2,0	2,0	2,2	2,0
4. Tag	2,2	2,2	-	-

In beiden Untersuchungsgebieten war der Durchschnittsverbrauch zu Beginn der
Messungen bei den Haushalten, die keine Vorratshaltung für die Regenzeit betreiben,
etwa um 1 kg höher als bei den Haushalten mit Vorratshaltung. In Cabdul Casiis trat
der Unterschied an den ersten beiden Tagen, in Wardhiigleey nur am ersten Tag auf.
Dies ist wohl auch auf die geringfügig andere Vorgehensweise in beiden Untersuchungsgebieten zurückzuführen. Während in Cabdul Casiis die interviewten Frauen
jeweils 30 sh mit der Bitte bekamen, für dieses Geld vor Beginn der Messungen das
von ihnen benutzte Brennmaterial zu kaufen, wurde es den Frauen in Wardhiigleey
weitgehend freigestellt, ob sie für das Geld sofort oder zu einem späteren Zeitpunkt
Brennmaterial kauften.

Da der Durchschnittsverbrauch an den zwei letzten Untersuchungstagen für die
Haushalte mit und ohne Vorratshaltung jeweils annähernd gleich war, kann man
davon ausgehen, daß der Unterschied an den vorherigen Tagen erhebungsbedingt
war. Somit muß auch der vergleichsweise hohe Verbrauch der ersten beiden Tage in
Cabdul Casiis und des ersten Tages in Wardhiigleey als erhebungsbedingt überhöht
angesehen werden.

Als Schlußfolgerung daraus werden für die weiteren Auswertungen in Cabdul Casiis lediglich der 3. und 4. Tag und in Wardhiigleey, wo der Mehrverbrauch nicht so kraß war und die Untersuchung nur über 3 Tage ging, nur der 2. und 3. Tag berücksichtigt.

Für die Aufbereitung muß außerdem unterschieden werden zwischen der Ermittlung des durchschnittlichen Verbrauchs pro Untersuchungsgebiet und der Analyse des Einflusses einiger wichtiger Faktoren auf den Verbrauch. Im ersten Fall müssen lediglich 3 Haushalte ausgeschlossen werden, bei denen die Messungen ungenau waren, weil sie entweder nicht gewogene Holzkohle mitbenutzt oder einen Teil der gewogenen Holzkohle an einen anderen Haushalt abgegeben hatten. Alle sonstigen Unregelmäßigkeiten, wie vorübergehende Abwesenheit eines Haushaltes, weniger Mahlzeiten als üblich oder erhöhter Verbrauch durch Gäste, können für das Untersuchungsgebiet insgesamt als normal angesehen werden und müssen daher in die Durchschnittberechnungen mit einbezogen werden.

Im zweiten Fall, bei der Bedeutungsbestimmung einiger Einflußfaktoren, können solche Unregelmäßigkeiten aufgrund der kurzen Meßreihe den durchschnittlichen Verbrauch des betreffenden Haushaltes sehr stark verfälschen und werden daher ausgeschlossen. Damit auf diese Weise die Zahl der verbleibenden Haushalte nicht zu gering wird, wird für diese Haushalte mit dem Wert nur eines Tages weitergerechnet.[83]

---

83) Aus diesem Grund müßten 9 Haushalte zusätzlich ausgeschlossen werden, wodurch möglicherweise Verzerrungen in der Auswahl der Haushalte entstehen könnten. Eine Prüfung der gesamten für diese Haushalte vorliegenden Unterlagen ergab, daß es in allen 9 Fällen durchaus vertretbar ist, den Meßwert nur eines Tages als Durchschnittverbrauch heranzuziehen.

1. Häuser- bzw. Parzellenzählung

Für die Zählung anhand von Luftbildern wurde das Stadtgebiet Mogadishus zunächst
in 160 Zählbezirke eingeteilt, die hinsichtlich der Art und Dichte ihrer Bebauung
möglichst homogen waren. Die Zählung erfolgte differenziert nach verschiedenen
Hauskategorien. Für den größten Teil Mogadishus, der eine regelmäßige Parzellenstruktur aufweist, bilden dabei nicht die einzelnen Häuser auf einer Parzelle, sondern
die Parzellen selbst die zu zählenden Wohneinheiten. Darüber hinaus gibt es Gebiete,
in denen eine - zumeist unregelmäßige - Parzellenstruktur nicht oder nur teilweise
erkennbar ist. Da es hinsichtlich der Belegungsdichte einen entscheidenden Unterschied macht, ob zwei Häuser zu ein und derselben Parzelle gehören oder zwei
Einzelhäuser auf unterschiedlichen Parzellen sind, wurden immer dann, wenn eine
Parzellenstruktur erkennbar war, die Parzellen selbst gezählt. Einzelhäuser wurden
nur dann gezählt, wenn keine Parzellenstruktur sichtbar war. Dies gilt auch für die
Gebiete, in denen eine Parzellierung nur teilweise erkennbar war.

Kategorienbildung:

Um die Zahl der Haus-/Parzellentypen auch aus statistischen Gründen (für eine
stärkere Differenzierung ist der Stichprobenumfang bei der Erfassung der Belegungsdichte zu klein) so gering wie möglich zu halten, wurden für die Zählung von
Einzelhäusern und die Zählung der Parzellen weitgehend die gleichen Typen verwendet. Bezüglich der Hausart wird lediglich zwischen Rundhütten, Häusern und Hütten
mit rechteckigem Grundriß sowie Häusern gehobenen Wohnstandards unterschieden,
da auf den Luftbildern eine Differenzierung nach dem Baumaterial in der Regel nicht
möglich ist. In Anlehnung an die im Exkurs zur wirtschaftsräumlichen Differenzierung Mogadishus dargestellten Haustypen und die Sequenz der schrittweisen Bebauung einer Parzelle (s. Abb. 7) wurden folgende Haus- bzw. Parzellentypen gebildet:

1. Rundhütte (Akal Somali). In der Regel wird eine Hütte von einer Familie
   bewohnt. Da in Einzelfällen eine Familie über zwei Akal Somali verfügt oder ein
   Akal Somali nach dem Bau einer anderen Hütte noch einige Zeit mit benutzt wird
   oder leersteht, liegt die Wohndichte unter einer Familie pro Hütte. In den ausgewählten Untersuchungsgebieten ergab sich ein Wert von 0,875.

2. Kleine Hütte mit annähernd rechteckigem Grundriß. Hierzu gehören alle Hütten,
   die nur über einen Raum verfügen. In der Regel handelt es sich dabei um Arishs.
   Als Grenzwert für die Seitenlänge der Hütten werden etwa 5-6 m angenommen.
   Die durchschnittliche Wohndichte liegt bei 0,815 Familien pro Wohneinheit. Dieser Wert erscheint zunächst erstaunlich gering, er ist aber durchaus realistisch,
   wenn man berücksichtigt, daß ein Teil der Hütten nur von Einpersonenhaushal-
   ten, die nicht selbst kochen, genutzt wird, ein Teil leersteht und ein anderer Teil

144

zu gewerblichen Zwecken genutzt wird. Beispielsweise befindet sich ein beträchtlicher Teil der Holzkohleverkaufsstellen in Hütten dieser Art.

3. Häuser oder Hütten mit mehr als einem Raum und einer Seitenlänge bis zu 12 m. Dabei handelt es sich ebenfalls überwiegend um Arishs. Zu diesem Typ gehören auch Häuser/Hütten mit einem kleinen Vorbau (vgl. Abb. 13) Als oberer Grenzwert wurde die Seitenlänge einer kleinen rechteckigen Parzelle gewählt, d.h. bei dieser Kategorie handelt es sich um Gebäude, die die Länge einer Parzelle nicht überschreiten. Die Wohndichte wurde hier für verschiedene Gebietskategorien getrennt errechnet und ist in Tab. 28 aufgeführt.

4. - Einzelgebäude mit einer Seitenlänge bis etwa 20 m,
   - Bebauung einer Parzelle (12 * 12 m), die über eine Seite hinausgeht (oder Bebauung vergleichbaren Umfangs bei größeren Parzellen),
   - Bebauung der Parzelle mit zwei getrennten Gebäuden (Beispiele für Zuordnung s. Abb. 13).

   Ausnahmen: Befinden sich auf einer Parzelle lediglich zwei Hütten des Typs 2, so werden diese nicht als Typ 4, sondern als zweimal Typ 2 gezählt. Befinden sich auf einer größeren Parzelle (mehr als 12 * 12 m) zwei deutlich voneinander getrennte Gebäude, so werden diese wie Einzelgebäude der betreffenden Größe gezählt. Als "deutlich voneinander getrennt" werden zwei Gebäude angesehen, deren Abstand zueinander mehr als eine normale Gebäudebreite (ca. 4 m) beträgt.

5. - Einzelgebäude mit einer Seitenlänge von mehr als 20 m,
   - quadratische Parzellen (ca. 12 * 12 m) bei denen mehr als zwei vollständige Seiten (d.h. mehr als 2/3 der gesamten Parzellenfläche) bebaut sind,
   - Wohngebäude vergleichbaren Umfangs auf größeren Parzellen.

   Für die Erfassung dicht bebauter größerer Parzellen wurde aus statistischen Gründen (für diese Gruppe wäre die Zahl der in der Untersuchung erfaßten Parzellen zu gering, um abgesicherte Mittelwerte für die Wohndichte zu errechnen) kein zusätzlicher Parzellentyp eingeführt, sondern sie wurden - je nach Gebäudefläche - in zwei Parzellen aufgeteilt (vgl. Beispiele in Abb. 13).

6. Wohnhäuser gehobenen Standards. Sie weisen in der Regel einen völlig anderen Grundriß auf als die üblichen Häuser. Von diesem Typ wurden lediglich diejenigen Häuser gezählt, bei denen man annehmen kann, daß sie von Haushalten bewohnt werden, die mit Brennholz oder Holzkohle kochen. Villen, die mit großer Wahrscheinlichkeit von Ausländern oder den reichsten Somalis bewohnt werden, wurden von vorherein aus der Zählung ausgeschlossen. Eine eindeutige Unterscheidung war hier in vielen Fällen nicht möglich. Als wesentliche Kriterien wurde auf die Art des Daches und auf die vor Ort gewonnenen Einschätzungen zurückgegriffen: Häuser mit Flachdach wurden in den meisten Fällen nicht gezählt. Der Fehler, der hier durch falsche Zuordnung entstanden sein kann, ist jedoch als vernachlässigbar anzusehen, da die Anzahl der Villen insgesamt sehr gering ist und sich stark auf das Ausländerviertel nahe km 4 ("amerikanisches Viertel") und auf Cabdul Casiis ("Lido") konzentriert, wo der größte Teil der Bewohner mit Sicherheit nicht auf Holzkohle zum Kochen zurückgreift.

7. Den letzten Typus bilden Wohnhäuser mit mehreren Stockwerken. Hierfür liegen keinerlei Informationen zum Anteil der Wohnnutzung und zur Belegungsdichte vor. Darüber hinaus ist diese Gruppe so heterogen, daß in jedem Fall individuelle Werte zugeordnet wurden. Hier eine gewisse Willkür nicht auszuschließen. Die Häuser dieser Kategorie, die überhaupt für eine Wohnnutzung in Frage kommen, machen jedoch nur 0,2% sämtlicher Wohneinheiten aus. Ihr Anteil an der Ge-

Abb.13: Beispiele für die Zuordnung der Wohneinheiten zu Haus— bzw. Parzellentypen

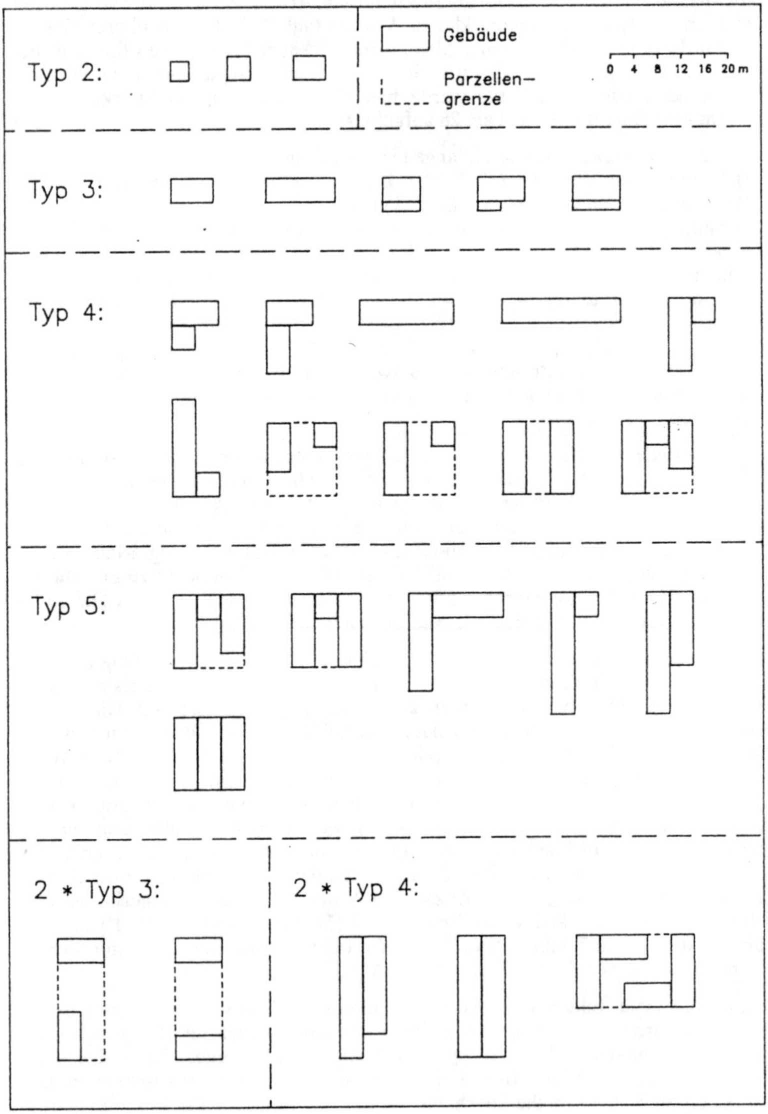

146

Abb. 14: Teilgebiete Mogadishus mit gleichartiger Bebauungsstruktur

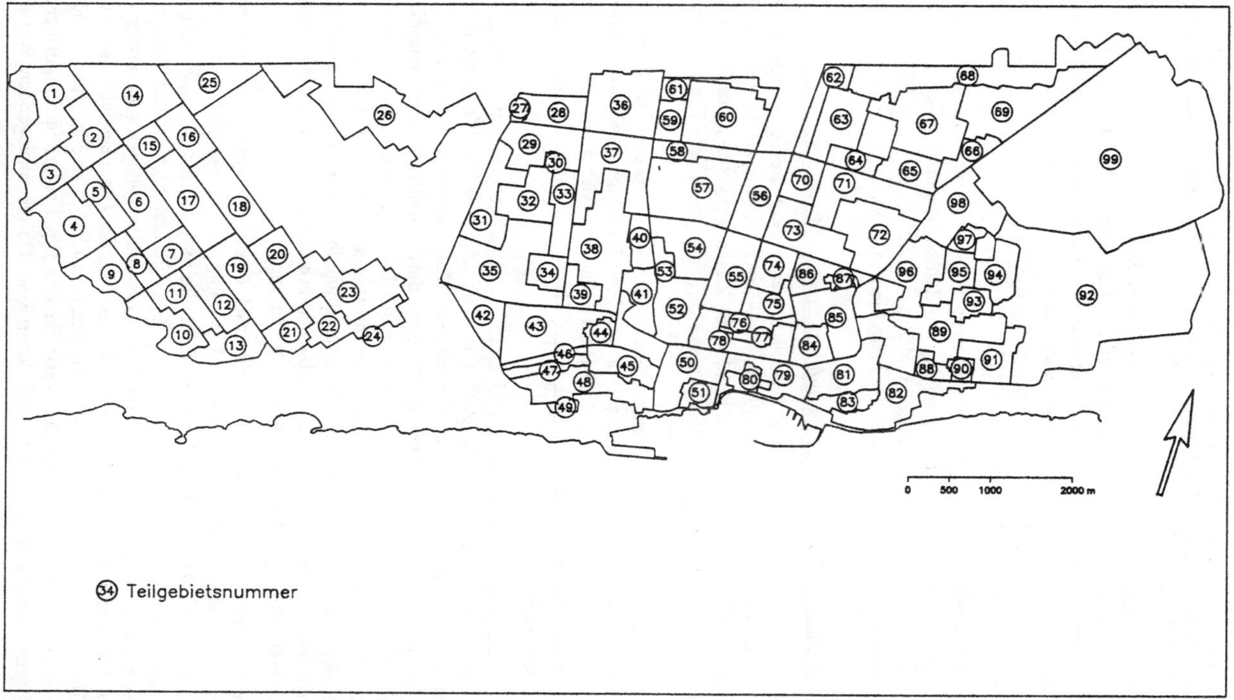

㉞ Teilgebietsnummer

Kartengrundlage: Hansa Luftbild, 1983, Luftbild von Mogadishu 1:15000.

147

samtzahl der Haushalte beträgt nach der vorgenommenen Schätzung knapp 1%, so daß der Fehler selbst bei einer Fehleinschätzung um 50% nicht mehr als 0,5% sämtlicher Haushalte betragen würde.

Einen Sonderfall bilden die alten arabischen Stadtkerne in Xamar Weyne und Shangaani sowie die angrenzenden Gebiete. Hier reichen die vorliegenden Angaben zur Belegungsdichte nicht für eine zuverlässige Schätzung aus. Da man in beiden Distrikten von einer relativ gleichbleibenden Bevölkerungszahl für die letzten zehn Jahre ausgehen kann, wird - in Ermangelung anderer Informationen - auf die Ergebnisse einer Bevölkerungszählung von 1976 zurückgegriffen.

Die Zuordnung der Häuser bzw. Parzellen nach Typen wurde auf Folien festgehalten. Im Anschluß daran wurde die Einteilung der Zählbezirke hinsichtlich ihrer Homogenität überprüft und ggf. Änderungen und Zusammenfassungen von Zählbezirken vorgenommen. Das Ergebnis bildeten 99 Teilgebiete (s. Abb. 14).

2. Einteilung in Gebietskategorien und Haushaltsschätzung

Mit Hilfe der erfaßten Haus- und Parzellentypen wurden die Teilgebiete zu den acht Gebietskategorien zusammengefaßt, die bereits im Exkurs ausführlich beschrieben wurden. Als Zuordnungskriterien wurden die Zusammensetzung der Bebauung nach Haus- und Parzellentypen, die Bebauungsdichte, die persönliche Einschätzung durch den Verfasser und die Einschätzung ortskundiger Somalis herangezogen. Durch die Verschiedenartigkeit dieser Kriterien lassen sich keine exakten Schwellenwerte zur Unterscheidung der Gebietskategorien angeben. Es könnten höchstens Richtwerte genannt werden, von denen jedoch in Einzelfällen abgewichen werden mußte. Einen Überblick über die Zusammensetzung der Haus- und Parzellentypen jedes Teilgebiets gibt Abb. 15.

Zur Schätzung der Haushaltzahl wird auf die empirisch ermittelten Belegungsdichten pro Wohneinheit zurückgegriffen (s. Tab. 28). Von der Tendenz her ist die Anzahl der Haushalte auch bei gleichartigen Wohneinheiten umso geringer, je einkommensstärker die Bevölkerung ist. Eine durchschnittliche Belegungsdichte für sämtliche Gebietstypen hätte zwar keine wesentlichen Auswirkungen auf die Gesamtzahl der Haushalte in Mogadishu. Sie würde jedoch zu einer Überschätzung der Haushalte in reicheren und einer Unterschätzung in ärmeren Gebieten und damit zu einer starken Überschätzung des Holzkohleverbrauchs und einer etwas geringeren Unterschätzung des Brennholzverbrauchs führen.

Die Differenzierung der Belegungsdichte nach Gebietskategorien ist besonders wichtig bei den Haus- bzw. Parzellentypen 3, 4 und 5. Das würde auch den Ergebnissen von PUZE (1972, S.134) entsprechen. Er stellte fest, daß die in mittleren und gehobenen Wohnlagen vorherrschenden Steinhäuser im Durchschnitt eine deutlich geringere Haushaltzahl aufweisen als die in den unteren Wohnlagen sehr häufig vertretenen Arishs und Baracas gleichen Grundrisses. Von der Datenlage her lassen sich spezifische Werte für Gebietskategorien bei den Haus- bzw. Parzellentypen 3 und 4 ohne weiteres bestimmen, während die Werte für den Typ 5 aufgrund des geringen Stichprobenumfangs statistisch nicht abgesichert sind. Da die vorliegenden Werte jedoch

Abb. 15: Die prozentuale Zusammensetzung der Haus- und
Parzellentypen in den Teilgebieten Mogadishus

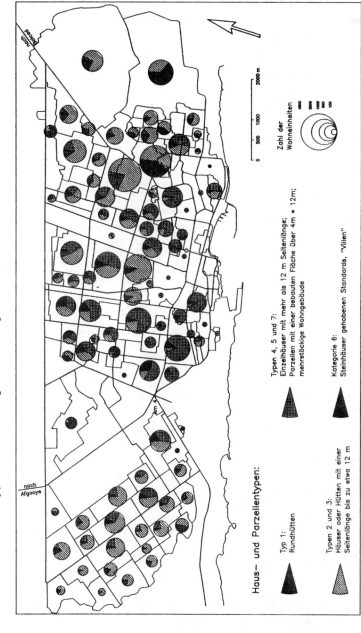

Haus- und Parzellentypen:

Typ 1:
Rundhütten

Typen 2 und 3:
Häuser oder Hütten mit einer
Seitenlänge bis zu etwa 12 m

Typen 4, 5 und 7:
Einzelhäuser mit mehr als 12 m Seitenlänge;
Parzellen mit einer bebauten Fläche über 4m • 12m;
mehrstöckige Wohngebäude

Kategorie 6:
Steinhäuser gehobenen Standards, "Villen"

Kartengrundlage: Hansa Luftbild, 1983, Luftbild von Mogadishu 1:15000.

149

plausibel sind und der Fehler im Falle einer Nichtberücksichtigung der unterschiedlichen Belegungsdichten durchaus beträchtlich wäre,[84] kann auch hier auf eine Differenzierung nach Gebietskategorien nicht verzichtet werden.

Tab. 28: Belegungsdichten nach Wohneinheiten und Gebietskategorien, 1985

Gebiets-kategorie	Haus- bzw. Parzellentyp					
	1	2	3	4	5	6
1. Selbst kochende Haushalte pro Wohneinheit						
1 3,4 5-8	0,875	0,815	1,04 1,33	1,37 2,28 2,69	1,60 2,71 3,40	1,0
2. sämtliche Haushalte, inclusive nichtkochende Einpersonenhaushalte, pro Wohneinheit						
1 3,4 5-8	0,875	0,963	1,21 1,46	1,81 2,61 3,46	2,00 3,29 4,40	1,36
3. Durchschnittliche Haushaltsgröße (alle Haushalte)						
1 3,4 5-8	5,36	5,19	6,28 5,00	5,63 4,90 3,91	5,90 4,63 3,23	7,2

Bei den Haustypen 4 und 5 für die Gebietskategorie 1 wurden anstelle der empirisch ermittelten Werte von 1,37 und 1,6 die etwas höheren Werte von 1,6 bzw. 1,8 Haushalte pro Wohneinheit benutzt. Begründung: In diesen Untersuchungsgebieten wurden die Haushalte, die zum Untersuchungszeitpunkt nicht anwesend waren, nicht vollständig erfaßt, so daß die vorliegende Werte vermutlich etwas zu gering sind.

Bei den Haustypen 1, 2 und 6 ist der Haustyp selbst in der Regel entscheidender für die Belegungsdichte als die Gebietskategorie. Eine Differenzierung nach Gebietskategorien ist daher nicht notwendig.

Als Ergebnis der Haushaltsschätzung wurden die Zahl der Haushalte und die Einwohnerzahl für Febr. 1983 ermittelt (Tab. 29). Ziel ist jedoch eine Verbrauchsschätzung für 1985, d.h. die Zahl der Haushalte muß für Mitte 1985 als Jahresdurchschnittswert geschätzt werden. Als Anhaltspunkte hierfür können die Bevölkerungsschätzung für 1968 von PUZE und eine Zensuserhebung für 1976 herangezogen werden, mit deren Hilfe sich die durchschnittliche jährliche Wachstumsrate bestimmen läßt. Die Bevölkerung betrug im Jahr 1968 ca. 231 400, im Jahr 1976 ca. 444 800 und im Febr. 1983 nach eigenen Schätzungen ca. 610 500. Der Zuwachs lag demnach von

---

84) Es wären allein bei Parzellentyp 5 ca. 740 Haushalte mehr in Gebietskategorie 1 und ca. 690 Haushalte weniger in den Gebietskategorien 5-8. Dies würde einer Überschätzung des jährlichen Holzkohleverbrauchs von knapp 300 Tonnen entsprechen.

1968 bis 1976 bei durchschnittlich 8,5% und von 1976 bis 1983 bei ca. 4,6% pro Jahr. Dabei muß allerding berücksichtigt werden, daß die geschätzte Bevölkerung für 1983 nur auf der Zählung von Wohneinheiten beruht, deren Bewohner mit großer Wahrscheinlichkeit Holz oder Holzkohle zum Kochen benutzen. Insbesondere Ausländer und die militärische Bevölkerung wurden auf diese Weise nicht gezählt. Demnach war die tatsächliche Wachstumsrate etwas höher und dürfte etwa bei 5% gelegen haben. Da man für die Jahre 1983 bis 1985 keine wesentlich andere Wachstumsrate erwarten kann, wurde die Bevölkerung mit einem jährlichen Wachstum von 5 % fortgeschrieben. Dies ist für 2 Jahre und 4 Monate ein Bevölkerungszuwachs um ca. 12 %. Unter der Annahme, daß sich weder der Anteil nichtkochender Einpersonenhaushalte noch die durchschnittliche Haushaltsgröße merklich verändert haben, ergibt das eine Zunahme der Haushaltszahl von 101 498 auf 113 734.

Tab. 29: Die Zahl der Haushalte und die Bevölkerung Mogadishus nach Gebietskategorien, Schätzungen für Februar 1983 und Mitte 1985

Gebiets-kategorie	Haushalte		Bevölkerung	
	1983	1985	1983	1985
1	7 486	8 484	57 472	65 136
2	2 902	2 902	16 571	16 571
3	22 913	25 968	138 352	156 801
4	32 537	36 876	202 202	229 165
5	10 893	12 346	61 007	69 142
6	6 833	6 833	32 829	32 829
7	11 203	12 697	63 957	72 485
8	6 731	7 629	38 146	43 233
insgesamt	101 498	113 734	610 536	685 362

Wie läßt sich dieser Zuwachs auf die einzelnen Gebietskategorien aufteilen? Mit einiger Sicherheit kann lediglich gesagt werden, daß sich die Zahl der Haushalte im Innenstadtbereich (Kategorie 2) und in den dicht bebauten Viertel der unteren Wohnlagen in Xamar Jabjab, Waaberi und Cabdul Casiis (Kategorie 6) höchstens marginal verändert haben kann. Hinsichtlich der anderen Kategorien muß durchaus mit einer Verschiebung verschiedener Gebietsteile aus einer in die nächste Kategorie gerechnet werden, so daß auch die Kategorien, die in erster Linie stark verdichtete Gebiete umfassen, einen Zuwachs erhalten können. In Ermangelung verläßlicher Informationen wird daher angenommen, daß sich der Zuwachs relativ gleichmäßig auf die verbleibenden sechs Kategorien aufteilt.

3. Bestimmung des Verbrauchs

Bei der Haushaltsbefragung wurden die Ausgaben für Holz und/oder Holzkohle, die Nutzungsdauer und die Bezugsquellen erfaßt. Daraus lassen sich die durchschnittlichen täglichen Ausgaben für Holz und Holzkohle errechnen, die mit Hilfe der herrschenden Preise in Mengen umgerechnet werden können. Folgende Preise wurden empirisch ermittelt:

Tab. 30: Brennholz- und Holzkohlepreise in Mogadishu, Oktober 1985

	Mengen nach Kaufpreis		Stichproben- umfang	Durchschnitts- preis in sh/kg	Standard- abweichung
Brennholz					
Markt	5-10 sh		10	4,3	0,60
	50-100 sh		5	3,5	0,44
Holzkohle					
Kooperative	20 sh		17	9,7	1,06
Markt:	5-10 sh		12	12,3	1,61
	Säcke 220-430 sh		14	8,2	1,08

Zusätzlich wurden die folgenden Preise geschätzt:

- Holz, Markt, über 100 bis einschl. 300 sh: 3 sh/kg, über 300 sh: 2,5 sh/kg. Zur Orientierung wurden die 1983 ermittelten Preisrelationen zwischen kleinen, mittleren und großen Verkaufsmengen an Holz herangezogen. Dabei wurde angenommen, daß sich die Preisrelationen seit 1983 nicht wesentlich verändert haben.

- Holzkohle, Kooperative, halbe Säcke und Säcke: 9 sh/kg. Die Holzkohle der Kooperative unterliegt einer wirksamen Qualitätskontrolle. Sie ist daher von erheblich besserer Qualität und kann auch zu höheren Preisen verkauft werden als die sackweise angebotene Holzkohle auf den Märkten.

- Holzkohle, Bezug von außerhalb oder Direktvermarktung von Kamelladungen, halbe Säcke oder Säcke: 7,5 sh/kg. Durch die direkte Vermarktung findet keine Verteuerung durch Zwischenhändler statt. Von den Verbrauchern, die auf diese Bezugsquelle zurückgreifen, wurde angegeben, daß die Holzkohle deutlich billiger sei als auf den Märkten oder bei den Verkaufsstellen der Kooperative.

Die mit Hilfe der Preise ermittelten Verbrauchsmengen geben lediglich den Verbrauch der interviewten Haushalte wieder. Um die Ergebnisse auf sämtliche Haushalte jeder Gebietskategorie beziehen zu können, wurden die durchschnittlichen Verzerrungen der Haushaltsgröße pro Gebietskategorie errechnet. Mit Hilfe der Regressionsrechnung (vgl. Kap 4.2.4) wurden die Verbrauchswerte für Holzkohle korrigiert. Zur Korrektur des Brennholzverbrauchs wurden die prozentualen Änderungen herangezogen, die sich aus der Korrektur des Holzkohleverbrauchs ergaben (vgl. Tab. 31).

152

Tab. 31: Die Bereinigung des Brennholz- und Holzkohleverbrauchs durch
Berücksichtigung der nicht angetroffenen Haushalte

Gebiets-kategorie	Sp.1	Sp.2	Sp.3	Sp.4	Sp.5	Sp.6	Sp.7	Sp.8	Sp.9	Sp.10
1	0,2	0,166	0,0332	98,6	11,9	1025,9	1014,0	1,2	814,2	804,5
2	0	0,166	0	100,0	0	607,0	607,0	0	0	0
3	0,2	0,166	0,0332	96,2	11,7	831,4	819,7	1,4	428,3	422,3
4	0,6	0,135	0,0810	94,5	27,9	651,0	623,1	4,3	829,9	794,2
5	0,1	0,166	0,0166	86,1	5,2	620,4	615,2	0,8	867,8	860,9
6	0,6	0,166	0,1000	96,1	34,9	714,3	679,4	4,9	530,5	504,5
7	0	0,166	0	92,5	0	553,3	553,3	0	608,6	608,6
8	0,1	0,166	0,0166	73,2	4,4	414,8	410,4	1,1	622,2	615,4

Sp.1: Verminderung der durchschnittlichen Haushaltsgröße bei Berücksichtigung
der nicht angetroffenen Haushalte
Sp.2: Regressionsparameter für Änderungen der Haushaltsgröße (s. Tab. 14)
Sp.3: Verminderung des durchschnittlichen täglichen Holzkohleverbrauchs in kg
durch die Bereinigung (Sp.3 = Sp.1 * Sp.2)
Sp.4: Durchschnittlicher Anteil der Nutzungstage pro Jahr für Holzkohle in %
Sp.5: Verminderung des durchschnittlichen jährlichen Holzkohleverbrauchs in kg
durch die Bereinigung (Sp.5 = Sp.3 * Sp.4 / 100 * 365)
Sp.6: Durchschnittlicher jährlicher Holzkohleverbrauch in kg (alle befragten
Haushalte)
Sp.7: dto., bereinigt (Sp.7 = Sp.6 - Sp.5)
Sp.8: Verminderung des durchschnittlichen jährlichen Holzkohleverbrauchs durch
die Bereinigung in % (Sp.8 = Sp.5 / Sp.6 * 100)
Sp.9: Durchschnittlicher regelmäßiger Brennholzverbrauch pro Jahr in kg
(nur Haushalte, die tatsächlich Holz nutzen)
Sp.10: dto., bereinigt (Sp.10 = Sp.9 * (1 - Sp.8 / 100))

Die hier angesprochenen Berechnungen sind nicht als Bestimmung des Konfidenzintervalls mit üblichen statistischen Methoden zu verstehen. Das wäre aufgrund der komplizierten Berechnungen des Verbrauchs sowie verschiedener ergänzender Annahmen, die dabei gemacht werden mußten, nicht möglich. Stattdessen werden Modellrechnungen unter stark vereinfachten Bedingungen durchgeführt, um den Schwankungsbereich des Brennholz- und Holzkohleverbrauchs zumindest in seiner Größenordnung zu erfassen.

Die Variablen, die einen Einfluß auf den Gesamtverbrauch Mogadishus haben und mit Hilfe von Stichprobenerhebungen erfaßt bzw. aus stichprobenartig erhobenen Variablen errechnet wurden, lassen sich reduzieren auf

- die durchschnittliche Belegungsdichte pro Wohneinheit
- den durchschnittlichen Holz- bzw. Holzkohleverbrauch pro Haushalt und
- den Holz- bzw. Holzkohlepreis.

Für jede dieser Variablen sei zunächst ihr Schwankungsbereich anhand des Standardfehlers bestimmt.

Für die Belegungsdichte ergibt sich bei 205 erfaßten Wohneinheiten ein Mittelwert von 1,61 selbst kochenden Haushalten pro Wohneinheit. Die Standardabweichung beträgt 1,10 und der Standardfehler 0,077. Da die durchschnittliche Belegungsdichte zwangsläufig mit dem Haus- bzw. Parzellentyp stark variiert und die Haus/Parzellentypen nach inhaltlichen Kriterien (und nicht in Abhängigkeit von der empirisch erfaßten Belegungsdichte) abgegrenzt wurden, ist es durchaus vertretbar, die Erhebung wie eine nach Haus-/Parzellentypen und Gebietskategorien geschichtete Stichprobe zu behandeln. Der Standardfehler einer geschichteten Stichprobe errechnet sich nach folgender Formel:

$$\bar{\sigma}_{\bar{x}g} = \sqrt{\frac{\dot{\sigma}^2 - \left[n_1 (\bar{x}_1 - \bar{x})^2 + \ldots + n_k (\bar{x}_k - \bar{x})^2 \right]}{n}}$$

Danach ergibt sich für den Standardfehler ein Wert von 0,058 bzw. 3,6% des Mittelwertes.

Analog hierzu erfolgte die Berechnung des Standardfehlers für den regelmäßigen Holz- und den Holzkohleverbrauch. In beiden Fällen wird die Erhebung als nach den Gebietskategorien geschichtete Stichprobe behandelt. Der Standardfehler liegt für den Holzkohleverbrauch bei 2,7% und für den regelmäßigen Holzverbrauch bei

13,8% des Mittelwertes. Für den Brennholzverbrauch bei Festen (keine Berücksichtigung von Unterschieden zwischen Gebietskategorien, daher ungeschichtete Stichprobe) errechnet sich ein Standardfehler von 12,5% des Mittelwertes.

Bei der Preisbestimmung ergeben sich folgende Standardfehler:

Holzkohle, Kooperative, 20 sh	2,6% des Mittelwertes
Holzkohle, Markt, 5-10 sh	3,8% des Mittelwertes
Holzkohle, Markt, Säcke, 220-430 sh	2,6% des Mittelwertes
Brennholz, Markt, 5-10 sh	4,4% des Mittelwertes
Brennholz, Markt, 50-100 sh	5,6% des Mittelwertes

Weil jedoch nicht alle relevanten Preise für Holz und Holzkohle empirisch ermittelt werden konnten, sondern zum Teil geschätzt werden mußten (s. Anh. 2), läßt sich auch kein exakter Standardfehler für die Preise ermitteln. Vielmehr wurden die o.g. Standardfehler als Orientierung herangezogen, um die in die Modellrechnungen eingehenden Werte in ihrer Größenordnung einzuschätzen. Gerechnet wurde mit folgenden Standardfehlern für die Preise:

- für Holzkohle, die zum größten Teil von der Kooperative bezogen wird, 2,8% des Mittelwertes,
- für regelmäßigen Holzverbrauch (kleine Kaufmengen) 4,4 % des Mittelwertes und
- für Holzverbrauch bei Festen 5,6% des Mittelwertes.

Im Gegensatz zum Holzkohleverbrauch und zum regelmäßigen Holzverbrauch sind die getroffenen Annahmen beim Holzverbrauch für Feste sehr unsicher, weil ein Großteil des Holzes in größeren Mengen als zu 100 sh gekauft wurde und deren Preis nicht empirisch bestimmt werden konnte, sondern von vornherein geschätzt werden mußte.

Welche Auswirkungen haben diese Schwankungen - ausgedrückt durch den Standardfehler - nun auf den Schwankungsbereich des Gesamtverbrauchs? Betrachten wir die Auswirkungen zunächst einmal für jede Variable gesondert.

1. Die Belegungsdichte geht multiplikativ in die Verbrauchsberechnungen ein:
   Gesamtverbrauch = Verbrauch pro Haushalt
      * Zahl der Wohneinheiten
      * Belegungsdichte pro Wohneinheit
   Ist beispielsweise die Belegungsdichte um 1% höher, so wäre auch der Verbrauch um 1% höher.

2. Das gleiche gilt für den Verbrauch pro Haushalt.

3. Der Preis geht in die Berechnungen des Verbrauchs pro Haushalt ein, und zwar indem die Ausgaben für Holz bzw. Holzkohle in einer bestimmten Periode durch den zugehörigen Preis dividiert werden. Ein um 1% niedrigerer Preis würde - bei gegebenen Ausgaben - rechnerisch einen um 1,01% höheren Verbrauch ergeben.

Kombiniert man nun die Schwankungsbereiche aller drei Variablen miteinander, so wird der gegebene Durchschnittsverbrauch mit den Abweichungen für die Belegungsdichten und für den Verbrauch multipliziert und durch die Abweichung für den Preis dividiert. Wären beispielsweise die Belegungsdichte und der Verbrauch pro Haushalt jeweils um 1% höher und der Preis um 1% geringer, so ergäbe sich ein um 3,04%

höherer Gesamtverbrauch (1,01 * 1,01 / 0,99 = 1,0304). Werden die Abweichungen der 3 Variablen nicht exemplarisch, sondern systematisch miteinander verknüpft, so so ergibt sich aus allen denkbaren Kombinationen (theoretisch beliebig viele) eine statistische Verteilung für den Schätzwert des Gesamtverbrauchs in der Grundgesamtheit.

Dies sei anhand der durchgeführten Modellrechnungen verdeutlicht. Als Standardfehler des Stichprobenmittelwertes wurden für die Belegungsdichte 3,6% des Mittelwertes, für den Holzkohleverbrauch 2,7% des Mittelwertes und für den Holzkohlepreis 2,8% des Mittelwertes berechnet. Mit Hilfe der Standardfehler läßt sich für jede der drei Variablen eine Wahrscheinlichkeitsverteilung zur Schätzung des Mittelwertes der Grundgesamtheit erstellen (Normalverteilung ist aufgrund des hohen Stichprobenumfangs gegeben). Jede dieser Wahrscheinlichkeitsverteilungen wird zur einfacheren Berechnung in zehn Intervalle aufgeteilt, in denen der Mittelwert der Grundhesamtheit jeweils mit einer Wahrscheinlichkeit von 10% liegt. So würde beispielsweise bei der Belegungsdichte der Mittelwert der Grundgesamtheit mit einer Wahrscheinlichkeit von 10% unter 95,4% des erfaßten Stichprobenmittelwertes liegen, ebenfalls mit einer Wahrscheinlichkeit von 10% läge er zwischen 95,4% und 97% des Stichprobenmittelwertes usw. Für jedes dieser Intervalle läßt sich näherungsweise ein Mittelwert berechnen, so daß sich insgesamt 10 Werte (ausgedrückt in Prozent des erhobenen Stichprobenmittelwertes) ergeben, die die Größenordnung wiedergeben, in der sich der Mittelwert der Grundgesamtheit jeweils mit einer Wahrscheinlichkeit von 10% befindet.

Verfährt man für die beiden anderen Variablen in gleicher Weise, so erhält man pro Variable 10 Werte. Werden diese systematisch miteinander kombiniert, so ergeben sich insgesamt 1000 Schätzwerte für den Gesamtverbrauch der Grundgesamtheit. Jeder dieser Schätzwerte wird als Mittelwert für ein sehr kleines Intervall interpretiert, in dem sich der Verbrauch der Grundgesamtheit mit einer Wahrscheinlichkeit von 0,1% befindet. Aus der Verteilung dieser Werte läßt sich dann das Intervall bestimmen, in dem der Verbrauch beispielsweise mit einer Wahrscheinlichkeit von 95% zu erwarten ist.

ANHANG 4: SCHÄTZUNG DER PRIVATEN HOLZKOHLEPRO DUKTION ZWISCHEN AFGOOYE UND BUR HAKABAR

Aus sechs Interviews mit privaten Holzkohleproduzenten wurden die folgenden produzierten Mengen errechnet:

lfd. Nr.	Ort	Jahresproduktion
1.	Garas-Bandeere	85 t
2.	Garas-Bandeere	111 t
3.	Eeqe Xole	51 t
4.	Eeqe Xole	33 t
5.	Yaasiin	18 t
6.	Eeqe Xole	22,5 t

Während die drei erstgenannten Produzenten detaillierte Angaben über ihre Produktion in jeweils einer Regen- und einer Trockenzeit machen konnten, gaben die drei anderen lediglich die Produktionsmenge und Arbeitsdauer für die letzten ein oder zwei Meiler an. Für die ersten drei Produzenten ergeben sich - auf das Jahr hochgerechnet - Produktionsmengen von etwa 51, 85 und 111 Tonnen, während für die zweite Gruppe lediglich Werte von 18, 22,5 und 33 Tonnen pro Jahr errechnet wurden. Wie lassen sich diese Unterschiede erklären?

Hauptproduktionszeit ist die Regenzeit, und zwar aus zwei Gründen. Zum einen ist es in den Regenzeiten kühler, so daß die erforderlichen Arbeiten leichter sind und die Meiler schneller abkühlen. Zum anderen stellt die mit der saisonalen Holzkohleknappheit in der Regenzeit verbundene Preiserhöhung einen zusätzlichen Produktionsanreiz dar. Die Interviews wurden während zweier Fahrten nach Baydhabo im Dezember 1983 und Januar 1984, also gegen Ende der Regenzeit bzw. zu Beginn der Trockenzeit durchgeführt. Da jedoch die Niederschläge in der Deyr-Regenzeit dieses Jahres sehr gering waren und keine mit anderen Regenzeiten vergleichbare Verknappung von Holzkohle auftrat, kann man davon ausgehen, daß die Produktionsangaben der zweiten Gruppe deutlich unter ihrem üblichen Jahresdurchschnitt lagen. Darüber hinaus bezogen sich die Angaben auf die gesamte Produktionsdauer vom Schlagen des Holzes bis zum Abfüllen in die Säcke. Ein Großteil der Zeit, die der Meiler brennt und zum Abkühlen benötigt, kann jedoch erneut zum Schlagen von Holz genutzt werden, so daß ein Produzent zum gleichen Zeitpunkt häufig an zwei Meilern arbeitet.

Daher kann man davon ausgehen, daß die Werte von 18, 22,5 und 33 Tonnen pro Jahr deutlich unter der durchschnittlichen Jahresproduktion liegen und für eine Schätzung der gesamten privaten Produktion weniger geeignet sind. Von den drei anderen Produzenten gehören zwei zum Ort Garas-Bandeere. Hier erhalten die Produzenten aufgrund der relativ nahen Lage zu Mogadishu die höchsten Preise, und erzielen, da es keinen Anhaltspunkt für höhere Produktionskosten in diesem Gebiet gibt, die höchsten Gewinne. Somit ist der Anreiz zur Produktion hier vermutlich höher als in den übrigen Orten. Ein solches abnehmendes Interesse an der Holzkohleproduktion bei geringeren Erlösen wurde auch durch die eher sporadische Produktion in Jamaca bestätigt. Aufgrund dieser Überlegungen scheinen folgende Durchschnittswerte (pro Jahr und Produzent) für die Schätzung plausibel:

		Durchschnitt	Zahl der Produzenten
1.	für Garas-Bandeere	80 -110 Tonnen	8
2.	für Leego, Eeqe Xole,		
	Yaasiin, Jiirogulu	40 - 60 Tonnen	60 - 85
3.	für Qardhow, Jamaca	20 - 30 Tonnen	21 - 31

Dies ergäbe folgende Werte für die geschätzte Produktion (in T.):

	Untergrenze	Obergrenze	Durchschnitt
1. Gebiet	640	880	760
2. Gebiet	2400	5100	3750
3. Gebiet	420	930	675
insgesamt	3460	6910	5185

AFRIKA SPECTRUM

ist eine wissenschaftliche Zeitschrift für moderne Afrikaforschung. Die Beiträge sind schwerpunktmäßig auf verschiedene, anwendungsorientierte Problematiken ausgerichtet. Die Hefte enthalten außerdem Kurzbeiträge, Rezensionen und den juristischen Dokumentationsteil "Aus afrikanischen Gesetzblättern", für den die Gesetzblätter von rd. 50 afrikanischen Ländern und Organisationen ausgewertet werden.

Afrika Spectrum wendet sich an alle Vertreter von Wissenschaft und Praxis mit afrikabezogenen Interessen.

Themen bzw. Schwerpunktbereiche:

Heft 81/1	Algerien: Industrie; Landwirtschaft; Öl und Gas; Planification; Sozialpolitik; Technologiepolitik; Hochschulen und Forschung
Heft 81/2	Beziehungen OAU-Arabische Liga - Tanzania: Wahlen 1980 - Somalia: Wirtschaft - Zaire: Verschuldung - National Party of Nigeria - Benin: Entwicklungsweg
Heft 81/3	SADCC - Zimbabwe: Wirtschaftspolitik; Verkehrskooperation - Mosambik: Dienstleistungsökonomie - Malawi/Lesotho: Entwicklungsweg
Heft 82/1	Islam im heutigen Afrika - Koranschulen und Erziehung in Nordnigeria - Mauretanien: Politische Entwicklung - Liberia: Seeschiffahrt - Nigeria: Indigenisierung
Heft 82/2	Marokko: Innenpolitik; EG-Assoziierung - Nigeria: Prioritäten sozialwissenschaftlicher Forschung; Außenpolitik; Erdöl
Heft 82/3	VR Kongo: Ernährungspolitik - Mauritius: Ferntourismus - Liberia: Innenpolitik - Regionale wirtschaftliche Zusammenarbeit - EG-ECOWAS - Afro-arabische Zusammenarbeit
Heft 83/1	Afrika: Ländliche Produktionssysteme - Traditionelle Erziehungsmuster - Zaire: Stabilität - Lesotho: Industrie - Elfenbeinküste: Entwicklungsplan
Heft 83/2	Äthiopien: Agrarreform - Ghana: Wirtschaft - Stadtentwicklung: Lusaka - Nordkamerun: Islam - Grenzen: Afrika; Ghana-Togo
Heft 83/3	Senegal: Wahlen - Elfenbeinküste: Entwicklungsweg - Südafrika: Kirchen und Staat - Zimbabwe: Bildungssystem - Pastoral-nomadischer Sektor
Heft 84/1	Südliches Afrika: Zollunion (SACU), SADCC v. RSA - Zambia: Kupferökonomie - Algerien: Eisenbahn
Heft 84/2	Afrika: Grundbedürfnisse - Äthiopien: Entwicklungsplanung - Somalia: Nomadismus - Sierra Leone: Holzkohle
Heft 84/3	Ökologie und Sozialstruktur im Sahel - Zaire: Ernährung - Botswana: Rindfleischproduktion - Nigeria: Experten/Bauern - Japan: Rohstoffe in Afrika - Afrika: Militär
Heft 85/1	OAU - Südafrika: Gewerkschaften - Schwarzafrika: Agrarpolitik und Ernährung - Mosambik: Bildung und Gesellschaft - Nordnigeria: Grundbesitzverhältnisse
Heft 85/2	Afrika: USA/UdSSR/China - Ökonomische und wissenschaftlich-technische Zusammenarbeit RGW-Afrika - UdSSR und Nigeria - Nigeria: Parteipolitik 1979-1983
Heft 85/3	Franc Zone in Afrika - USA: Südafrikapolitik - Zentralkamerun: Informelles Gewerbe - Nigeria: Parteipolitik - Sudan: Frauen und Bewässerungswirtschaft
Heft 86/1	Nigeria: Außenwirtschaft; Agro-Business - Zimbabwe: Schule und ländliche Entwicklung - Mauritius: Gewerkschaften
Heft 86/2	Nigeria: Außenwirtschaft; Primarschulen - Swasiland: Außenpolitik - Botswana: Wahlen 1984 - UDEAC - Somalia: Wirtschaftspolitik
Heft 86/3	Afrika: Grundbedürfnisse - Westsahara-Konflikt - Kongo: Ländliche Entwicklung - Afro-Arabische Beziehungen - Mosambik: Wirtschaft - Nigeria: Außenpolitik
Heft 87/1	Afrika: Agroindustrie; AIDS; Krise und Entwicklungspolitik - Tanzania: IWF-Abkommen - Sudan: Rolle der Frau
Heft 87/2	Madagaskar: Reismarkt - Äquatorialguinea: Schwierige Rehabilitation - Burkina Faso: Thomas Sankara - Nigeria: Nachrichtendienste - Niger: Legitimität und Souveränität
Heft 87/3	Horn von Afrika: Ogadenkrieg - Ghana: Politische Kosten der Strukturanpassung - Nigeria: Gesundheitsdienste; Außenpolitik
Heft 88/1	Südliches Afrika: Pretorias Totale Strategie; Inkatha - Guinea: Wirtschaftsstruktur - Senegal: Wahlen - Kamerun: Strukturanpassung
Heft 88/2	Uganda: Ländliche Industrialisierung - Senegal: Demokratie - Nigeria: Militär; Hagg
Heft 88/3	Äthiopien: Ländliche Entwicklung - Nigeria: Demokratie und Dritte Republik - Mauretanien: Militärregierung - Afrika: Giftmüllexporte
Heft 89/1	Horn von Afrika: Flüchtlingsprobleme - Zambia: Entwicklung und Ökologie; Wahlsystem - Angola: Landwirtschaftspolitik

Jahresabonnement (3 Hefte) DM 70,- zuzüglich Versandkosten, Einzelheft DM 25,-

zu beziehen durch:

Institut für Afrika-Kunde

Neuer Jungfernstieg 21
D-2000 Hamburg 36
Tel.: 040 / 35 62 523

Reihe "HAMBURGER BEITRÄGE ZUR AFRIKA-KUNDE"

Die Hamburger Beiträge zur Afrika-Kunde werden vom Institut für Afrika-Kunde, Hamburg, herausgegeben. In Monographien werden hier praxisnahe Studien vorgelegt, die in loser Folge erscheinen und von den ständigen und freien Mitarbeitern des Instituts angefertigt worden sind.

Band 26: Stefan Brüne
Äthiopien - Unterentwicklung und radikale Militärherrschaft. Zur Ambivalenz einer scheinheiligen Revolution. 1986. VIII, 373 S., 28 Tab., 7 Abb., 36 Dok., ISBN 3-923519-63-X, DM 38,-

Band 27: Rudolf Traub
Nigeria - Weltmarktintegration und sozial-strukturelle Entwicklung. 1986. 520 S., 57 Tab., 5 Kt., ISBN 3-923519-64-8, DM 58,-

Band 28: Reinhold Friedl
Erziehung und Ausbildung für Flüchtlinge in Afrika. Möglichkeiten und Grenzen der Ausbildungshilfe des Hochkommissariats für Flüchtlinge der Vereinten Nationen (UNHCR). 1987. IX, 318 S., 14 Tab., 7 Kt., ISBN 3-923519-71-0, DM 38,-

Band 29: Peter Meyns
Das südliche Afrika nach Nkomati. Die Regionalpolitik von Botswana, Mozambique und Zimbabwe. 1987. X, 211 S., 11 Tab., 1 Diagr., 1 Kt., ISBN 3-923519-72-9, DM 28,-

Band 30: Ludwig Gruber
Landwirtschaftliche Kooperation zwischen Europäischer Gemeinschaft und Afrika im Rahmen der Lomé-Abkommen: Fallstudien zum Zucker- und Rindfleischhandel. 1987. XII, 406 S., 19 Tab., 5 Abb., 2 Kt., ISBN 3-923519-74-5, DM 38,-

Band 31: Thomas Siebold
Ghana 1957-1987 - Entwicklung und Rückentwicklung, Verschuldung und IWF-Intervention. 1988. XIV, 303 S., 49 Tab., 7 Graph., ISBN 3-923519-76-1, DM 38,-

Band 32: Peter Körner
Zaire - Verschuldungskrise und IWF-Intervention in einer afrikanischen Kleptokratie. 1988. XV, 253 S., 39 Tab., 4 Übersichten, 1 Abb., ISBN 3-923519-78-8, DM 35,-

Band 33: Ulrich Leffler
Mauritius - Abhängigkeit und Entwicklung einer Inselökonomie. Determinanten einer exportorientierten Industrialisierung durch Freie Produktionszonen. 1988. XIX, 373 S., 58 Tab., 2 Kt., 5 Schaubilder, ISBN 3-923519-80-X, DM 40,-

Band 34: Cord Jakobeit
Nationale Strategien und Hindernisse agro-exportorientierter Entwicklung. Kakao- und Kaffeepolitik in der Côte d'Ivoire und in Kamerun. 1988. XXVIII, 422 S., 4 Kt., zahlr. Tab., ISBN 3-923519-81-8, DM 40,-

Band 35: Brigitte Fahrenhorst
Der Versuch einer integrierten Umweltpolitik. Das Entwicklungsmodell Burkina Faso unter Sankara. 1988. XX, 493 S., 37 Abb., 23 Kt., 38 Tab., ISBN 3-923519-82-6, DM 43,-

Band 36: Peter Meyns / Dani Wadada Nabudere (Eds.)
Democracy and the One-Party State in Africa. 1989. XIV, 304 S., ISBN 3-923519-88-5, DM 38,-

zu beziehen durch:

Institut für Afrika-Kunde
Neuer Jungfernstieg 21
D-2000 Hamburg 36
Tel. 040 / 35 62 523